SV

JÜRGEN TEIPEL
MEHR ALS LAUT

DJs erzählen

Suhrkamp

Umschlagfoto: © Wolfgang Tillmans, Love (Ausschnitt), 1989.
Courtesy Galerie Buchholz, Berlin/Köln

Für Winfried Hörning

Erste Auflage 2013
suhrkamp taschenbuch 4482
© Suhrkamp Verlag Berlin 2013
Alle Rechte vorbehalten, insbesondere das
des öffentlichen Vortrags sowie der Übertragung
durch Rundfunk und Fernsehen, auch einzelner Teile.
Kein Teile des Werkes darf in irgendeiner Form
(durch Fotografie, Mikrofilm oder andere Verfahren)
ohne schriftliche Genehmigung des Verlages reproduziert
oder unter Verwendung elektronischer Systeme
verarbeitet, vervielfältigt oder verbreitet werden.
Druck und Bindung: CPI – Ebner & Spiegel, Ulm
Umschlag: Tom Ising, HERBURG WEILAND
Printed in Germany
ISBN 978-3-518-46482-3

Inhalt

SOFAGESPRÄCHE.
    Vorwort **9**

WHO CARES ABOUT FUCKING TOMORROW?
    Die Anfänge **15**
MIT DEN KOPFHÖRERN MITTEN IM SOUND.
    Schlüsselerlebnisse **36**
JEDER MENSCH HAT SEINE EIGENE MUSIK.
    Rollen **47**
DAS ABENTEUER DES EIGENEN LEBENS.
    Zuneigung **60**
MUSIK IST FÜR ALLES GUT.
    Gemeinschaftliches Erleben **74**
AUF DEN VERSTUNKENSTEN KLOS.
    Alkohol und Drogen **98**
WENN MAN ANGST VOR DEM TOD HAT, MACHT DAS LEBEN KEINEN SPASS.
    Rund um die Welt **107**
EIN EIGENER KOSMOS – MIT EINEM HAUS DRUM RUM.
    Panorama Bar **128**
STRASSEN AUS LICHT.
    Mexiko **134**
WIE STROM DURCH DIE ADERN.
    Party! **153**
DJ-JETSETTING.
    Geld und Erfolg **172**
RENAISSANCE DER TRÄUME.
    Realität und Utopien **182**
DAS GANZE LEBEN LANG ZU ALT UND HÄSSLICH.
    Leben und Tod **196**
THE DJ IS STILL ALIVE.
    Fast zehn Jahre später **207**

Personen 232
Begriffe 234

MEHR ALS LAUT

Vorwort

SOFAGESPRÄCHE

Eine Lesung in Karlsruhe. Etwa Ende 2002. Eine Fabrikhalle im ersten Stock. Ich erinnere mich an große, eckige, weiße Säulen, mitten im Raum. Hier muss einmal etwas extrem Schweres gestanden haben. Inzwischen ist so etwas klassisches Punk-, aber auch Techno-Ambiente. Letzteres war mir zu diesem Zeitpunkt noch gar nicht klar.
Nach der Lesung legt Acid Maria auf, die ich nur dem Namen nach kenne. Sie hatte, von meinem Gefühl her, die ganzen neunziger Jahre über in Regensburg aufgelegt, meiner alten Heimat. Ich hatte ihre Plakate gesehen, alle möglichen Vermutungen über ihren Namen angestellt, war aber nie auf eine der Partys gegangen, weil ich damals auf alles Mögliche stand – nur nicht auf Techno!
Da ich mich Ende der Neunziger doch noch damit angefreundet hatte, gibt es mit Acid Maria an dem Abend erst recht kein Fremdeln. Ich stehe lange mit ihr am DJ-Pult. Wir sprechen, so scheint es, die gleiche Sprache. Nicht nur, dass der eine oder die andere hin und wieder spaßeshalber bayrische Ausdrücke einstreut – sie stammt aus München –, wir sind uns einfach über vieles einig. Über was auch immer. Die Dinge, auf die es ankommt. Ohne allzu viel davon aus- oder ansprechen zu müssen.
Kurze Zeit später: eine weitere Lesung. Ebenfalls im Südwesten Deutschlands. In Mannheim. Veranstalter ist ein umgänglicher Mann meines Alters – der das Ganze mit einer richtig langen Clubnacht verbindet (wobei ich um eins oder zwei schon schlapp mache). Sein Name ist Dirk Mantei, und ich habe keine Ahnung, dass er mal das legendäre *milk!* geführt hat – wodurch er zum Technopapa, weit über Mannheim hinaus, geworden war.

Durch beide Begegnungen kommt mir eine Idee, was ich, nach meinem Punkseller *Verschwende Deine Jugend*, als Nächstes schreiben könnte. Ich hatte alle möglichen Anfragen, alle möglichen Gespräche mit Leuten zu überstehen, die ganz genau wussten, wie es für mich, nach so einem Erfolg, ganz einfach weitergehen *musste*. Zum Beispiel: *Verschwende Deine Jugend – Teil Zwei.* Oder ein Buch über die regionale Nachfolgebewegung »Hamburger Schule«. Oder eines über diesen und jenen ganz großen Punkimpressario. Aber: Mich interessierte das alles wenig. Ich hatte mit dem Thema meine Erfahrungen gemacht. Sowohl als junger Punk, Ende der Siebziger/Anfang der Achtziger, als nun auch als Punkchronist. Mir gab das nicht mehr viel.

Jetzt also Techno. Die Idee: Ein Roman über einen blutjungen Typen, der nächtelang Platten auflegt (wozu ich Bezug hatte – ich hatte Anfang der Achtziger in Regensburg in einer »Disco« aufgelegt, wie man das damals nannte) und der ansonsten viel durch die Gegend kurvt, eigentlich gar nicht so richtig weiß, wo's langgeht, aber der gerade dadurch offen ist für das, was ihm entgegenkommt: die Schönheit der Musik und die Gunst der Umstände.

Das Tolle war, dass all die DJs, die ich zuerst für die Idee zu begeistern suchte und die ich um Unterstützung bat, ganz angetan davon waren. Ich merkte erst mit der Zeit, dass fast alle *Verschwende Deine Jugend* gelesen hatten und dadurch ein gewisser Vertrauensvorschuss da war.

Es entspannen sich Sofagespräche. Wohnzimmergespräche. Gespräche in ganz und gar lockeren Zusammenhängen. Man erzählte mir, wie das so ist, mit einem komplett umgedrehten Alltagsleben, vom Schlafen am Tag und Wachsein in der Nacht, vom vielen Herumfahren beziehungsweise sogar Herum*fliegen*. Ich war fasziniert von den kleinen Bemerkungen, die Acid Maria zwischendurch einstreute. Anki, wie ich sie inzwischen nannte, berichtete mir beispielsweise von dem Trick, immer *mit* der Sonne um die Welt zu fliegen, weil man so noch öfter auflegen könne.

Besonders angetan war ich aber von der Atmosphäre der Gespräche. Von der entspannten Art der Leute. Zur Entspanntheit der Situation trug sicherlich auch bei, dass ich, was die Auswahl meiner Gesprächspartner betraf, nicht die bekanntesten DJs gesucht hatte, sondern einfach eins zum andern kommen ließ.

Anki machte mich mit Kristian Beyer von der *Plattentasche* bekannt – einem Plattenladen in Karlsruhe. Auf einmal war ich ganz oft in der Stadt. Es entwickelten sich Rituale wie besagte Sofagespräche. Das heißt, Anki auf dem Sofa. Ich, über Eck, auf dem ebenso tiefen Sessel. Tagelang. Hin und wieder unterbrochen von fürsorglichen Einschüben Ankis wie: »Magst noch a Butterbrezn?«

Die Gespräche fanden in einem viel freundlicheren, netteren Rahmen statt als ein paar Jahre zuvor jene für *Verschwende Deine Jugend*. Ich hatte das Gefühl: Hier ist eine Generation, die nicht so abgestürzt ist – die sich's zwar ebenfalls ordentlich gegeben hat, aber die trotzdem noch etwas Positiveres in sich trägt als die Punks. Und deshalb erschien mir diese Generation auch, im Gegensatz zu den Punks, überlebensfähig (ohne erstmal durch die Mega-Lebenskrisen hindurch zu müssen).

Es war einfach schön, DJ Koze über Musik sprechen zu hören. Es war witzig, Geschichten von ihm erzählt zu kriegen – zum Beispiel über seine Eltern, die ausgerechnet jenen seiner Auftritte miterleben mussten, bei dem er sich am meisten zum Deppen gemacht hatte.

Erstaunlich oft war von Mexiko die Rede. Bei Hans Nieswandt, Anki – und DJ Hell. An einem tristen Wintertag, an dem ich mit Hell in einem Café am Gärtnerplatz in München saß, meinte er: »Ich habe da diese Einladung zu diesem Festival in Mexico City (von dem mir die drei nun schon so lange begeistert erzählt hatten), aber ich kann leider nicht hinfahren. Keine Zeit.«

Es bedurfte kaum eines Blickes aus dem Fenster, um zu sagen: »Dann fahre ich!«

Dort traf ich gleich, völlig ungeplant, Mark Reeder – der eigentlich aus Manchester stammt, den ich aber aus Berliner Punkzeiten zumindest vom Sehen her kannte und der wiederum *Verschwende Deine Jugend* gelesen hatte. Er war inzwischen im Techno mindestens genauso legendär wie im Punk.

Ich traf seinen Freund Corvin Dalek aus Budapest, der mir ungeahnte Einblicke eröffnete, in die Spiritualität der Mexikaner oder überhaupt der Lateinamerikaner. Der Roman nahm dadurch noch mal eine völlig andere Wendung, so dass von den tollen Gesprächen mit all den DJs, die ich über zwei Jahre hinweg geführt hatte, darin so gut wie nichts mehr enthalten ist.

Als ich Anki deshalb von meinen Überlegungen erzählte, parallel zum Roman noch ein Buch mit eben diesen Geschichten zu schreiben, war sie erschrocken. Zu privat waren die Gespräche gewesen. Viel zu vertraulich.

Ich sah das ein und legte das Projekt auf Eis. Etwa fünf Jahre später, im Frühjahr 2011, sprach ich auf einer Geburtstagsparty mit Torsten Goffin, einem ehemaligen Fotografen der Zeitschrift *Spex*, darüber – und merkte einmal mehr, was auf meinen technisch inzwischen antiquierten MiniDiscs so alles schlummerte. Ich beschloss, doch noch mal bei den Leuten »von damals« anzuklopfen. Und siehe da: Offenbar war nun genügend Zeit ins Land gegangen. Auf einmal hatte kaum jemand mehr Einwände.

Was dann folgte, war die durch und durch angenehme Aufgabe, aus der Vielzahl der Gespräche das Beste herauszufiltern. Das Bezeichnende. Manches musste ich natürlich rauslassen. Entweder weil es immer noch »rechtsrelevant« gewesen wäre, wie es im juristischen Jargon so schön heißt. Oder weil es dann doch zu privat gewesen wäre. Aber ich glaube, gerade durch den fehlenden Anspruch, die Geschichte einer Generation erzählen zu wollen, ist, zumindest im Ansatz und wie nebenbei, genau so etwas entstanden – allerdings auf eine sehr persönliche, fast intime Art. Etwas Lebendiges. Etwas nicht in übergroßer Ambition Erstarrtes.

Unglaublich dankbar bin ich vor allem Anki für unsere wunderbaren, magischen Sofagespräche. Leider weiß man erst oft hinterher, dass man etwas Einzigartiges, Unwiederholbares erlebt hat. Gleiches gilt für Caro Hervé – Miss Kittin. Was sie mir in unseren beiden langen Gesprächen an Eindrücken und tiefen Einsichten über ihr Privatleben gewährt hat, war mir immer wieder Anlass zur Freude. Besonders dankbar bin ich auch Hell, nicht nur für den Anstoß, nach Mexiko zu fahren, sondern auch für seine Hilfe, als es mit dem ganzen Buchprojekt einmal gar nicht mehr weiterzugehen schien.

Danken möchte ich – allein schon für das mir entgegengebrachte Vertrauen – natürlich auch allen anderen: Hans Nieswandt, Dirk Mantei, Corvin Dalek, Markus Güntner, Helena Lingor, Bianca Girbinger und Kristian Beyer, Richie Hawtin, Mark Reeder, »Pete« Kersten, Michael Mayer, Andi Teichmann, Rainer Trüby und Mathias Schaffhäuser. Nicht zu vergessen Pacou. Inga Humpe.

Dank auch an Wolfgang Tillmans für das schöne Umschlagbild – vor allem für die unkomplizierte, nette Art, in der »alles« ablief. Dank schließlich an Suzana Gostimirovic für die Freundlichkeit, mit der sie, über zehn Jahre hinweg, immer wieder die Schaltstation zwischen mir und Caro spielte – sowie an Thomas Nau für dasselbe, wenn auch nicht über einen ganz so langen Zeitraum, was Richie Hawtin betrifft.

Jürgen Teipel
München, im Juli 2013

WHO CARES ABOUT FUCKING TOMORROW?

Die Anfänge

DIRK MANTEI Ich weiß nicht, ob diese prinzipielle Nachtarbeit bei mir genetisch ist, aber mein Vater hat auch schon immer nachts gearbeitet. Nachts war immer Aktivität. Wir haben ja über der Backstube gewohnt. Und wenn ich als Kind nachts aufgewacht und aufs Klo gegangen bin, habe ich immer gehört, dass da unten unheimlich viel gegangen ist. Da war wirklich Leben, mitten in der Nacht. Nicht nur Dunkelheit und Schweigen.

Ich habe dann die Schule abgebrochen und bei meinen Eltern eine Bäckerlehre angefangen. Eigentlich hatte ich schon vorher gewusst, dass ich irgendwas mit Musik machen will. Aber rückblickend bin ich froh, dass ich diese Lehre durchgezogen habe. Weil, ich habe meinen Vater dadurch echt nochmal mit anderen Augen gesehen. Wirklich *maximum respect*! Allein dieser handwerkliche Prozess. Auch diese Hingabe. Mein Vater ist da komplett eingetaucht. Der ist bei jeder Bäckerei vor dem Schaufenster rumgehangen und hat sich Testexemplare gekauft.

Wir waren vor allem auf Französisch spezialisiert. Das ist auch handwerklich am interessantesten. Du kannst ja mit einem einzigen Teig verschiedene Geschmäcker erzeugen. Allein dadurch, dass du ihn anders formst oder aufbereitest. Wenn du ein Baguette machst, eine normale *Flûte* – sehr lang, sehr dünn –, hast du mehr Kruste und damit auch mehr Geschmack, weil die meisten Geschmacksstoffe ja in der Kruste entstehen. Und eine ringförmige *Couronne* schmeckt wieder ganz anders. Da sind die Franzosen top. Aber du musst mit diesem Beruf genauso *in love* sein wie mit dem Auflegen. Von den 24 Leuten, mit denen ich meine Prüfung abgelegt habe, haben 22 aufgehört. Wenn du ein guter Bäcker sein willst, dann ist das extrem viel Handarbeit. Ein extrem mühseliges Geschäft. Weil, erst das erzeugt Qualität. Während meiner Lehrzeit kamen immer die Nachtschwärmer hinten in die Bäckerei rein. Die kaufen bei dir Brötchen. Und du musst da stehen. Im Sommer bei 40 Grad. Und im Winter mit Lungenentzündung, weil, wenn du rausgehst ...! Ich habe dann einfach festgestellt, dass ich das nicht machen mag.

Auf alle Fälle gab es in Mannheim – Mitte der Achtziger – eine Disco, die hieß *Logic*. Da gab es – nach Punk – so einen kleinen *slot*, wo elektronische Musik gespielt wurde – erste mixbare Ansätze. Und so habe ich dann auch auf Partys gedeejayed. Also nicht Disco-Classic-mäßig. Sondern Italo-Disco und so Sachen. Also schon: *beats, straight* ...

MICHAEL MAYER Ich war mit 14 oder 15 Jahren mal in einer Jugenddisco – so von 19 bis 22 Uhr – und habe da zum ersten Mal jemanden mixen sehen. Das muss 84 oder 85 gewesen sein. Damals waren DJs ja noch keine Popstars. Das waren eher verkrachte Existenzen – Außenseiter, Steppenwölfe –, die nachts arbeiten und vielleicht ein Alkohol- oder Drogenproblem hatten. Einfach irgendwelche Typen, die ein *sound system* und ne Plattensammlung besaßen und von **Abba** bis **Zappa** alles auflegten. Es gab aber auch ein paar wenige, die eher nen Discoschwerpunkt hatten und auch schon mal gemixt haben. Italo-Disco. Oder mal ne **Petshop Boys**-Maxi. Als ich das gesehen habe, dachte ich nur: »Wow! Das ist genau das, was ich machen will.«

Ab diesem Zeitpunkt habe ich nur noch darauf hingearbeitet, zwei Technics-Plattenspieler zu kriegen. Und das Mixen zu lernen. Und eine kleine Lichtanlage zu kaufen, um selbst Partys zu veranstalten. Das ging los mit Schulpartys und Partys bei Freunden. Was man an so nem Abend eingenommen hat, wurde gleich wieder investiert: das Zeug teilweise gebraucht gekauft oder selbst gebastelt, ganz egal – Hauptsache, es wird ne Disco draus.

DJ HELL Ich habe in den Achtzigern hier in München einmal die Woche im *Café Größenwahn* gespielt. Damals war ich einfach nur ein kleiner DJ von außerhalb, der in München Fuß gefasst hatte. Aber schon allein das war für mich ein Riesenerfolg. Das war das Ultimative. Trotzdem – wenn ich am Ende der Woche 20 Mark übrig hatte, dann war das schon viel. Ich habe damals bei einer Computerfirma gearbeitet. Das war nur so ein *low key job*. Ich wollte eigentlich gar nicht arbeiten. Ich wollte nur nen Job, damit ich neben dem Auflegen ein bisschen was verdiene, damit ich mein Essen und meine Miete zahlen kann. Das war echt ganz oft die große Entscheidung: Platten kaufen oder Essen kaufen? Und meistens habe ich eben Platten gekauft. Ich musste ja jeden Mittwoch wieder die neuesten Sachen spielen. Und Platten klauen – das wollte ich nicht. Das wäre das Schlimmste überhaupt gewesen. Weil ich die Leute in den Plattenläden natürlich alle kannte. Das waren ja Freunde. Eine Zeitlang habe ich sozusagen Essen geklaut. Das heißt, es war eigentlich nicht richtig geklaut – ich hatte halt damals ein Zimmer auf dem Land, weil ich dort eine Freundin hatte. Das war so eine Art Caféclub, mit oben ein paar Zimmern. Unten war die Küche. Und ich wusste, wie ich die Tür aufkriege, um nachts in die Küche zu kommen. Da habe ich mir dann die Reste geholt. Ich weiß nicht, ob das jemals aufgefallen ist. Aber ich wurde nie erwischt.

Und in dieser Zeit bin ich halt millionenfach gependelt. Habe teilweise für fünf Mark getankt. Weil einfach nicht mehr da war. Volltanken, so wie jetzt, das hat's nicht gegeben. Das ist für mich fast ein Erfolgskriterium. Ich kann mein Auto volltanken. Bis es richtig voll ist.

MICHAEL MAYER Meinen ersten richtigen DJ-Job hatte ich mit 18. Das war in ner Diskothek bei Baden-Baden, auf dem Land. Samstagabends. Da passten 1000 Leute rein. Aber das ging für mich irgendwann überhaupt nicht mehr. Da kam diese ganze tolle neue Musik: Hip-Hop, Techno, House. Und ich habe mir dann nicht mehr erlaubt, mich für Großraumdisco-kompatible Musik zu interessieren.

DIRK MANTEI Der eigentliche Anstoß für mich war dann, dass ich zur richtigen Zeit – also Ende der Achtziger– in London war. Ahnungslos. Und da stand ja Acid House schon in voller Blüte. Ich bin dort ins *Heaven, under the arches* reingeraten und habe so ein richtiges DJ-Set gehört. Keine Ahnung von wem.

INGA HUMPE Ich hatte mein erstes Raveerlebnis in London. Mit **KLF**. Das war ungefähr 1988. Da wurde über einen kleinen Radiosender die Stelle durchgegeben, wo der Rave stattfinden sollte. Wir sind da hin – und **KLF** sind mit einem Van gekommen und haben da gespielt. Aber nach kurzer Zeit kamen schon ein paar hundert Polizisten und haben das gestoppt. Insofern war das durchaus eine hochpolitische Bewegung. Die ist in England ja auch erfolgreich niedergeschlagen worden. Im Gegensatz zu Berlin. Als die Mauer fiel und die elektronische Musik, die ja aus der Ravegeschichte kam, sich dadurch derart weiterentwickeln konnte – das war ja in Berlin alles nur deshalb möglich, weil die Stadt sowieso nicht kontrollierbar war und alle Clubs sowieso illegal waren.

DIRK MANTEI Als ich aus London zurückkam, habe ich hier in Heidelberg gleich ne Acid-Houseparty in nem Club etabliert – einfach zu nem Typen hingegangen, was man ja damals noch gar nicht gemacht hat. Das war im *Normal*. Die haben mir den Sonntag gegeben. »Planet Bass« habe ich das genannt. Und das ging ab wie nichts. Innerhalb kürzester Zeit war das Ding brechend voll. Wir mussten richtig die Leute von der Tür abhalten. Die haben sofort kapiert, um was es ging. Das lag einfach in der Luft. Es hat sich spontan eine eigene Feierkultur gebildet. Das Ganze war ja noch nicht ausformuliert. Aber da waren offensichtlich Leute an mehreren Enden der Welt zu ähnlichen Lösungen gekommen. Es war einfach Zeit für einen Acid-Houseclub. Und das Ganze war auch sofort ein richtiges Acid-Revival, im Sinne von

Drogen. Die ganzen *slacker* und Rumhänger waren dann halt sonntags druff.

HANS NIESWANDT Ich war Ende der Achtziger viel in New York gewesen und hatte da alle möglichen Löcher besichtigt, in denen aber extrem gute Housemusik lief. Als ich 1990 nach Köln ging, fand ich dort eine relativ maue Ausgehlandschaft vor – auch im Vergleich zu Hamburg, wo ich vorher war. Und nachdem ich diese ganze Club-im-Club-Sache – dass man nämlich irgendwo vorspricht und fragt, ob man nicht ne Veranstaltung machen kann – schon aus Hamburg kannte, habe ich angefangen, eigene Partys auf die Beine zu stellen. Zuerst in einer Eckkneipe in der Venloer Straße. Die hieß *Alte Garde*. Mit Butzenscheiben und so weiter. Danach waren wir auf einem Gelände in der Nähe vom Schlachthof. Einer der Besitzer der *Alten Garde* hat da Skulpturen aus Schrott zusammengeschweißt – und hat uns angeboten, dass wir da mal loslegen können.

Das lief dann immer mehr nach dem Prinzip: Man hat nen Raum, macht den leer, stellt ne Anlage rein, guckt, dass man ne Theke besorgt – damals war ja der Bedarf an optischen Gags noch nicht so hoch. Das Wichtigste waren ne Nebelmaschine und ein Stroboskop. Und sonst noch ein bisschen Rotlicht, Polizeilichter und so Zeugs. Aber das hat total gezogen. Gerade in Köln gibt es ne Menge Leute, die es überhaupt nicht cool finden, in eine normale Disco zu gehen. Aber so ne *Off-Location* mögen alle gerne.

Und das war dann auch wichtig, um diese ganze Techno- und Housewelt auch hier in Deutschland als ne Form von alternativer Musik zu etablieren. Es war ja damals oft die Rede davon, dass das jetzt der nächste Punk ist. Im Sinne von: »Jeder kann es machen.« Man braucht weder die *Major-Label*-Industrie dafür noch die etablierte Gastronomie.

INGA HUMPE Mir gefiel das dann besser als Punk. Ich konnte Punk irgendwann nicht mehr verstehen. Punk ist ja ne Haltung. Und die wird auch immer in mir drin bleiben. Aber ich verstehe Leute nicht, die heute mit über 40 noch mit ihren grünen Haaren rumlaufen. Punk heißt ja nicht, dass man das zum Gefängnis seiner eigenen Entwicklung macht. Das war mir einfach zu gefühlsreduziert. Zu sehr anti. Zu sehr Schmalspur. Und diese Ravebewegung war positiv. Da war viel bessere Laune.

ACID MARIA Mein Freund, so von 17 bis 19, ist immer nach Ibiza gefahren. Während ich noch eher links war, auf Antiatomdemos gegangen bin und sowas. Und er hat halt immer gesagt, dass Ibiza super wäre. Und ich: »Ibiza? Bist du bescheuert? Das ist doch voll scheiße! Da sind doch nur Partymäuse!« Das wirklich Gegenläufige zu dem Ding meiner Elterngeneration war für mich in dem Alter: Revolution, Che Guevara und so. Dann bin ich ihm aber mehr oder weniger nach Ibiza hinterhergefahren. Und habe dafür meine Abiturfeier verpasst. Eigentlich sollte ich den Abiturvortrag halten, weil ich Schülersprecherin war.

Wobei mich Ibiza im ersten Jahr noch nicht so richtig überzeugt hat. 1990, als ich das erste Mal da war – für zwei Wochen –, war ich eigentlich durchgehend blau. Das kam alles wie durch einen Schleier zu mir. Außerdem war die Motivation, da hinzufahren, halt in erster Linie dieser Typ.

Dann ist aber meine damals beste Freundin den ganzen Sommer dageblieben. Und hat mir den ganzen Winter über erzählt, wie super das war. Und im Jahr drauf hab ich mir gedacht: »Ich fahr da jetzt einfach auch hin.« Ich habe mir im Mai ein Flugticket nach Ibiza gekauft und das Rückflugticket in Ibi rituell verbrannt. Und bin sechs Monate dageblieben und hab mich durchgeschlagen. Mit diversen Jobs. Mit allem Möglichen, was man so im Nachtleben auf Ibiza machen kann. Von Boxentänzerin über Dekorationen basteln für irgendwelche Mottopartys bis hin zu Bargeschichten, Performances ...

DIRK MANTEI Nachdem »Planet Bass« lief, bin ich auch selber immer mehr drogenmäßig abgestürzt. Einer meiner

Freunde ist original hängengeblieben. Das ist eine total unglaubliche Geschichte! Da muss ich ein bisschen ausholen – und das Stück für Stück erzählen. Und zwar hatte ich eine Freundin, die war in Ibiza im *Ku* Tänzerin. Zuerst war Ibiza ja nur so Posthippiekacke. Aber dann ging es so langsam los, dass man gesagt hat: »Okay, das ist ein fetter Platz.« Und genau zu dem Zeitpunkt war sie da. Sie ist da einfach hingegangen und hat gesagt: »Ich will den Sommer auf Ibiza sein. Ich will hier arbeiten.« Und hat sich als Go-Go-Tänzerin beworben. Und da gab es feiermäßig für mich die nächsten Lektionen: Was kann eigentlich noch so alles gehen? Das war echt so: *Party forever!*

ACID MARIA Das war *never ending party island*. Es gab Leute, die ich als extrem verrückt und neben der Spur wahrgenommen habe. Aber ich fand das total positiv. Als wäre diese ganze Ibiza-Sache ein Gegenentwurf zu diesem Leben, was ich aus Elternhaus und Schule und so kannte. Alleine das hat mich interessiert. Dass ein Leben vom Tag auf die Nacht verschoben ist. Dass etwas nicht auf so einen langfristigen Plan hinausläuft: ›Wir bauen ein Häuschen.‹ Das war eher sowas: *Who cares about fucking tomorrow!?!* Das hat mir echt imponiert. Und es war wild. Wild in jeder Beziehung. Enthemmt. Völlig undeutsch.

Und mir hat imponiert, dass alle Leute von der Hand in den Mund lebten. Weil niemand so richtig viel Geld verdient hat. Mein Dauerjob war, dass ich Bar gemacht habe – im *Dome*. Das waren pro Abend 5000 Pesetas. Und das Zimmer hat schon 2500 gekostet. Du bist da halt dauerpleite. Und musst dir echt überlegen, was du isst. Dein Magen hat echt geknurrt. Aber da haben die Leute total cool zusammengehalten. Einer hatte mal aus irgendeinem Grund ein bisschen mehr Geld, und das war dann so: »Hey komm, Anki, ich lade dich zum Essen ein.« Das war wie meine Ersatzfamilie. Einfach so eine *Gang*, die da nach ganz anderen Regeln zusammengehalten hat. Und diese Regeln fand ich viel cooler als die

Regeln meiner Eltern. Meine Eltern sind natürlich tausend Tode gestorben. Weil, die wussten teilweise drei Monate lang nicht, wo ich bin. Ich hatte auch keine Telefonnummer durchgegeben. Und Handy hatte man ja damals sowieso nicht.

DIRK MANTEI Und da gab es dann halt das erste Ecstasy. Da hatte ja niemand nen Plan: »Wie viel kann man da eigentlich von nehmen? Wie nimmt man das?« Heute sind das ja gepresste Pillen. Damals war das noch astreine Kapselqualität. Medizinische Qualität. Du hast die Kapsel aufgemacht. War Pulver drin. Das kannst du dir super einteilen. Musst nicht die ganze Kapsel nehmen. Tust es immer in ein Getränk. Morgens, mittags, abends. Wir haben uns da immer munter auf Dosis gehalten. Immer auf so einem Spaßlevel. Teilweise mit LSD zusammen genommen. Aber das war niemals so, wie wenn du einen echten Trip angehst und superfett, total verballert bist, wo du nur noch auf allen Vieren kriechst, sondern eher wie ein Alkoholiker mit dem Flachmann. Immer nur so ein bisschen. Das fühlt sich zuerst natürlich super an. Aber im Nachhinein ist es ein ganz grober Fehler. Hirnphysiologisch geht da irgendwann gar nichts mehr. Diese Levelhalterei saugt dich ja so richtig aus. Der Effekt geht immer mehr zurück – obwohl du dich immer mehr vergiftest.

Ich hatte allerdings das Glück, dass Erik, mein *homie*, mich mal in der Sonne hat einschlafen lassen, sodass ich nen Sonnenstich hatte und ein paar Tage ausgeknockt war. Und er hat während der Zeit immer weiter genommen – und ist da tatsächlich korrekt abgekackt. Weshalb ich dann immer auf ihn aufpassen musste. Obwohl ich ja selber genauso desolat war. Aber das hat mich noch einigermaßen in der Spur gehalten.

Wir sind dann ins Flugzeug gebracht worden. Wir wussten zwar noch den Tag. Und auch, dass wir fliegen müssen. Aber von wegen Uhrzeit …! Uns sind echt Raum und Zeit entglitten. Als wir am Flughafen waren, gab es eine Durchsage, und wir haben mitgekriegt, dass es irgendwie wohl um uns geht.

So: »Höh?« Und dann haben uns die Stewardessen bei der Hand genommen und uns ins Flugzeug reingebracht. Und alle Leute gucken! Die hatten schon auf uns gewartet. Wir setzen uns hin, auf unsere Sitze. Und sofort fliegt das Flugzeug los. Und wir nur so: »Hööh!«

»

ACID MARIA 1991 bin ich von Ibiza zurückgekommen und habe von dort so einen bestimmten Lifestyle nach München mitgebracht. Unter anderem – da war ich 19 – habe ich Partys im *Parkcafé* veranstaltet. Mit Boxentänzern, Dekoration und Verkleidung. Da habe ich auch auf der Box getanzt und Shows gemacht. Im *P1* habe ich mal eine Aktion gemacht – da habe ich mich eingipsen lassen. Und davon gab es ein Foto in der *Abendzeitung* – auf so ner »Nachtleben«-Seite. Aber es wurde natürlich nicht diese Aktion porträtiert, sondern dass eine junge Frau *topless* da steht. Also, ich war nicht *ganz* nackt. Aber ich war halt ohne Oberteil. Und die Sekretärin von meinem Vater hat es ihm auf den Schreibtisch gelegt!

Einmal die Woche habe ich im *Babalu*, jeweils zu einem bestimmten Motto, eine entsprechende Show gemacht. Einmal auch zu einem kirchlich-religiösen Motto. Da habe ich natürlich verschiedene Rituale betrieben. Und Leute gesegnet. Nach einem ganz neuen Ritus. Die Gäste sind zu mir gekommen, um sich segnen zu lassen. Einmal war ich den ganzen Abend in einem Käfig. Wie so ne lebende Deko. Da lag ich eher nur herum. Es ging eigentlich mehr um diese Verkleidung und dass man in dieser Verkleidung in diesem Käfig ist und den ganzen Abend nicht rausgeht und ansonsten so tut, als wäre nichts. Das fühlt sich inzwischen manchmal so an, als hätte es nicht in meinem Leben stattgefunden. Aber damit habe ich mich in diesem Alter halt beschäftigt.

DIRK MANTEI Als Erik und ich von Ibiza zurückkamen, waren wir eigentlich beide weggeschossen. Meine Eltern waren zwischenzeitlich schon bei der Drogenberatung gewesen. Ich war extrem abgemagert. Ecstasy bremst ja das Hungergefühl. Gleichzeitig hast du einen extremen Wasserverlust. Wir wussten damals ja noch nicht wirklich, dass man viel trinken soll. Und du kriegst auch selber nicht mit, wie du nach außen wirkst. Ich dachte, dass ich gegenüber meiner Umwelt total normal rüberkomme und keiner Verdacht schöpft, dass ich ja total druff bin. Aber nach außen war es so: »Ey, der Typ dreht ja total am Rad!«

Ich bin mal beim Strebelwerk in so eine Firma reingelaufen. Strebelwerk war früher ein altes Industriegelände hier in Mannheim. Da gab es die legendären Strebelwerk-Partys, die damals gerade anfingen. Aber es gab eben auch noch eine Firma. Irgendein Lager, wo Leute gearbeitet haben. Und auf der Suche nach dem Typ, der das Loft oben dran hatte, bin ich einfach mal da unten reingelaufen. Und alleine von meiner Erscheinung her hat das die Leute so verunsichert, dass sie ihre Arbeitsgeräte fallen ließen und mich anguckten. Ich sah extrem abgearbeitet aus. *Desperate.* *Wild.* Ich war definitiv nicht mehr auf der Höhe. Da hatte ich definitiv eine Psychose.

Mein Freund und ich – wir haben extrem zusammengeklebt. Wir konnten auch gar nicht mehr auseinander. Aber wir hatten gegenseitig immer noch die Möglichkeit, diese Psychose zu stoppen. Dein Gehirn produziert ja bei einer Psychose ständig so ein Bedeutungsgeflecht. Die ganze Welt ist angefüllt mit Bedeutung. Das ist wie ein Spinnennetz. Und du bist immer ein extrem wichtiger Knotenpunkt. Auch wenn du überhaupt keinen Bock mehr darauf hast, weil du vielleicht einfach nur mal ne Tasse Kaffee trinken oder auf dem Sofa liegen willst. Das geht dann nicht. Weil du ständig am Überprüfen oder an diesem Zusammenhängeherstellen bist. Das ist extrem anstrengend. Wenn du versuchst, Fußball zu gucken, dann gewinnt auf einmal jede Rückennummer der Spieler an Bedeutung, und auch jeder Kommentar des Kommentators hat plötzlich einen höheren philosophischen Zusammenhang. Das Gehirn arbeitet ständig auf das Unerträglichste.

Und dann gab es eben bestimmte Situationen – das hat aber nur mit ihm funktioniert – wie so ein telepathischer Zustand: Man hat sich das gegenseitig angemerkt, dass es dem anderen jetzt gleich zu viel ist und der gleich komplett am Rad dreht. Und man hatte dann die Möglichkeit zu sagen: »Stop!« Und das stoppte tatsächlich für einen kurzen Moment diesen nach vorne gedrängten, ständig an der Oberfläche arbeitenden Bedeutungsstrom. Das war für kurze Zeit ein *relief* für den anderen. Echt so: »Oh, danke! Puh!« Sodass er mal ein paar Sekunden abschalten konnte.

Aber dann ging das schon wieder weiter. Oder auch wenn wir Auto gefahren sind – was man echt nicht machen sollte in dem Zustand. Wenn da ne rote Ampel kam: »Rot heißt Stopp! Ohhh!« Das war der gleiche Effekt, als ob wir uns gegenseitig »Stopp!« zugerufen hätten. Einfach so eine kurze Verschnaufpause. Das Gehirn hat dann kurz mal Ruhe gegeben. Bei Grün ging es sofort wieder los. Das Gehirn ist da eine nonstop arbeitende Maschine. Solche Leute müssen dann ruhig gestellt werden. Nur war es halt nach wie vor so, dass es meinem Freund schlechter ging als mir. Und so wurde mir nicht klar, dass ich in einer ähnlichen Situation bin.

Aber irgendwann sind wir dann gesplittet, weil, es ging einfach nicht mehr. Seine Freundin, die damals schon in Hamburg wohnte, hat ihn abgeholt. Bei dem hat das noch Jahre gedauert, bis der wieder in der Spur war. Er konnte seinen Alltag nicht mehr bewältigen, ohne Hilfe von fremden Leuten. Konnte keiner geregelten Tätigkeit nachgehen. Brauchte Betreuung oder Bewachung, damit er nicht irgendwelche durchgedrehten Sachen macht. Der hat sich mal die Haare blond färben lassen und ist mit der Bahn – mehr oder weniger nackig und am Daumen lutschend – von Hamburg nach Heidelberg gefahren, um mich zu besuchen. Und das war schon ein ganzes Jahr nach dem akuten Zusammenbruch.

Dann kam das *milk!* So um 1990. Direkt hier in Mannheim, auf der Breiten Straße, gab es eine Kellerdisco. Original Achtzigerjahre. Mit Spiegeln und Chrom. Und der Laden war zu und sollte verkauft werden. Das war eine Holding. Zwei Verbrecher. Petric & Berger. Die haben auch Tennisturniere promotet. Tennis war ja damals fett in Deutschland – mit Boris Becker und Steffi Graf. Und die wollten eben den Laden verkaufen. Aber denen war klar: Wenn der zu ist, und es geht da überhaupt nix, dann können sie ihn auch nicht verkaufen. Daher haben sie einen gesucht, der den Laden aufmacht.

Ich habe dann den Typ mal getroffen – ich hatte immer mit dem Berger zu tun. Wenn ich mich heute sehen würde, in dem Zustand, in dem ich damals war! Ich war extrem verwirrt. Auch optisch habe ich einiges hergegeben. Ich hatte fusselige, lange Haare. Ketten mit dicken Amuletten. Einfach so ein Freak-Raver. Durchgeknallt. Und halt wild. Ziemlich bunt auch. Kurze, enge Baseballkniebundhosen mit irgendwelchen Batikoberteilen ... Und der Typ hat mir den Schlüssel gegeben! Ich hätte einer abgerissenen Gestalt wie mir auf keinen Fall einen Discoschlüssel anvertraut.

Aber die haben mich einfach machen lassen. Weil die selber eh nichts gecheckt haben. Das war super. Die kamen nicht während des Abendgeschäfts. Die standen nicht im Laden und haben schlechte Stimmung gemacht. Das Problem war eher, dass auch die Leute das anfangs noch gar nicht wirklich kapiert haben – dass das ein Freiraum ist und man da echt total abrocken kann. Ich dachte, von den Sonntagspartys her, die ich in Heidelberg gemacht hatte, dass es auch im *milk!* sofort funktionieren müsste. Aber wir haben aufgemacht, und es war erstmal der totale Flop. Weil, zu der Zeit – das war ja Post-Acid-House – war Techno immer noch nicht wirklich erfunden. Aber das war dann total süß: Unsere Stammgäste haben dann selber Promo-Aktionen gestartet, Aufkleber mit dem Commodore Amiga gedruckt und überall hingeklebt. Zum *milk!* gab es noch so alte Aufkleber. Da stand drauf »Club und Restaurant P413«. Den hat irgend so ein Kid umgebastelt in: »Pille-, Trip-, LSD-Restaurant«.

Und dann ist das Ganze doch noch eingerastet. Kurz bevor man sagen musste: »Wir müssen es lassen.« Das war schlagartig. Auf einmal ging es drunter und drüber. Die Leute haben aufs Extremste gefeiert. Egal ob sie die Musik kannten oder nicht. Das war der komplette Freiraum. Da hat niemand – weder Polizei noch Zivilbullen – jemals ne Razzia gemacht. Und da gab's – weil es ja im Keller war – durchaus mal die Situation, dass die Scheißepumpe nicht funktioniert hat. Dass die Toiletten nicht benutzbar waren. Ich rufe beim Berger an: »Ey, die Toiletten sind kaputt. Das muss repariert werden.« »Jaja, ich schick jemanden vorbei.« Da waren wochenlang die Toiletten nicht repariert! Daher habe ich gesagt: »Hey Leute, geht doch auf die Straße.« Die sind dann praktisch in der Fußgängerzone pissen gegangen. Um die Ecke. Da stehst du mitten in der Innenstadt. Eigentlich hätten die Bullen irgendwann mal schnallen müssen: »Hey, die kriechen alle aus dem Loch da raus. Und irgendwie sind die alle verspult. Lass uns die mal ausheben.« Aber nichts! Wir haben auch immer erst dann zu gemacht, wenn wir Bock drauf hatten.

HANS NIESWANDT Ich habe da mal meinen längsten DJ-Set aller Zeiten gemacht. Zwölf Stunden! Das Besondere am *milk!* war eben, dass da ein korrekter Typ, der voll am Puls der Zeit war, in so ner Form Zugriff auf nen Laden hatte. Während wir bei unseren Partys in Köln eher Bittsteller waren, hatte Dirk den ganzen Laden. Er hatte den Schlüssel.

KRISTIAN BEYER Dirk Mantei war unser *hero*. Für Fremde kommt er ja oft ein bisschen mürrisch rüber. Dabei ist er einfach ein netter Kerl. Der hat uns allen den Weg geebnet. Das war immer der Technopapa, da im Neckardelta.

Ich hatte bis dahin, so als Teenager, immer nur Indiezeug und Punkrock gehört. **Fugazzi**-Hardcore, **Ramones**. Immer Gitarre. Synthiesachen fand ich scheiße. Und mein Bruder, der drei Jahre jünger ist, der hat mit 15 meinen Eltern immer erzählt, dass er bei einem Freund schläft. Dabei sind die immer ins *milk!* gegangen. Das war damals der legendäre Club – aber das habe ich später erst erfahren. Die haben immer gesagt: »Tja, da läuft halt Techno und sowas. Ist ganz geil.« Und ich so: »Ach, das ist doch bestimmt voll der Scheiß.« Irgendwann haben sie mich mal mitgenommen. Ich bin da reingegangen, runtergelaufen und dachte: »Das gibt's doch nicht! Was ist denn hier los?« Es war einfach nur laut, massiv, Nebel, Strobo. Und alle voll oberkörperfrei und am Tanzen. Nach einer Stunde habe ich gedacht: »Vergiss die andere Musik! Die ist Scheiße!« Mir war klar, dass ich alle meine Indieplatten verkaufe und ich das nicht mehr hören will.

Mir hat vor allem der *groove* gefallen. Und auch dieses ›Minutenlang-nur-ein-Loop‹. Ganz schräge *Sounds*. Und dann kommt plötzlich die Auflösung. Und der ganze Laden schreit. Wo du schon die ganze Zeit gemerkt hast, es arbeitet auf irgendetwas hin. Aber es passiert nicht wirklich was, erzeugt voll die Spannung. Dann kommt der Break. Fett die Harmonien rein. Und alle so: »*Yeah!*« Man kann es kaum in Worte fassen. Das *sound system* im *milk!* war aber auch richtig gut, weil Dirk sich echt damit befasst hatte.

HANS NIESWANDT Er hat ne ganz andere Sichtweise auf das *sound system* gehabt. Das war ja auch oft einer der problematischen Punkte, dass den meisten Clubbesitzern die Toiletten wichtiger waren als die Anlage: Mosaiksteinchen auf dem Klo, aber im Laden selber kein vernünftiger Bass.

DIRK MANTEI Dieses Technik-Nerdige habe ich auf jeden Fall von meinem Vater. Für diese französische Ausrichtung beim Backen brauchst du bestimmte Maschinen. Eine bestimmte Funktionalität. Und wenn ich DJ bin, oder wenn ich einen Club machen will, dann kann ich nicht sagen: »Dieses DJ-Pult kostet 2000 Euro. Das ist aber teuer! Nehmen wir lieber das für 800!« *No way!* Wenn du korrekt Brötchen backen willst, dann brauchst du eben dieses Ding, das wirklich funktioniert. Und wenn du korrekt auflegen willst, dann brauchst du eben korrekte Plattenspieler. Korrektes Mischpult. Das kostet halt was. Egal.

Aber was für mich der Hammer war: Ich habe im *milk!* echt mein eigenes Drogenthema abgearbeitet. Wenn man einmal diese starke Verunsicherung erlebt hat, so wie ich in Ibiza und kurz danach, dann ist man echt dankbar, wenn man *sane* bleibt. Ich habe zwar auch im *milk!* Drogen genommen – aber immer nur ganz konzentriert. Ich habe gearbeitet, und alle haben immer gedacht, ich bin total druff, aber ich war total nüchtern. Und wenn wir das *milk!* dann zugemacht haben, haben wir immer Ausflüge gemacht, ins Freie, zum Campen. Und dort hatte ich sonntags meine psychedelischen Erlebnisse. Aber du kannst nicht als Promoter total geschissen dick druff sein – wenn alle anderen Leute auch schon druff sind. Auf einmal fehlt Toilettenpapier, und du bist total auf E und weißt nicht, was du machen sollst.

KRISTIAN BEYER Ich war da 16, 17 – und alle um mich herum haben LSD und Ecstasy konsumiert. Da war jeder druff. Oder fast jeder. Von zehn Leuten waren neun druff. Auch völlig unkontrolliert. Teilweise zehn Pillen am Abend.

DIRK MANTEI Ein Typ zum Beispiel kam immer in gelbem Ölzeug – auf allen vieren. Der ist auf allen vieren die Treppe runter und die ganze Nacht auf allen vieren gegangen. Ein anderer Typ ist fast nackig, Kung-Fu-mäßig, in die Auslage der Kaufhaus-Passage oben gesprungen. Einfach durch die Scheibe. Und stand da blutend im Schaufenster drin. Neben den Schaufensterpuppen. Nur in der Unterhose. Und total so: »Hach! Geil!«

Oder einmal stand ein Typ unten und hat so ein zwei oder drei Meter langes Artus-Schwert geschwungen. Bei dem ging's irgendwie darum, dass er König Artus ist und die Welt retten muss. Der war halt auf ner Story druff. Einerseits hat er AIDS gehabt. Auch schon mit Infektionen. Und war auch tagsüber – wenn er keine Drogen genommen hatte – psychotisch. Der hatte ne Verfolgungsparanoia. Und hat dann so

Zusammenhänge konstruiert: Der Antichrist, Drittes Reich, die apokalyptischen Reiter – alle waren hinter ihm her. Der hat auch unter der Woche angestrengt geforscht – die Zusammenhänge mit Rosenkreuzerorden und Irgendwo-im-Odenwald-ist-ein-Hangar-wo-der-Führer … Sein Kumpel hat mich mal aufgeklärt, was sozusagen ihr Anliegen ist. Aber selbst in meinem Zustand konnte ich da nur schwer folgen. Jedenfalls hat er durch seine gesundheitliche Situation wohl das Gefühl gehabt, dass die Zeit knapp wird, die Welt zu retten. Eines Abends stand er hinten im *Chill-out-Room* mit diesem Schwert. Das war natürlich nicht so scharf, dass du dich damit rasieren konntest. Aber es war richtig lang. Damit konnte man sich richtig verletzen. Ich habe zu ihm gesagt: »Ey, mach mal locker. Steck's mal wieder ein. Und nächstes Mal lässt du es vielleicht einfach zu Haus.«

Aber die Situation an sich im *milk!* war natürlich super. Ich konnte aufmachen. Ich konnte Ware bestellen. Ich war am Umsatz beteiligt. Ich konnte alles machen. Der Berger hat alles bezahlt. Aber alle vier bis sechs Wochen kam er an und hat mich total rundgemacht. Ich musste dann immer mit ihm ins Büro und meine Zahlen vorlegen. Eine Gastro-Holding funktioniert ja so: Du setzt überall Geschäftsführer ein und fährst im Kreis bei denen rum und gehst denen auf die Eier. »Los jetzt! Her mit der Abrechnung!« Und ich hatte halt von Tuten und Blasen keine Ahnung. Ich saß dann immer hinter dem Schreibtisch. Er davor. Und hat rumgeschrien: »So läuft das nicht! Was ist denn hier los, Alter? *Fuck!* Du Wichser! Was soll der Scheiß?« Immer mit seinem dicken Schlüsselbund rumgeschmissen. Und er hatte immer seine Freundin dabei. Die hat er immer rumgeschickt. »Geh mal hoch ins Auto und hol mir das Ding.« Ich dachte zuerst, er meint seine Pistole. Es war auf jeden Fall klar, dass die Typen unangenehm werden können. Die waren extrem undurchsichtig. Hagere Typen. Immer im Anzug. Gel in den Haaren. Benz.

Seine Freundin war jedes Mal dabei, wenn ich Abbitte leisten musste – und hat indirekt immer die Dinger abgekriegt, seine Übellaunigkeiten. Wobei ihre Rolle war, Fürbitte für mich zu leisten.

Er kam ständig mit Änderungsvorschlägen. Und ich habe bloß gesagt: »Jaja.« Die habe ich natürlich nie umgesetzt, weil das totale Scheißideen waren. Ihm ging es halt darum, dass er den Laden zu einem guten Preis verkaufen kann. Was später auch passiert ist. Eine Discothek, die zu ist, verkaufst du zu nem schlechteren Preis, als wenn du sagen kannst: »Guck hier, komm mit, jeden Samstagabend sind hier 500 Leute.«

Aber das Beste war, wenn ich mal ein paar Wochen nichts von ihm gehört habe, weil er wieder im Knast war. Die beiden haben ja immer mal wieder Schieflage gekriegt, weil sie wegen Betrugs in U-Haft saßen. Da hatte ich für längere Zeit Ruhe. Das war ein großes Aufatmen.

Etwa zur gleichen Zeit, als das Ding verkauft wurde, gab es den ersten Todesfall im *milk!* Ein junges Mädchen. Siebzehn. Die kam sofort so: Party-party-party! Man hat da ja jeden gekannt. Ich hab auch gewusst, dass sie extrem kunterbunt die Sachen nimmt. Aber ich kann mich unmöglich darum kümmern, was die Leute da im Einzelnen einwerfen. Da war von PCP – diesem *Angel Dust* – die Rede. Oder wenn jemand zum Runterkommen Heroin nimmt, weil er drei Tage lang auf Speed gewesen ist – das wird er dir sowieso nicht sagen.

Jedenfalls kam schon vorher mal eine ältere Kusine von ihr – mit ein paar Freundinnen – und hat gesagt: »Hey, du lässt hier Minderjährige rein. Zu dieser schrecklichen Musik. Und gibst ihnen Drogen. Verführst die Leute.« Hat mir voll die Vorwürfe gemacht, dass die da im Delirium rumhängt. Aber irgendwann meinte sie so: »Hey, was ist denn das eigentlich für ein *Sound*? Der ist ja ziemlich geil. Kann ich auch mal von so ner Pille haben?« Das war dann echt so: Die Familie kam, um die jüngere Kusine zu retten – und am Ende waren sie auch alle druff. Die kamen so vom Rock – von außen – sinnbildlich gesprochen nach Babylon. Und waren nach dem ersten Abend in Babylon so angefixt, dass sie praktisch druffener waren als die, die sie retten wollten.

Ich habe dann sogar mit diesem jungen Mädchen ein Gespräch angefangen – auf ner *After-Hour* – über ihren Drogenkonsum. Dass man das auch alles langsam angehen kann. Dass man nicht die ganze Party auf einmal erledigen muss. Denn was überhaupt nicht funktioniert, ist zu sagen: »Hey, mach das nicht!« Dass Leute Drogen nehmen, das muss ja nicht automatisch mit Selbstzerstörung zu tun haben – das kann genauso gut Neugier sein. Sie war einfach extrem jung. Auch nicht allzu lebensschlau. Sie hat nicht gemerkt, wer es gut mit ihr meint. Und wo eine Grenze ist.

Etwa zur selben Zeit habe ich den Club verlassen. Da haben Petric & Berger einen anderen eingesetzt. Ich bin über Nacht rein und habe meine Sachen geborgen. Und kurze Zeit später kam die Nachricht, dass man dieses Mädel gefunden hat, tot – im Aufzug von irgendeinem Haus, wo irgendwelche Dealer gewohnt haben –, mit Sperma verschiedener Herkunft. Sie ist an einer Überdosis gestorben. Und zwar nicht an einer Überdosis Drogen, sondern an einer Überdosis eines Schlafmittels, das sie genommen hat, um runterzukommen von dem, was sie alles genommen hat. Das fand ich extrem schlimm. Und das hat mir auch persönlich stark zugesetzt, dass da auf einmal Leute kamen, die das nicht mehr machen, weil sie Spaß dran haben. Da hatte ich echt Schuldgefühle. Ich dachte, ich hätte es kommen sehen müssen! Obwohl es so nicht abzusehen war. Aber dadurch hat die Sache für mich ihre Unschuld verloren.

»

DIRK MANTEI Ich bin dann 1992/93 für ein Jahr nach San Francisco. Als ich zurückkam, haben wir Partys hier in der

Industriestraße gemacht. Heute gibt's da alle möglichen Clubs. Damals war da noch nichts. Nur Industriegebiet. Das war eine Lagerhalle, in einem großen Gebäude im ersten Stock. Da bin ich auch zum ersten Mal von der Polizei geraidet worden. Noch dazu bei DJ Pierre. Das war der Hammer. Sowas würdest du heute nicht mehr machen. Stellst einfach in irgendeine Halle ne Anlage rein, produzierst nen Flyer ... Totaler Wahnsinn! DJ Pierre war ja damals richtig groß. Das war ne Investition. Und dann auch noch illegal. Die haben uns überhaupt nur erwischt, weil das so ein durchschlagender Erfolg war. Es war unheimlich voll. Die ganze Straße war zugeparkt. Wir hatten den Bullen eine ordentliche Spur hingelegt. Irgendwann haben die sich halt gewundert: »Da stehen so viele Autos. Was ist da los?« Und kamen natürlich gucken: »Sagt mal, habt ihr eigentlich ne Konzession oder was?« Ich so: »Häh?« Ich meine, du musst ihnen ja nicht unbedingt auf die Nase binden, dass du das die letzten drei Monate jeden Samstag gemacht hast. Ich hab dann halt gesagt: »Ey, ausgerechnet! Ich habe heute dieses Ding gemacht. So ein Pech, dass Sie jetzt hier lang kommen.«

KRISTIAN BEYER Der Dirk war zum Glück auch in der Position, das alles auf die Beine stellen zu können. Die Bäckerei Mantei ist ja ein Riesenunternehmen im Rhein-Neckar-Kreis. Die haben wahrscheinlich 50 Filialen. Und er war immer der Künstlersohn, der sich austobt. Das Studio von seinem Label war zum Beispiel in der alten Lagerhalle der Bäckerei. Er hat auch mal einen Plattenladen gemacht – der war in der Garage. Er hatte immer irgendwas am Laufen. Tausend Sachen. Aber sein Lebensunterhalt war immer gesichert. Deswegen konnte er tun, was er wollte. Und das war geil.

DIRK MANTEI Ich musste zu meinen Eltern nie in Opposition gehen. Die waren nie scheiße zu mir. Ich glaube schon, dass sie sich oft gesorgt haben. Aber im Endeffekt haben sie mich bei allem unterstützt. Die haben mir dieses ganze Musikding ermöglicht. Das war diese Idee: »Wir arbeiten. Lassen wir den doch mal ausprobieren.« Das war schon extrem nett von ihnen.

KRISTIAN BEYER So ab Mitte der Neunziger hat er dann das »HD800« gemacht. Das war im *Connexion* – auch wieder in Mannheim. Das ist ja die größte Schwulendisco Europas. Eine riesige alte Lagerhalle von einer ehemaligen Seilerei. Überall mit Gängen und alles verwinkelt. Hier ein Riesenraum. Und dann kommt da wieder ein kleinerer Raum. Und in einem dieser Räume hat er eben seine eigenen Partys gemacht. Ich glaube, das war sogar ein ehemaliger *Darkroom*. Da war überall Gummi gelegen. Einfach dieser schwarze Belag mit runden Noppen. Wie am Flughafen. Damit du's am nächsten Tag schnell wieder abspritzen kannst.

DIRK MANTEI Das ist echt einer der schönsten Partyräume Mannheims. Der wurde seit 20 Jahren bespielt. Da wurde gelitten, geschwitzt und geblutet. Und das merkt man Feng-Shui-mäßig ja irgendwie schon. Und zwar ist das ein Würfel. Genauso lang wie breit wie hoch. Komplett schwarz. Schon so ein bisschen diese *Black-Leather-Chrome*-Atmosphäre. Aber nur vom Raum her. Da war keine entsprechende Deko. Das »HD800« war immer Freitag. Ich habe den Leuten vom *Connexion* gesagt: »Hört zu, wenn ich Freitag da Party mache, dann kann ich keine *Black-Leather*-Deko brauchen.«

Es gab aber auch Partys im Keller. Unter diesem Club war nochmal ein anderer Club. Wo auch original so ein *fisting room* war. Wo man – an Haken in der Decke – so *straps* einhängt und die *lovers* reingeschnallt werden. Wo auch *Darkroom*-Ecken waren. Das war auch freitags. Das war echt immer eine super*nice* Mischung. Die kommen dann halt mit dem schwarzen Aktenkoffer – das ist ja ein wichtiges SM-Erkennungszeichen – so *straight* businessmäßig an, und dann wird da erstmal umgezogen. Klick-klick, Aktenkoffer auf. Vibratoren. Fesseln. Das hat sich erst kurz vor dem Eingang geteilt. Die Raver sind immer hier reingebogen. Und die mit den Aktenkoffern da rein.

Danach war das »HD800« im *Lagerhaus*. Das war im Prinzip auch wieder illegal. Das war so ein größeres Gelände mit einem legalisierten Club. Und die hatten mir angeboten, in den anderen Hallen – unter dem Deckmantel, dass ja sowieso schon Aktivitäten sind – was aufzuziehen. Das war praktisch über den Hof. Da wurden die Leute vorne reingelassen – und kamen dann rüber zu uns.

Wir sind dann ausgerechnet am letzten Tag geraidet worden, als in den konzessionierten Räumen schon gar keine Disco mehr war. Die Party war längst vorbei. Aber es gab einen geschlossenen Innenhof, wo noch eine Art Gelage war. So ein Delirium. Ich war oben im Büro, weil ich Abrechnung machen musste. Als ich runterguckte, stehen unten die Bullen. Da springst du natürlich nicht auf, gehst runter und sagst: »Hallo, alles klar?« Dann haben die Bullen gegen die Tür im Hof gewummert. Und die Leute drinnen haben halt so »ätsch-ätsch« nach draußen geklopft. So quasi: »Na, ihr Arschgesichter?« Die haben die richtig gegen sich aufgebracht. Das habe ich jetzt auch gelernt: Wenn die Bullen klopfen, ist es immer besser zu sagen: »Okay, Leute. Schluckt alles runter. Packt alles ein. Wir machen jetzt auf und lassen sie rein.« Weil, wenn du sie nicht reinlässt – wenn du einfach so tust, als ob du nichts hörst, weil die Musik läuft –, dann werden sie unangenehm.

Die kamen später wieder, mit Verstärkung. Und zwar unglücklicherweise zeitgleich mit der Putzfrau. Als sie um zehn die Tür aufschloss, haben sie die am Kragen gepackt und sind alle mit rein. Und haben *jeden* gefilzt. Aber ich weiß nicht, wie die Leute das hingekriegt haben – die Bullen haben nichts gefunden. Und strikt juristisch gesehen waren da nur ein paar Leute, die herumsitzen, Musik hören und was trinken. Daraus kannst du keinen Fall basteln. Ich habe später natürlich ne Anzeige gekriegt. Aber es kam nie irgendwas hinterher. Auch nicht von der Staatsanwaltschaft. In all den Jahren ist das nie so richtig nach hinten losgegangen. Toi-toi-toi! Glück!

MIT DEN KOPFHÖRERN
MITTEN IM SOUND

Schlüsselerlebnisse

LAWRENCE Der Kick aufzulegen kam bei mir durch die reine Faszination für die Musik. Ich habe immer Kassetten aus dem *Front* gehört. Das war hier in Hamburg so ein House- und Technoclub. Der war für mich der absolute Mythos. Bevor ich 18 war, kam ich da einfach nicht rein. Weil ich viel zu jung aussah. Dann war ich mit 18 zum ersten Mal da – und fand vor allem diese Partykultur beeindruckend, dass auf einem *dancefloor*, ganz eng beieinander, sehr viele Menschen die Musik mitsingen, jedes Instrumental – und schon anhand der ersten Sekunden eines Übergangs wissen, was jetzt kommt – oder zumindest, *dass* jetzt ein Übergang kommt. Das war so eine ganz andere Euphorie. Eine ganz andere, enge Verbundenheit mit der Musik und einzelnen Stücken. Aber man ist da auch hingegangen, weil man den DJ hören wollte. Weil man sich mit den Barmenschen unterhalten wollte. Weil man speziell an diesem Türsteher vorbeigehen wollte, weil man den lustig fand.

RAINER TRÜBY Ende der achtziger, Anfang der neunziger Jahre waren Secondhandplattenläden mein zweites Zuhause. Das war wie ne Sucht. Ich bin da auch öfter rumgefahren. Von Freiburg nach Belgien. Zwei, drei Tage, nur um Plattenläden abzugrasen. War oft den halben oder den ganzen Tag in so einem Laden und habe mir alte Jazz-Soul-Funksachen angehört – oder ganz obskuren belgischen Jazzrock, den es für nen Appel und ein Ei gab. Das war einfach notwendig. Jede Woche, mindestens vier- oder fünfmal, ein anderer Secondhandladen irgendwo.

Ich habe dann auch als Hotelpage in einem Luxushotel

gejobbt, um mir das leisten zu können. So richtig mit Handschuhen und Käppi. Die älteren Hausdiener – wie man das ja auch nennt – haben das immer belächelt. Die wollten das nie tragen. Aber ich wollte ein richtiger Page sein. Wenn schon in so einem Hotel, dann richtig. Da habe ich recht viel Trinkgeld bekommen. Und bevor ich in den Zug nach Hause gestiegen bin, habe ich mir immer ein paar Maxis gekauft. Und dieses Sammeln war eben der Grundstein für alles. Ich fing eigentlich als Plattensammler an. Dann habe ich in Stuttgart in einem Club aufgelegt – *On-U* hieß der. Die haben halt irgendwie gewusst: »Okay, dieser Trüby hat ziemlich viele Funk-, Soul- und Jazzplatten. Dem geben wir jetzt einfach mal den Sonntag.«

Parallel dazu habe ich noch eine Seniorendisco beschallt. Ich war Zivi bei der Arbeiterwohlfahrt. Habe Essen ausgefahren für ältere Leute. Und im *Alten Feuerwehrhaus* gab es diesen Tanztee. Immer dienstags von 14 Uhr bis 17.30 Uhr. Die hatten zwei Plattenspieler auf einem Wägelchen montiert. Mit einem kleinen Musikarchiv. »Es gibt kein Bier auf Hawaii« – das war die Konsensnummer. Dann gab es ein Rock 'n' Roll-Medley von den **Kirmes-Musikanten**. Das ging immer so zwischen 17.10 und 17.30 Uhr. Das war super. Das hat denen richtig Spaß gemacht. Da wurden teilweise richtig die Krücken und Stöcke abgeworfen. Aber es gab natürlich auch Flops. Am schlimmsten war eine James-Last-Platte – die hieß *Voodoo Party*. James Last war ja auch mal richtig funky. Anfang der siebziger Jahre. Da hat er von Isaac Hayes *Theme from Shaft* gecovert. So mit Wah-Wah-Gitarren und allem. Aber da war dann richtig Sense. Die sind echt auf mich los – und haben sich so gegenseitig hochgestachelt: »Jetzt reicht's! Nicht mit uns.« In dieser Zeit habe ich viel gelernt. Vor allem das Gefühl fürs Publikum.

ACID MARIA Das war ja die ganz frühe Phase, von der wir hier reden: Acid House war gerade passiert, und in München entstehen eigentlich nur zwei Clubs, in denen an bestimmten

Tagen durchgehend elektronische Musik gespielt wird. Nämlich das *Parkcafé* und das *Babalu*. Und – zumindest in der allgemeinen Wahrnehmung – gab es auch nur vier DJs, die sich mehr oder weniger die Klinke in die Hand gegeben haben. Olaf, Woody, Tom Novy – und der Hell war eh schon immer am meisten unterwegs. Das waren die Dons – die Technoaristokraten. Und bei mir war es so, dass ich auf den ganzen Partys – auf denen ich eh immer war und so langsam zu den Internas gehört und auch immer mitgeplant habe –, dass ich da halt grundsätzlich alles besser wusste. Ich habe immer gesagt: »Spiel doch mal lieber das und das. Spiel mal nicht so hart.« Aber ich kannte den Titel gar nicht. Und die haben dann immer so reagiert: »Die Maus meint, sie weiß alles besser, haha!«

Dann habe ich gedacht, ich muss mir das jetzt mal genauer anschauen, damit ich genauer weiß, was mir daran nicht liegt. Und damals gab es auch nur zwei Plattenläden – wodurch du dich quasi entscheiden konntest: Bist du Kumpel mit den Coolen oder mit den Kommerzheinis? Aber für eine Frau war es damals ein unglaublicher Schritt, in irgendwelche Plattenläden reinzugehen. Wenn da eine Frau war – 1991 –, dann war das die Freundin vom DJ. Die stand dann halt blöd rum. Zwei Stunden lang.

INGA HUMPE In einem Laden wie dem *Hardwax* in Berlin warst du in den Neunzigern als Frau die Sensation. Man ging Samstagmittag hin. Alle waren da. Aber nur Jungs. Werdende DJs. Frauen gab es nur sehr wenige. Im *Hardwax* arbeitete eine als Verkäuferin. Und das war's. Ansonsten war das eher so wie: Männer im Unterwäscheladen.

ACID MARIA Ich bin dann in München immer mit meinen befreundeten Jungs in den Plattenladen gegangen. Aber wenn du mal was dazwischen gefragt hast, wurde immer mit den Augen gerollt. Oder wenn du gesagt hast: »Gib mal neue Platten!«, haben sie dir vielleicht eine Platte gegeben, die gerade der Hit der Woche war. So: »Du verstehst zwar eh nix davon, aber dann bist du wenigstens aufgeräumt.« Erklärt bekommen hat man von denen nichts. Das war nicht drin. Die Situation in einem Plattenladen in den Neunzigern war erstens so, dass Service am Kunden extrem kleingeschrieben wurde. Es ging darum, bereits Mitglied in einem eingeweihten Kreis zu sein – und andere Leute spüren zu lassen, dass die Tür zu war. Wenn du nicht zu diesem Kreis gehört hast und nicht sowieso schon alles wusstest, dann waren Hopfen und Malz verloren. Und zweitens war es halt so ein Jungsding. So ein Jungsclub.

Ich habe dann im Münchener *Delirium* gearbeitet. Und weil diese Jungs vom *Delirium* keinen Bock hatten, samstags den Laden aufzusperren, habe *ich* das eben gemacht – und stand den ganzen Tag alleine da und habe mir den gesamten *backstock* angehört. Das ging ziemlich schnell. Nach kurzer Zeit wusste ich, was da rumsteht. Was *was* ist.

Dann haben die Jungs vom *Delirium* angefangen, Partys im *Alcatraz* zu machen – da habe ich an der Bar gearbeitet. Als ich mal ein paar Platten gespielt habe, weil der DJ zu spät kam, hat der Betreiber gesagt: »Mach doch hier deine Partys, und leg selber auf.« Und ich dachte: »Stimmt eigentlich!« Aber ich hatte Schiss. Bei meinem ersten DJ-Abend hatte ich einfach nur total Schiss. Und gleichzeitig war ich total begeistert. Ich dachte: »Das ist *so* super. Das muss ich unbedingt weitermachen. Das entspricht mir total.« Aber für die Jungs war das ein bisschen schwierig. Da gab's eben auf einmal ne Frau, die 20 ist, die alle als Boxentänzerin kennen und die einfach sagt: »Ich bin jetzt auch DJ.« Die haben alle mehr oder weniger gemeint: »Hey, jetzt hör mal auf mit dem Schwachsinn.« Alle. Nur ausgerechnet der Hell nicht. Dabei kannte ich den in der Phase noch am wenigsten. Die anderen drei waren – dachte ich jedenfalls – Freunde von mir. Irgendwo empfand ich das als Verrat. Das war für mich echt *heavy*. Ich war halt auch noch sehr jung. Und ich habe dann immer versucht, diese Abneigung oder diese Ablehnung zu überwinden – also diese Jungs davon zu überzeugen, dass ich das schon kann.

In einen von denen war ich damals sogar unglaublich verliebt. Nicht nur, weil ich den Eindruck hatte, dass wir Musik exakt gleich hören. Dass die Stimmung, die in irgendwelchen *Sounds* mitschwingt und die wir mögen, deckungsgleich ist. Sondern auch weil man mit dem alles andere machen konnte. Mit dem konntest du ein Spitzengespräch führen. Mit dem konntest du wegfahren. Da ging eigentlich alles. Aber selbst der hat eher dazu tendiert, das nicht so ernst zu nehmen bei mir.

Eine Reaktion darauf war, dass ich mich zum Auflegen regelrecht verkleidet habe. Dass ich kein Make-up mehr benutzt habe. Haare ganz kurz geschnitten. Nur noch Turnschuhe getragen. Camou-Hosen. Dass ich alle Attribute, die möglicherweise als weibliches Auftreten gewertet werden könnten, möglichst nicht mehr mit meinem Körper in Verbindung gebracht habe.

Es war also schon so, dass ich da auf etwas reagiert habe. Ich habe versucht, ernst genommen zu werden. Und dachte halt: Es liegt vielleicht daran, dass ich Lippenstift trage. Aber ich habe festgestellt: Selbst wenn ich mich nicht mehr schminke, selbst wenn ich mir die Haare abschneide und nur noch Turnschuhe trage, werde ich trotzdem genauso behandelt. Trotzdem kriegst du die ganze Zeit vorgeworfen, dass du ja sowieso nur auflegst, weil du ein Mädchen bist. Weil du diesen Exotenbonus hast. Dass es also eigentlich gar nicht darauf ankommt, was du für Musik machst. Und das kotzt dich natürlich total an. Aber bei mir hat das dazu geführt, dass ich gesagt habe: »Na gut, wenn ihr meint, dass das so ist, dann meint es ruhig weiter. Aber dann werdet ihr jetzt mal sehen, was ich alles für Gigs bekomme, nur weil ich ne Frau bin, ha!«

STELLA STELLAIRE Ich hab mich schon immer sehr für Musik interessiert. Meine Mutter wurde an einer russischen

Hochschule zum Klavierprofi ausgebildet und hat auch schon früh angefangen, mich zu unterrichten. Später ging ich auf eine staatliche Musikschule, damit ich die Möglichkeit zu einer Profikarriere habe. Diese Institution war für mich der Horror. Um mich herum nur so komische Pianomädels, die leblos und maschinenmäßig – jedes Mal auf die gleiche Art – das Stück heruntergedroschen haben. Ich konnte mich damit überhaupt nicht identifizieren und habe mich irgendwann komplett verweigert. Zudem wurde ich jahrelang mit unglaublich langweiligen Stücken gequält: Ich musste alle Haydn-Sonaten spielen. Ich hasse Haydn! Und habe mir dann eben selber Sachen angeeignet – Rachmaninow, Skrjabin oder Chopin. Aber das fanden meine Lehrer überhaupt nicht gut. Die hatten so eine dämliche statische Vorstellung von Musikgeschichte, derzufolge man sich – quasi einbahnstraßenmäßig – von den Wurzeln bis zur zeitgenössischen Musik hätte hochgraben müssen. Die haben nicht mal gemerkt, dass ich die Stücke, die sie mir gegeben haben, deswegen so mies interpretiere, weil die mich völlig anöden und darin nichts von mir widerhallt.

Zu Hause habe ich öfters frei improvisiert. Aber das war teilweise recht seltsam – ich hatte das Gefühl, mir fehlen Töne oder Tasten. Sehr viel später habe ich gemerkt, dass mir genau genommen Klangfarben gefehlt hatten. Das hatte ich damals, mit meiner eindimensionalen Schulbildung, aber gar nicht begriffen. Ich hab immer gedacht, es läge an meinem eigenen Untalent. Die klassische Musiklehre misst ja Tönen, die nicht im Harmoniesystem vorkommen, keine wirkliche Bedeutung bei. Ich war damals sehr oft komplett frustriert und habe alle meine Lehrer gehasst.

Ich hab mich auch sehr für Pop interessiert. Aber an internationale Sachen in der DDR ranzukommen war ja nicht ganz einfach. Ich hab viel auf Kassetten aufgenommen, aus dem Radio. Hatte am Kopfende von meinem Bett ein Doppelkassettendeck mit Radio stehen. Da hab ich ganz leise, so, dass ich dabei einschlafen konnte, Radio gehört und eben oft aufgenommen. Natürlich wusste ich oft nicht, was es war.

In einem Ferienlager hab ich endlich auch mal ein paar coolere Kids kennengelernt und mir ein bisschen ihren Look abgeschaut. Hab meine Jeans über die Knöchel hochgekrempelt und hatte so schwarze Lederchucks mit verschiedenen Neonschnürsenkeln. Dazu trug ich immer den gleichen schwarzen Sweater mit verschiedenen Pins dran, vor allem von **Depeche Mode**. Ich hatte aber auch einen von Sandra. Für den hab ich mich ein bisschen geschämt, aber trotzdem manchmal draufgemacht, weil von Weitem einfach mehr Pins auf meinem Pulli waren. Ab und zu hab ich mich auch in die Riesenschlange vor dem zentralen Musikladen in Karl-Marx-Stadt gestellt, um eine seltene Quartettplatte – das waren die Seven-inch-Singles in der DDR – zu ergattern.

So mit 14, 15, also nach der Wende, hab ich angefangen, mich fürs Weggehen zu interessieren. Ich bin dann immer mit einer Freundin in einen Laden am Rosenhof. Der war mir durch seine simple Andersartigkeit aufgefallen. Auf diese komischen Clubs mit amerikanischen Namen, *Calypso* oder *Tropical*, stand ich einfach nicht. Auch nicht auf das andere Zeug, was zur Auswahl stand, die Irish Pubs und Ähnliches. Also dieser Laden. In einem Hinterhof ist man die Treppen runtergestiegen und war dann in einem Kellergewölbe, das ziemlich roh und unverziert belassen war. Es waren einige metallische Elemente eingebaut. Der Laden hieß passenderweise *Schmiede*. Ich hab da interessante Leute kennengelernt. Am interessantesten fand ich den Jungen hinter der Bar. Wahrscheinlich war ich auch ein bisschen verknallt. Allerdings hat der mich – ich denke mal aufgrund meines Alters – komplett ignoriert. Aber er hat uns auch mal ne Cola ausgegeben. Und dieser Junge war – wie ich dann Jahre später aus einem *Spiegel*-Artikel erfuhr, als er schon ein bekannter Musiker und bildender Künstler war – Carsten Nicolai, der später *Raster-Noton* mitbegründet hat und dessen Musik ich, ohne es zu wissen, in meiner Plattensammlung hatte.

Nachdem ich mich irgendwann gegen eine offizielle Karriere als Klavierroboter entschieden hatte, fing ich an, Literatur hier in Freiburg zu studieren. Ich bin viel auf Partys gegangen. Hab Leute kennengelernt, die selber aufgelegt haben, und bin ne Zeitlang viel zusammen mit einem der hiesigen DJs abgehangen: Shaddy. Er war derjenige, der gesagt hat: »Wieso legst du eigentlich nicht auf? Ich weiß, du kannst das.« Er hat mir zwei Plattenspieler geliehen und kurz erklärt, wie das rein technisch funktioniert. Danach habe ich ein paar Wochen lang von morgens bis abends gemixt – bis ich meine ersten zwei Platten synchronisiert hatte. Dieser Moment war schon sehr besonders, so: »Yeah! Guck mal! Beide Kanäle oben – und man hört nichts!« Man hörte keinerlei Holpern – also im Grunde, dass es zwei verschiedene Platten waren. Das war schon so ein Moment der Offenbarung. Ich hatte aus verschiedenen Platten meinen eigenen, völlig neuen, teilweise unberechenbaren und wunderschön unergründlichen *Sound* kreiert und stand mit den Kopfhörern mitten drin. Damit hab ich mir sozusagen die Musik zurückerobert.

BIANCA GIRBINGER In der Schule war ich mit einer Frau sehr gut befreundet – die hieß Karin. Die hat grundsätzlich nur bunte Strumpfhosen und selbstgenähte Kleider angehabt. Und das fand ich wahnsinnig toll. Das habe ich bewundert. Karin hat sich einfach was getraut! Die hatte neongrüne Strümpfe an. Die hat sich nichts dabei gedacht, bunt zu sein oder schräge Muster zu tragen. Einen Sommer, da haben wir unsere Jeans abgeschnitten. Und sie hat die Hose erfunden, die ein kurzes Hosenbein hat und ein langes Hosenbein. Die hat das dann auch getragen. Das ist einfach toll. Mit solchen Menschen bin ich gerne zusammen. Aber die sind selten.

Miezi – also Acid Maria – kannte ich nur von weitem. Als DJ in München. Ich fand halt die Musik super, die sie gespielt hat. Und auch, dass sie das einfach so macht. Andererseits gab es da mal eine Situation: Ich bin in der Münchner Innenstadt in die Schule gegangen. Als ich in den höheren Klassen war, sind wir mittags ganz gerne im Glockenbachviertel rumgezogen. Dort gab es einen ganz stylischen, tollen Laden, der hieß *Two Sisters*. Und einmal bin ich mit Karin da hingegangen. Wir haben gesagt: »Wir können uns zwar nichts kaufen, aber wir wollen jetzt mal in diesen Laden und so ein bisschen rumgucken, was es da so gibt. Die schönen Sachen anschauen.« Das war im Sommer. Und da saßen drei Mädels draußen auf der Stufe, natürlich toll angezogen. Eine davon war die Miezi. Ich habe zu Karin gesagt: »Ah, da sitzt die Acid Maria.« Wir haben uns dann tatsächlich nicht mehr getraut, in den Laden reinzugehen. Einerseits war der Zugang ein bisschen erschwert. Es war Mittag. Die Sonne scheint. Und die haben halt so ein bisschen blöd geguckt: »Was wollen die zwei jetzt da?« Wir haben nur noch kurz geguckt und sind dann vorbeigegangen. Total blöd. Das war so der Eindruck: »Das ist *ihr* Gebiet.« Oder: »Acid Maria geht da bestimmt jede Woche hin. Und kauft da auch wirklich ein. Und wir könnten höchstens gucken.«

ANDI TEICHMANN Wir haben damals hier in Regensburg im *Sudhaus* den »Club Schimmerlos« gemacht. Und die ersten Gäste von außerhalb – die auch schon den Glorienschein als erfolgreiche, große DJs hatten und schon jahrelang dabei waren – waren Acid Maria und DJ Hell. Die haben natürlich auch viel mehr Geld bekommen. Ich hatte damals echt noch keine Ahnung. Ich habe angefangen aufzulegen, bevor ich wirklich in der Szene drin war. Meinen ersten DJ-Auftritt hatte ich überhaupt nur, weil mich Leute aus einem anderen Laden gefragt hatten, ob ich da nicht auflegen will. So: »Hey, du bist doch irgendwie so ein Musiktyp. Du kannst doch bestimmt auch auflegen.« Und ich: »Ja klar kann ich auflegen. Überhaupt kein Problem. Das mach ich jedes Wochenende.« Und mein Bruder Hannes hatte da eben schon mit Auflegen angefangen. Letztendlich habe ich ihn dorthin mitgenommen und gesagt: »Kannst du mir das mal erklären, mit diesem

Mischpult und so? Ich weiß überhaupt nicht ...« Und er: »Hier, das ist der Fader, da hängt der Plattenspieler dran, da ist der *Crossfader* ...« Dann habe ich mir das ganz brav gemerkt und an dem Abend aufgelegt – und versucht, mir nichts anmerken zu lassen.

STELLA STELLAIRE Ich habe nach zwei oder drei Monaten gleich bei einem DJ-Contest mitgemacht. Obwohl ich noch nie aufgelegt hatte. Nur daheim. Für mich selber. Ich konnte Beat-auf-Beat mixen. Aber das ist, wie wenn jemand ne Tonleiter spielen kann. Das ist echt noch keine Kunst. Deswegen kannst du noch lange nicht auflegen.

MARKUS GÜNTNER Ich habe mit 14 angefangen aufzulegen – hier zu Hause bei mir. Dann habe ich mal auf einer Schulparty aufgelegt, was natürlich der völlige Reinfall war, weil kein Mensch verstanden hat, was ich da eigentlich gemacht habe. Nach einem dreiviertel Jahr habe ich zum ersten Mal im *Sudhaus* aufgelegt. Für mich persönlich war das echt ein furchtbarer Abend. Zum ersten Mal überhaupt in einem Club zu stehen und irgendwie zu versuchen, die Leute zum Tanzen zu bringen – das war kein wirkliches Erfolgserlebnis. Ich hatte immer im Hinterkopf: »*Fuck*, wenn jetzt die Polizei kommt – was mache ich dann?«

Aber das war dann komplett mein Weg. Dazu geführt hat vielleicht auch: Als ich 14 war, hat mein allerbester Freund, der mit mir in die Klasse ging – wir kannten uns, seit ich denken kann –, das Auto von seinem Bruder geklaut, ist damit nach Italien gefahren und dort tödlich verunglückt. Auf der Landstraße. Bis zu diesem Zeitpunkt war bei mir alles heile Welt. Deine Eltern wollen natürlich nicht, dass du die harte Realität kennenlernst. Und dann kam auf einmal sowas. Drei Monate später ist auch noch meine Oma gestorben, die mich mitunter auch großgezogen hat. Und dadurch habe ich eben mitgekriegt, dass diese Welt ja nicht beständig ist.

Für mich wurde die Schule komplett unwichtig. Hinzu kam, dass ich sowieso kaum was mit Gleichaltrigen anfangen konnte. Ich hatte meistens ältere Freunde. Von daher war die Schule ein echt hartes Thema für mich. Wenn du da jeden Tag mit irgendwelchen Leuten in einem Zimmer sitzen musst, mit denen du überhaupt nichts anfangen kannst – das war für mich nur noch Zeitverschwendung. Ich hatte keinen Bock mehr, irgendwas zu machen, was hinausläuft auf so ein »Ich gehe in die Schule, mach meinen Abschluss und arbeite dann mein Leben lang«. Für mich waren auf einmal ganz andere Dinge wichtig.

Letzter Auslöser war sicherlich mein Rektor. Weil ich mir von dem wirklich anhören musste: »Was? Du hörst Technomusik? Dann nimmst du bestimmt auch Drogen!« Da hat sich bei mir in gewisser Weise so ein Hass gegen diese Vorurteile entwickelt. Und gegen die Leute, die sowas aussprechen. Ich bin mit Anfang 17 aus der Schule. Ohne Abschluss. Mit nichts. Das war eine ziemlich harte Zeit für mich. Weil, man kommt ja vom einen Extrem – dass man weiß, was man zu tun hat – auf einmal in dieses totale Nichts. Aber dadurch habe ich dann angefangen, selber Musik zu produzieren.

JEDER MENSCH HAT SEINE EIGENE MUSIK

Rollen

STELLA STELLAIRE Meine Mutter hat selber ne Riesenplattensammlung. Und die hat das von Anfang an verstanden, was mir das gibt. Aber sie hat sich natürlich auch Sorgen um mich gemacht, wegen Nachtleben und so. Gleichzeitig konnte sie aber nachvollziehen, wenn ich vom Auflegen so aufgeladen war. Das war eben schon für mich eindrucksvoll, wenn ich irgendwo mit jemandem gespielt hatte, dessen Platten bei mir zu Hause standen, also den ich musikalisch verehrte und der mir wiederum seinen Respekt ausdrückte. Vor allem am Anfang hat mir das viel bedeutet. Auch weil viele Leute um mich herum – also Freiburger DJs – viel zu oft damit beschäftigt waren, irgendwelche albernen Fehler an meinen Sets finden zu wollen oder gönnerhaft Tipps oder Lob abzugeben. Meistens waren das ja Leute mit nur bescheidenem Talent. Aber das zu wissen hilft ja auch nicht immer – gerade wenn du mit diesen Menschen klarkommen musst, weil du ja spielen und gebucht werden willst. Du kannst halt nicht hingehen und ihm ins Gesicht sagen, wie blöd du ihn eigentlich findest und dass du das, was er als Lob empfindet – dass du nämlich für ne Frau voll gut auflegen kannst –, ziemlich beleidigend findest. Dann kannst du dir den Gig natürlich abschminken. Ich wurde – nachdem ich über diesen Contest von einer Freiburger Booking-Agentur gecastet worden war – gleich zu allen möglichen Veranstaltungen hin verfrachtet. Am Anfang fand ich das natürlich ziemlich cool. Aber irgendwann war mir dieses Ausgestelltwerden zu blöd. Ich hab mich da schon als die Quotenfrau gefühlt. Und gedacht, dass die mich da nur hin schicken, weil ich ein Mädchen bin. Deswegen war ich teilweise auch nicht besonders nett zu diesen Großveranstaltern. Die meiste Zeit hab ich gedacht: »Ihr seid doch alle total panne. Ihr macht das alle aus komischen Motivationen heraus – eigentlich nur, um euch an etwas zu bereichern, was ihr gar nicht versteht. Ihr wisst ja gar nicht, was Musik ist.«

Dann habe ich viel auf großen Raves aufgelegt. Auch auf dem Land. Wo es kaum noch um die Musik ging. Da hat für meine Begriffe nichts mehr gelebt. Die Leute sind da hin, um sich komplett wegzuballern. Und »drauf« fand ich die noch um einiges eindimensionaler als sonst schon. Die waren nur noch die Droge selber und haben sich das völlig unkontrolliert reingeschoben. Teilweise fünf Pillen an einem Abend. Aber das war für mich andererseits auch sehr reizvoll. Dieser Absturz. Das Scheitern. Es war ja nicht nur ne Mutprobe oder so – sondern eher als Bejahung vom Leben selbst gemeint. So widersprüchlich das klingt. Was von der Außenwelt als Scheitern bewertet wird, ist ja nur eine Perspektive. Ich hatte eben allgemein große Probleme, diesem Bataillon der Rechtschaffenheit zu folgen.

An der Uni habe ich mich zunächst wenig verstanden gefühlt. Ich fand die alle langweilig und uninteressant. Unmodern. Es war dann schon so, dass ich diese krasse Feierszene, diese wortlose Kommunikation – jenseits von intellektuellen Inhalten – zunächst als echt und authentisch empfunden habe. Dagegen kamen mir die Leute bei mir im Studium, die immer nur irgendwelche Goethe-Seminare belegt haben und alles totgeredet haben, sehr suspekt vor. Ich habe immer gedacht: »Was zum Teufel wollt ihr hier eigentlich? Wenn ihr nicht versteht, warum heute etwas passiert, wie es passiert, dann werdet ihr auch nicht verstehen, warum es vor 100 Jahren so passiert ist.« Man muss ja zunächst den Grundimpuls nachvollziehen, warum Menschen überhaupt Bock haben, Musik zu machen – oder Kunst oder Literatur.

BIANCA GIRBINGER Ich habe das Ganze so richtig erst mit 26 entdeckt und mich gefragt: Warum nicht eher? Es war mir fast schon unangenehm, dass ich es so spät gefunden habe. Ich hatte schon mit 17 so eine Art Entschluss gefasst, irgendwann ne Musik zu finden, die mir wichtig ist – mir das so richtig als Aufgabe gestellt. Es war mir klar, dass man danach suchen muss. Dass man sich Mühe geben muss.

Mit 18 bin ich dann auf die ersten Raves gegangen. Aber Auflegen war für mich unerreichbar. Damals hatte ich kaum Geld. Ich habe mir Plattenkritiken oft nur zum Spaß durchgelesen – und umrandet und eingekreist, was sich schön angehört hat, was ich mir theoretisch kaufen würde. Ich war in der Phantasie immer Platten einkaufen.

Von Miezi war ich, wie gesagt, schon so ein kleiner Fan. Wenn auf dem Flyer »Acid Maria« stand, dann wusste man immer: Die Party wird gut. Und dann hatten wir hier in Karlsruhe am selben Tag Aufnahmeprüfung. Das war so: Sie steigt aus dem Auto aus – ich steige aus dem Auto aus – und denke mir: »Gibt's doch nicht!« Wir kannten uns dann schon vom Sehen. Aber damals habe ich mich bei ihr nicht so richtig rangetraut. Bei Miezi kommt noch dazu: Sie ist einfach viel schicker als ich. Da war ich einfach unsicher. Ich dachte nicht, dass sie sich für mich interessieren würde.

ACID MARIA Depressionen waren ja speziell in den Neunzigern ein großes Thema. Wegen der Drogen. Und ich hatte auch eine Zeit, wo es mir alles andere als gut ging. Im Rückblick ist es fast so, dass das ein paar Jahre sind, die mir – weil ich bei diesem ganzen *raven* und Drogen nehmen und sich die Kante geben geglaubt habe: »Ich erlebe jetzt was ganz Eigenes, ich erlebe Blicke hinaus aus dem eigenen Dasein oder dem eigenen Körper« – wie eine Illusion vorkommen. Ich würde nicht sagen, dass ich es bereue. Aber im gewissen Sinne ist das verschwendete Zeit.

KRISTIAN BEYER Die Montagsdepressionen nach so einem Wochenende waren ganz normal, die hat jeder schon mit einkalkuliert. Aber bei manchen – auch bei zwei, drei Freunden von mir – hat sich das ausgeweitet. Das ging dann die ganze

Woche so. Auch weil es normalerweise keine richtigen Freundschaften gab. Weil das alles so oberflächlich war. Irgendwann fragst du dich natürlich nach dem Sinn des Ganzen. Aber du kommst aus dem Strudel nicht mehr raus. Weil es am Wochenende ja schon wieder weitergeht. Da ist dann wieder alles vergessen. Und montags geht's wieder los mit den Depressionen. Einige Leute haben damit ein paar Jahre ihres Lebens vergeudet. Ohne sich darüber klar zu sein. Man ist da irgendwie reingerutscht.

ACID MARIA Wenn du mitten in diesem Leben drinsteckst, nimmst du jegliches Streben, etwas Bestimmtes zu machen, als extrem negativ wahr. Ehrgeizig zu sein. Etwas zu erlernen oder zu erschaffen. Weiterzukommen. Das hat alles gemieft. Du willst nur unbedingt bei dieser anderen Lebensform mitmachen. Aber es spielen halt auch noch andere Sachen eine Rolle. Fehlende Verbindlichkeit. Im-Stich-gelassen-Werden. Du weist diesen Freundschaften, die sich im Club ergeben, eine absolute Qualität zu. Aber wenn es dann Situationen gibt, wo du dich auf jemanden verlassen können müsstest, kannst du das nicht. Und zwar auf keinen von denen. Auch nicht auf diejenigen, denen du dich am nächsten fühlst. So richtig bin ich da erst runtergekommen, als ich hier nach Karlsruhe gezogen bin. Das war auch Sinn und Zweck.

Ich bin an der Hochschule gleich zur Senatsvertreterin gewählt worden. Und zwar gibt es hier immer so eine Art Feuertaufe für jeden neuen Jahrgang: die Veranstaltung einer Erstsemesterparty. Das müssen die Leute selber organisieren. Und ich hatte eben schon Partys gemacht. Ich hatte schon Bar gemacht. Ich konnte den Leuten sagen, wie das abläuft. Und zu guter Letzt habe ich auch noch aufgelegt. Das ist halt in deren Erinnerung hängengeblieben, und ich bin in diesem Senat gelandet. Was rückblickend richtig gut für mich war. Ich hatte einen extremen Mythos um dieses ganze Hochschulding aufgebaut. Dass das alles total schwierig ist. Dass die Leute unglaublich klug sind. Und dann musst du dich – für alle – in einer Senatssitzung mit Sloterdijk auseinandersetzen. Wo die ganze Nummer zu weiten Teilen auf dem Prinzip der Abschreckung durch eine gewisse Diskurshöhe basiert. Dass man dadurch nichts sagt. Das war natürlich anstrengend. Aber dadurch habe ich meinen ganzen persönlichen Krampf überwunden.

BIANCA GIRBINGER Richtig kennengelernt habe ich Miezi erst, als ich in der Hochschule aufgelegt habe. Auslöser dafür war, dass ich eines Tages hier in der *Plattentasche* stand. Zuerst hatte ich mir immer noch CDs gekauft. Aber dann stand ich eben mal hier und habe mir Platten angehört – die erste Platte von Theo Parrish und von Moodymann. Und ich dachte: »Das ist ja der Wahnsinn!« Ich konnte es gar nicht fassen. Es war plötzlich da! Das, wonach ich schon so lange gesucht hatte. Auf einmal hielt ich diese Platten in der Hand. Da hat sich so ein Tor geöffnet. Das war noch gar nicht vor dem Hintergrund, vielleicht auch selber aufzulegen. Aber ab dem Zeitpunkt war es um mich geschehen. Ich hatte meine Seele verkauft. Das ging so schnell. Ich weiß auch gar nicht, warum Frauen so selten diesem Plattenwahnsinn verfallen. Dass da der Funke bei so wenigen überspringt.

Und als ich mal wieder hier war und mir Platten angehört habe, hat sich die Anne Vortisch von **Bergheim 34** neben mich gestellt. Die ist sehr forsch und hat mich ganz direkt gefragt: »Willst du auflegen?« Ich war im ersten Moment total überfordert mit der Frage. Aber dann habe ich gesagt: »Na ja, eigentlich hätte ich schon Lust. Aber ich habe nicht so viel Geld.« Und sie: »Das ist kein Problem. Du kannst auch mit wenigen Platten auflegen.«

Dadurch hatte ich sofort Vertrauen. Das war dann ganz klar: Ich versuche das jetzt zu lernen. Ich bin dann immer öfter in die *Plattentasche* gekommen. Wegen der Musik, um hier zu üben, aber auch wegen Kristian. Wir waren dann schon so halb zusammen. Und von diesem Wunsch aufzulegen, habe ich auch Miezi erzählt – dass ich das gerne machen würde, aber Angst habe, dass man mir unterstellt: »Aha, die Freundin vom DJ will jetzt auch selber auflegen.« Und dass er ganz viele Dinge für mich klarmachen würde. Und da hat Miezi gesagt, dass sie das tatsächlich beobachtet hat, all die Jahre, aber dass ich mir überhaupt nichts dabei denken soll. Denn diejenigen, die solche Gedanken äußern, die verstehen das eh nicht. Sie meinte: »Wenn du auflegen willst, dann musst du das auch machen.« Im Gegensatz zu mir war das für sie schon so eine Selbstverständlichkeit: »Du willst das machen? Also pack's an! Mach dich auf den Weg!«

ACID MARIA Als Frau wird ja ganz oft für einen mitgedacht. Als könnte man irgendwas doch ganz sicher nicht. Vielleicht ist das für viele Männer ne Art von Beruhigung. So: »Das kann sie, und das kann sie. Aber das kann sie sicher nicht.« Was ich daran ein bisschen blöd finde, ist, dass es schwierig ist, unter solchen Bedingungen echtes Teamwork zu machen. Wenn dir dauernd unterstellt wird, irgendwas ganz Bestimmtes sicher nicht zu können, entwickelst du so einen Ehrgeiz, erst recht *alles* zu können. Man bekommt dann mehr und mehr Schwierigkeiten mit Vertrauen. Aufgaben abzugeben. Zusammenzuarbeiten. Man wird zwangsläufig so ein komischer Einzelkämpfer.

Allerdings scheint es viele meiner Geschlechtsgenossinnen tatsächlich nicht so zu interessieren, was man als DJ eigentlich macht. Wie das zum Beispiel technisch vonstattengeht, dass die Musik nie aufhört. Dass es da keinen *break* gibt. Oder dass die Geschwindigkeit angeglichen ist. Darüber scheinen Frauen seltener nachzudenken. Aber als ich neulich mit Stella Stellaire gespielt habe – die hat mich richtiggehend umgehauen. Die ist so ein super DJ! Die ist richtiggehend *advanced*. Sowohl stilistisch als auch in ihren *techniques*. Da macht es mir echt Spaß, ner Frau dabei zuzugucken ...

STELLA STELLAIRE Ich habe versucht, das ganze Thema zu ignorieren. Diese »Frau-in-ungewöhnlichen-Berufen«-Frage finde ich sehr anstrengend, und meistens führt sie leider auch

– zumindest für mich persönlich – nirgendwo hin. Allerdings finde ich, dass sich andere Menschen durchaus diese Frage öfter mal stellen könnten. Ich habe vor allem versucht, mich als Mensch zu fühlen. Einfach das zu tun, was ich tue. Und zu vergessen, ob die mir nun alle doppelt auf die Finger schauen, weil ich ein Mädchen bin. Ich wollte sagen können: »Ich mache meinen Job gut. Und insofern könnt ihr mir nicht ans Bein pissen.«

ACID MARIA Ich habe es in meinem Leben als extrem unangenehm erlebt, dass du als Frau dauernd auf irgendwas reagieren musst. Diesen Punkt, an dem ich in Konflikt gerate, habe ich eine Zeit lang auch selber immer wieder gesucht. Aber inzwischen habe ich für mich beschlossen, zumindest tendenziell zu versuchen, nicht mehr zu reagieren, sondern es so zu machen, dass es sich für mich richtig anfühlt. Zum Beispiel bin ich mit meinem Auto auch schon zum Baumarkt gefahren, um irgendwelche Holzplatten abzuholen. So: »Na ja, dann mache ich halt das Verdeck auf. Das geht schon irgendwie.« Aber da lernt man ja reihenweise Typen kennen, die einem die Sachen nach Hause fahren! Die sich dann aber unbedingt noch über das Auto, die Gummiabdichtungen – was weiß ich – unterhalten wollen. Mit 25 hätte ich so eine Aktion *dermaßen* scheiße gefunden. Ich hätte das als Bevormundung empfunden, anstatt zu sagen: »Danke, das ist aber nett.« Das ist echt schwierig, das im Kopf zu normalisieren. Dieses Reagierenmüssen hat mich geprägt. Aber ich *muss* solche Dinge ja nicht als Bevormundung empfinden. Das liegt ja an mir. Inzwischen kann ich mir sogar den Reifen wechseln lassen, ohne mich bevormundet zu fühlen. Ich kann das annehmen. Aber oft geht es ja nicht um Dinge wie Reifenwechselei. Sondern: Du machst irgendwas und ziehst es komplett selber durch, und das ist dir ganz wichtig – und dann reagiert jemand so: »Lass mal, ich mach das schon.« Das ist das, was echt weh tut. Immer wieder.

STELLA STELLAIRE Was du nicht verhindern kannst, ist,

dass du in Konkurrenz trittst. Meiner Meinung nach sind direkte Vergleiche in der Kunst zwar sowieso komplett für'n Arsch – aber dieses Konkurrenzdenken haben mir viele Leute deutlich zu verstehen gegeben. Wo dann zum Beispiel ein DJ hier in Freiburg meinte: »Die kauft immer dieselben Platten wie ich.« Was soll ich dann auf sowas sagen? Ist natürlich lächerlich. Selbst wenn es so wäre, kommt es ja immer darauf an, wie du die Platte verwendest. Abgesehen davon, kann man in ner kleinen Stadt wie Freiburg eine gewisse Homogenität der Plattenauswahl gar nicht vermeiden, weil die DJs, die sich für eine bestimmte Form von Musik interessieren, eben alle in einem oder höchstens zwei bestimmten Plattenläden kaufen.

Als ich angefangen habe, wollten mir auch alle immer Ratschläge und Musikempfehlungen geben. Andere DJs oder die Leute von den Läden. Ich hab mir aber schnell Respekt verschaffen können. Und zwar bin ich hin und habe alle Platten durchgehört. Alle, die da standen. Ich wollte nicht, dass mir jemand sagt: »Die ist gut. Die musst du haben.« Einer wollte mir immer Platten unterschieben. Und ich fand die Platten echt ätzend. Die wollten mich immer unter ihre Fittiche nehmen. Die Kleine! Unser Nachwuchstalent!

ACID MARIA Das ändert sich natürlich, wenn man mit der Zeit älter ist als die meisten Leute im Club und sie einen dann ständig eher fragen: »Wie war denn das, als du so alt warst wie ich?« Das wird mit der Zeit auch wieder etwas bescheuert, weil, ich will ja nicht als die Mutti wahrgenommen werden. Aber gerade bei jüngeren Frauen läuft das so ein bisschen *role model*-artig. Mir erzählen viele, dass sie mich gesehen haben. Und dass sie das toll fanden. Und dass sie das jetzt auch probieren wollen.

BIANCA GIRBINGER Anfangs war von mir aus auf jeden Fall ne Bewunderung für Miezi da. Ich fand: Sie macht es einfach gut. Und ich habe mich echt immer gefreut, wenn sie hier in den Laden reingekommen ist und wir zusammen die neuen Platten angehört haben. Irgendwann hatte ich ja angefangen, hier auszuhelfen. Und mit Miezi war das immer so: »Wir sind jetzt das Wichtigste im Laden. Alles andere stört uns überhaupt nicht.« Wenn sie hier ist, dann ist es immer laut. Sie macht auch die Musik laut. Und wir unterhalten uns viel. Und es ist auch immer sehr lustig. Dann ist alles andere ausgeblendet. Dann kann uns niemand aufhalten. Das ist total gut. Das macht echt Spaß.

Sonst muss ich natürlich schon oft gucken, dass ich mich ein bisschen zurückhalte. Kristian hat mir mal gesagt, ich soll hier nicht mixen üben, wenn jemand Fremdes reinkommt, weil die sonst eingeschüchtert werden. Er achtet sehr auf solche Feinheiten. Derjenige, der da reinkommt, soll sich ja auch gut fühlen. Und nicht den Eindruck haben, wir wären die arroganten Typen und machen da voll die coole Show. Da muss ich mich manchmal tarnen.

KRISTIAN BEYER Das habe ich mir zur Aufgabe gemacht, dass niemand ausgegrenzt wird, nur weil er es nicht kapiert. Aber woanders: Frag nach der falschen Platte, und du siehst so richtig, wie bei denen die Riegel runterfallen. Du kriegst dann teilweise keine Antworten. Dir wird nicht wirklich geholfen. Von der Hierarchie her wird das in anderen Läden oft nach der Wichtigkeit der Leute eingeteilt. Es gibt die, die jeder kennt, die auch Platten machen. Dann gibt es die, die gerade anfangen. Dann die kompletten Neulinge. Und so wird man auch behandelt. DJs horten ja gerne. Mir-mir-mir! Jeder will immer die Platten zurückgelegt haben. Jeder will ein eigenes Fach. In Berlin haben die alle ihre Fächer. Und da kommen die Platten rein, von denen der Verkäufer sagt: »Die interessiert den.« Wenn bestimmte Platten aber nur ein paar Mal da sind, kriegen die erst die wichtigen Leute. Dann die semiwichtigen. Nur falls die mal eine Platte nicht wollen, kriegen auch die anderen was ab. Sonst müssen die warten, bis die Platte wieder reinkommt. In Berlin bin ich mal in einen Laden reingegangen und habe gesagt, ich bräuchte die und die Platte. »Die ist nicht da.« Dann kommt ein befreundeter DJ rein. So: »Hey, Kristian!« Und der Verkäufer zu ihm: »Wer ist denn das?« »Der macht Platten bei uns.« »Ach so!« Als er auch noch meinen Namen gehört hat, war er geschissen freundlich. Irgendwann meint er so zu mir: »Ach übrigens: Die Platte steht hier unten.« Das war dem noch nicht mal peinlich. Die sind dermaßen in ihrem Hierarchiedenken drin.

INGA HUMPE Dieses Spiel ist natürlich toll. Bei Frauen geht man ja davon aus, dass die sowieso nichts kennen. Manchmal, wenn ich in Plattenläden gehe, denke ich mir vorher was ganz Schwieriges aus oder hab das irgendwo gehört, zum Beispiel: »Marco Passarani von Pigna.« Das schreibe ich mir dann auf und frage im Laden: »Hey! Habt ihr was von Pigna?« Dann sagen die: »Äh, wie? Äh, was? Wie heißt das?« »Pigna!!!« »Nee, äh ...« »Das ist ein italienisches Label! Noch nie gehört, was?!?« Das ist aber auch wirklich schwer zu kriegen.

ANDI TEICHMANN Plattenläden funktionieren leider immer so. Ich habe ja auch meine Läden, wo ich alle Leute kenne, gleich einen Kaffee kriege, wo die mir die Platten hinstellen und sagen: »Hey, hör dir die noch an ... und die.« Das wird einem leider nicht immer bewusst, aber das ist schon sehr elitär. Als ich angefangen habe, hier im *Gotcha*-Laden zu arbeiten, war das auch so. Ein paar Leute hatten da gleich ihre Spitznamen weg. Die hat man nicht ernst genommen. »Prinz Eisenherz« zum Beispiel. Den fanden wir immer ganz doof, weil der so checkermäßig war – und einem dadurch den Status als Oberchecker streitig gemacht hat, den man halt innehat, wenn man Plattenverkäufer ist. Der kannte sich total aus. Hatte aber auch den Anspruch, dass er sich *noch* besser auskennt als man selber. So: »In Berlin ist das der heißeste Scheiß. Und in London geht gerade das und das.« Und da denkt man sich natürlich, so als junger Typ, der den Kelch des elektronischen Checkertums für sich gepachtet haben möchte: »So braucht mir keiner kommen!«

Diese Profilierung über die Musik läuft in diesem Plattenladenkontext fast von selber. Weil, du kennst dich normalerweise am besten aus, weißt von allen Platten, auf welchem Label sie sind, in welchen Fächern sie stehen – du bist Teil von einem elitären Zirkel der absoluten Allwissenheit. Es gibt da ja immer einen Kreis von Leuten, bei denen der Laden als sozialer Raum funktioniert. Aber in Wahrheit funktioniert das nur deswegen, weil man was verteidigt. Wenn da jemand reinkommt, den du nicht kennst, und fragt: »Habt ihr die neue Soundso?« – und die ist saucool und nur 300 Mal gepresst worden –, dann hat der natürlich sofort jeglichen Respekt. Aber wenn der Sachen will, die vom Verkäufer her als minderwertig oder kommerziell angesehen werden, dann hat der gleich verloren.

KRISTIAN BEYER Voll oft sind die Leute nur darauf aus, dass sie Bestätigung kriegen. Sag ich: »Ja, ist cool. Hört sich cool an.« Dann sind die schon zufrieden. Gerade die Jungs benutzen Musik oft, um sich zu definieren. Das gibt's bei den Mädchen nicht so. So funktionieren die einfach nicht. Wenn sie sich mit Musik beschäftigen, dann weil sie es mögen. Aber bei den Jungs gibt es voll oft diese Musikklugscheißer. Ich war auch mal so. Aber meine damalige Freundin hat mir das ausgetrieben. Ich dachte auch: »Ich weiß so viel. Die anderen sind alle dumm.« Sie hat mir dann vor Augen geführt, dass das unwichtig ist, wenn man's im Ganzen sieht.

BIANCA GIRBINGER Als ich diese Musik entdeckt habe, dachte ich: »Ich finde das so unglaublich schön, dass ich das gerne jemandem zeigen würde.« Aber inzwischen glaube ich, dass jeder die Musik für sich selbst entdecken muss. Musik ist ne Sache – da kann man niemandem dabei helfen. Jeder Mensch hat seine eigene Musik. Ich hätte auch gar nicht die Energie, jemanden zu überzeugen. Das würde mir selber alles kaputt machen. Entweder jemand fühlt es mit – oder jemand fühlt es nicht mit. Da gibt's einfach keine Diskussion.

Umgekehrt habe ich das Glück, dass ich weiß: Der und der

mag das und das. Nachdem ich auch Jungs gute Platten raussuchen kann, bin ich nicht von vornherein unten durch. Andererseits haben wir hier ein paar Kunden – ich weiß nicht, ob das DJs sind –, die kommen aus der Pfalz. Und diese Menschen sind ja eh so ein bisschen rustikaler. Ein bisschen gröber. Und es gibt zwei von denen, da ist es mir schon mehrmals so gegangen – der eine kam mal rein und fragt mich: »Wo ist denn Kristian?« Sag ich: »Der ist in Urlaub.« »Und wo ist der andere?« »Der ist auch nicht da.« Dann habe ich ganz freundlich gefragt: »Kann ich dir vielleicht helfen? Ich kann dir auch Platten raussuchen. Was suchst du denn?« »Nein danke, ich werde nur von denen beraten – du kannst das nicht.« Ich meine ... sowas geht doch nicht, oder?

KRISTIAN BEYER Es gibt auch einen Typen, der steif und fest behauptet, dass die guten Platten bei uns nur an die Freunde verkauft und nur hier hinten im Büro stehen würden. Völlig absurd! Der ist einfach nicht offen. Der kommt nicht hier hin, um was zu entdecken, sondern will immer nur was ganz Bestimmtes haben. Der lässt sich auch nichts empfehlen. Den kann man fragen: »Hey, kann ich dir was helfen? Soll ich dir was empfehlen?« »Nee!« So ungefähr: Er kann selbst entscheiden. Er weiß Bescheid. Bloß nichts von anderen sagen lassen. Und wenn dann eben andere Kunden, die offener sind, irgendwas entdecken, und er findet das dann gut, denkt er, er hat es nicht bekommen. Dabei hat er nur nicht danach gesucht. Man muss gute Musik manchmal einfach suchen. Die kommt einem nicht zugelaufen.

BIANCA GIRBINGER Manchmal ist der Laden schon ein Anziehungspunkt für schwierige Fälle. Da weiß man schon: Der hat jetzt gerade Probleme mit dem Beruf oder ist arbeitslos – und greift auch gerne zu Drogen. Das ist hier auch so eine ganz kleine, kuschelige Welt. Jeder kennt jeden. Da gibt es Leute, die hier den ganzen Nachmittag verbringen, weil die Freundin gerade den einen Typen mit dem anderen betrogen hat und die dann ganz traurig sind und ganz viel Musik hören müssen. Klar hat man dann auch mal ein gutes Wort für die übrig.

KRISTIAN BEYER Wir haben zwei, drei Kandidaten, die ständig hier herumhängen. Die wechseln immer. Weil, wenn sie wieder einen Job haben, dann arbeiten sie wieder. Und wenn sie keinen Job haben, hängen sie den ganzen Tag hier rum. Wenn die mal nicht kommen, macht man sich natürlich Gedanken. Letztens war einer – der kam regelmäßig samstags. Dann auf einmal vier Wochen nicht. Und ich dachte: »Naja, der wird vielleicht in Urlaub sein.« Dann kam er acht Wochen nicht. Irgendwann habe ich bei ihm angerufen und gefragt, was los ist. Er hat geantwortet, sein Vater ist gestorben und ihm ist gekündigt worden und er kann gerade überhaupt niemanden sehen. Ich habe ihm gesagt, wenn es ihm besser geht oder er Hilfe braucht, dann soll er halt Bescheid sagen.

Aber das Lustigste hier mit dem Laden überhaupt ist ja: Meine Eltern wissen gar nicht, dass ich den mache. Mein Vater dachte bis vor kurzem wahrscheinlich nur, ich bin halt ein fauler Student. Jetzt hat er aber mitgekriegt, dass ich Musik mache und rumreise. Deshalb denkt er, ich mache halt *das* die ganze Zeit. Irgendwann werde ich ihm mal sagen: »Hey, ich habe die letzten sechs Jahre nicht auf der faulen Haut gelegen.« Er fragt natürlich immer: »Was machst du denn die ganze Woche?« Aber zumindest am Anfang hätte er das wahrscheinlich gar nicht verstanden. Mein Vater war einer der ersten Informatiker in Deutschland. Und vor 17, 18 Jahren wollte er sich mit mehreren Freunden selbständig machen. Er hat damals bei ABB in der Entwicklung gearbeitet. Und hat sich überlegt: »Soll ich das Risiko eingehen?« Er hat es nicht gemacht. Und die Freunde haben SAP gegründet. Heute denkt er wahrscheinlich: »Bin ich ein Idiot, dass ich das nicht gemacht habe.« Er hat sich für die sichere Seite entschieden. Von daher hätte ich auch selber gar nicht gedacht, dass ich so selbständig sein könnte.

DAS ABENTEUER DES EIGENEN LEBENS

Zuneigung

STELLA STELLAIRE Ich finde eigentlich immer solche DJs am authentischsten, die sich um die Coolness nicht so bemühen, die also nicht so aalglatt sind. Mir fällt da direkt zum Beispiel T.Raumschmiere ein, den wir öfter mal hier gebucht hatten. Der ist einfach ein ganz großartiger Mensch. Ich bin ja nur ein lokal bekannter DJ. Aber der kommt an und freut sich erstmal aus ganzem Herzen und umarmt mich. Einfach weil wir schon mal eine gute Party zusammen gefeiert haben. Dem ist es egal, wie berühmt einer ist oder nicht. Für den zählt, dass man sich was mitzuteilen hat, den gleichen Spleen teilt und ne gute Zeit zusammen verbringen kann. Solche Leute sind für mich wirklich cool. Weil für sie nur die wesentlichen Sachen zählen und sie das nicht nur des *Posing*-Faktors wegen machen oder damit sie die interessantesten Frauen abkriegen. Die stellen für mich auch sowas wie Integrität und Unbestechlichkeit dar.

ACID MARIA Ich habe eine Zeitlang viele Interviews mit US-amerikanischen DJs gemacht. Und gerne unterhält man sich in so einem Gespräch auch darüber: »Wie kam's dazu? Warum wolltest du das werden?« Es kam oft die eigentlich ironische Antwort – aber da bleibt doch eine gewisse Substanz –, dass DJs eben immer die besten Frauen haben. Die hübschesten. Und die coolsten. Und die lässigsten.

INGA HUMPE Die kommen ja oft mit ner kleinen *Entourage* von *Girls* an. Da wird vorher essen gegangen. Und dann kommen die alle mit in den Club. Und die müssen halt alle gut aussehen.

MICHAEL MAYER DJs verstehen sich ja oft selbst als Alphamännchen. Die natürlich Gott und die Welt kennen. So geht ja das DJ-Klischee. Dass das Gigolos sind. Alle zwei Wochen ne neue Freundin. Und bestimmt auch nicht die hässlichste Freundin. Manchmal trifft man dann Pärchen und fragt sich: »Wie geht *das* denn jetzt zusammen?« Das kommt mir manchmal vor wie in Amerika beim Football. Wo der *Quarterback* mit der *Cheerleader*-Chefin zusammen ist. Wo man sich nur noch auf dieser Statusebene trifft.

STELLA STELLAIRE Ich glaube, dass diejenigen, die immer darauf bedacht sind, cool zu sein, gar niemanden wollen, der auch cool ist. Als Partner. Die wollen vielleicht jemanden, der gut posen kann, aber niemanden, der interessant ist oder was kann. Weil das dann einfach Konkurrenz ist. Die haben Angst, dass sie in diesem Licht verblassen.

ACID MARIA Speziell am DJ-Sein gibt es aber auch Dinge, über die ich mit meinem Freund nicht sprechen möchte. Vielleicht deswegen, weil es Dinge sind, über die man auch gar nicht sprechen kann. Vielleicht ist es letztlich so eine totale Überhöhung. Dass die brillante und beste Liebesbeziehung letztlich doch die zu einem DJ wäre, weil man dann über diese Dinge nicht mehr sprechen müsste. Weil die ganz klar wären.

MISS KITTIN Ich hätte weder die Energie noch überhaupt das Bedürfnis, all das zu erklären. Weil es einfach zu tief geht. Weil es etwas ist, was man fühlen muss. Das geht bis hin zu ganz banalen Dingen. Mein Freund zu der Zeit fragte mich mal: »Was ist für dich der perfekte Sonntag?« Und ich so: »Ins Kino gehen. Oder mit dir zu Hause bleiben, kochen und einen Film ansehen. Oder mit Bier und ein paar Freunden raus in den Park gehen.« Meine Vorstellung von Romantik ist eher langweilig für jemanden, der sowieso die ganze Zeit zu Hause sitzt und Filme guckt. Denn normalerweise bin ich sonntags irgendwo auf der Welt unterwegs – in Hotels oder Flugzeugen oder Zügen.

ACID MARIA Das ist etwas, das mir eine Zeitlang von vielen Leuten unterstellt wurde: dass ich die Aufregung und das ständige Unterwegssein brauche. Dabei bin ich viel lieber zu Hause und glotze Fernsehen. Oder koche für jemanden. Oder was heißt »viel lieber«? Ich finde nicht, dass sich die beiden Seiten ausschließen. Aber es ist schwierig, das zu verbinden. Das machen nicht viele Beziehungspartner mit.

MISS KITTIN Ich könnte mit niemandem eine Beziehung führen, der das alles nicht wirklich versteht. Ich spreche jetzt nicht von Dingen wie Geld, Erfolg oder Anerkennung. Sondern von der kreativen Seite, durch die natürlich oft ein hohes Maß von Spannung oder Aufregung in meinem Leben herrscht. Was im Endeffekt auch der Geisteszustand ist, in den sich Jungs tatsächlich verlieben.

ACID MARIA Es gibt ja übers DJ-Sein immer wieder intensive Begegnungen. Auch mit Männern. Oft sind das nur ganz flüchtige Momente. Zum Beispiel Blicke. Die vielleicht in diesem *Moment* intensiv sind, die aber für die Beziehung keinerlei Rolle spielen. Die gar nicht Wirklichkeit werden. Aber wenn du das dem Partner erzählst, wird der das völlig fehlinterpretieren. Ich glaube, es ist eh so: Wenn man eine Beziehung mit jemandem führt, der nicht auch ständig in der Gegend rumfährt, wird er zwangsläufig denken, dass für einen dauernd irgendwas passiert, was viel wichtiger und toller ist als das, was zu Hause passiert. Aber das ist ein Trugschluss. Mir geht's ja meistens so: Ich will dann eigentlich nur wieder zurück.

INGA HUMPE Ich flirte durchaus ganz gern. Das führt aber nirgendwo hin. Das passiert natürlich gerade dann, wenn man viel unterwegs ist. Das ist einfach die Ego-Streichelebene. Für einen selber. Das sind Momente. Von Sichmögen. Sich-toll-finden. Aber das habe ich genauso mit Frauen.

ACID MARIA Letztlich können ja auch zwei heterosexuelle Frauen miteinander flirten. Das macht man ja auch so als Spiel. Das ist dann so: Susanne – also Electric Indigo – gibt irgendein Interview und wird gefragt: »Was möchtest du gerne sein?« Und sie sagt im Spaß, sie wäre gerne eines von den geilen Kleidern, die Acid Maria immer anzieht. Wir haben keine lesbische Freundschaft. Diese Spannung ist nicht da – aber bis zu einem gewissen Grad eben doch.

INGA HUMPE Ich liebe diese nächtlichen Begegnungen. Die andere Leute vielleicht als oberflächlich beschreiben würden. Aber ich finde das gar nicht oberflächlich. Das sind manchmal echte Begegnungen. Aber das hat für mich alles nichts mit Beziehung zu tun.

Ich habe mit meinem Partner am Anfang gar nichts vor gehabt. Schließlich war ich ja in einer Beziehung. Aber auf einmal wurde eine Möglichkeit der Nähe sichtbar, die ich vorher auch selber nicht zugelassen hatte, aber nach der ich mich gesehnt hatte. Auch nach jemandem, der eine solche Nähe überhaupt aushält. Und dann habe ich mich da auf ein echtes Abenteuer eingelassen. Das Abenteuer meines eigenen Lebens.

ACID MARIA Natürlich spielt auch Sex eine große Rolle. Wenn das nicht funktioniert, dann trägt das nicht lange. Wenn diese Hitze zwischen zwei Personen nicht besteht, dann gibt es langfristig auch nicht den richtigen Grund zusammen zu sein. Das ist wie eine Art Kitt, für andere Dinge, die vielleicht nicht so gut funktionieren.

INGA HUMPE Sex kann halt als eine Art zusätzlicher Kommunikation funktionieren. Als ein Ermöglichen von Nähe auf einer nonverbalen Ebene. Das ist irrsinnig viel wert, wenn man sich darüber versteht. Man kann über Sex eine Nähe finden, die man sich sonst oft wegquatscht. Gerade Leute wie du oder ich – wir sind super auf Worte fixiert. Alles geht über Sprache. Gerade dann sind doch alle körperlichen Sachen total wichtig.

Bei uns war Musik anfangs gar nicht das Hauptkriterium. Mein Partner hat damals Jura studiert und nebenbei Musik gemacht. Ich hätte auch überhaupt keinen Wert darauf gelegt, jetzt einfach mit einem Musiker zusammen zu sein. Weil, ich fand Musiker damals irre doof und nervend. Die hatten mit mir schlimmste Konkurrenzprobleme.

MICHAEL MAYER Ich kenne einige DJs, die sagen: »Ich könnte niemals mit jemandem zusammen sein, der diese Musik nicht genauso liebt wie ich.« Da denke ich mir: »Hoppla! Dann fang mal an zu suchen.« Da ist mehr Selbstverliebtheit dabei, als dass jemand tatsächlich in der Lage ist, sich zu öffnen oder zu teilen.

DIRK MANTEI Ich hatte mal mit der Geschäftsführerin vom *E-Werk* in Berlin so ein DJ/Groupie-mäßiges Verhältnis. Das ging aber nicht lange. Da hatte ich sofort den Eindruck: »Ey, verdammt! Ich werde eigentlich nur ins *E-Werk* gebucht, weil die mich poppen will.« Dadurch, dass wir beide in diesem Business drin waren, gab's von Anfang an alle möglichen falschen Vorstellungen. Da wurde versucht, bestimmte Bilder aufrechtzuerhalten, wo der andere möglichst nicht dahinterblicken sollte, um bloß nicht an den Menschen ranzukommen. Das ist alles immer zwischen Blitzlicht und Drogen und Kurz-im-Rausch, dass man überhaupt nicht zum Kern der Sache vorstößt. Man hat gar nicht die Möglichkeit, hinter diese ganze Konstellation zu blicken, von wegen: »Ich bin DJ. Und du bist Clubbetreiberin.« Auch, dass man dann natürlich alle kennt. Wen sie nicht kennt, den kenne ich. Und umgekehrt. Ständig so: »Ah! Hi!« Du bist immer *on exposure*. »Hast du schon gehört? Der ist mit der zusammen!« Von Anfang an war da der Wurm drin. Obwohl es vielleicht nett gewesen wäre, wenn man sich unter anderen Bedingungen – im Supermarkt – kennengelernt hätte.

MISS KITTIN Viele denken, dass es deshalb so toll ist, DJ zu sein, weil man viele Männer trifft und ein tolles Sexualleben hat. Dabei ist, was genau diesen Punkt betrifft, das Gegenteil der Fall. Ich bin ständig mit Männern konfrontiert, die irgendwelche Phantasien in meine Richtung haben. Die mich zu kennen glauben. In der Realität schafft gerade das eine derartige Barriere zwischen Männern und mir, dass derjenige, der mich wirklich um meiner selbst willen mag und nicht wegen meiner Tätigkeit, ganz schön viel Geduld aufbringen muss, bevor ich ihm ganz und gar vertraue.

Ich bin sehr vorsichtig, was meine körperlichen Beziehungen zu Männern betrifft. Bei den meisten männlichen DJs, die ich kenne, ist das anders. Weil sie leichter zwischen Sex und Liebe trennen können. Viele haben eine Frau oder Freundin zu Hause – und haben trotzdem Sex, wenn sie unterwegs sind. Ich könnte das gar nicht. Ich werde nicht gleich scharf auf irgendeinen Typen, nur weil der gut aussieht. Mir geht es um ganz andere Dinge. Um seelische Qualitäten. Um ganz andere Bewusstseinsebenen. Aber solche Menschen zu finden braucht Zeit. Es gibt sie nicht an jeder Straßenecke. Und noch viel seltener auf Partys.

INGA HUMPE Bei Frauen, die Platten auflegen, ist es ja nicht so, dass sich die 18-jährigen Boys um deren Plattenteller scharen und sich wünschen, dass sie hinterher mit aufs Hotelzimmer genommen werden. Bei den Männern ist das – je nach Bekanntheitsgrad – aber ganz eindeutig so.

ACID MARIA Für die DJ-Frau sind solche Dinge nicht komplett umdrehbar und spiegelbar. Es kommt zwar stellenweise durchaus zu einer Überhöhung, die von deiner Person bis zu einem gewissen Grad abgelöst ist, aber dass sich die Leute reihenweise in dich verlieben, das passiert in dem Sinne nicht. Auch Kolleginnen von mir schleppen nicht dauernd jemanden ab. Es kommt sicherlich hin und wieder vor, aber ich würde das nicht als Abschleppen begreifen. Sondern eher: Man kennt den eh schon. Bei männlichen DJs ist das eher häufiger der Fall. Was natürlich hinzukommt: Je älter man wird, desto weniger hat man Lust, in welcher Form auch immer, als Person ne Art Trophäe zu sein. Weil das einfach nervt.

BIANCA GIRBINGER Letztens in Offenburg kam jemand zu mir und meinte: »Sag mal, ist es bei dir auch so wie bei den Jungs, wie bei den männlichen DJs? Die nehmen doch jeden

Abend zehn Mädels mit nach Hause.« Und ob ich jetzt auch zehn Jungs mit nach Hause nehme. Da habe ich nur den Kopf schütteln können. Der war allerdings schon total betrunken. Aber da dachte ich echt: »Was für ein Weltbild hat der? Wir sind doch hier nicht in irgendwelchen Ami-Hip-Hop-Videos, wo die Mädels im Bikini rumhüpfen!«

KRISTIAN BEYER Bianca und ich sind ja dadurch zusammengekommen, dass sie hier im Laden angefangen hat, Platten zu kaufen.

BIANCA GIRBINGER In der Jugend habe ich jahrelang auf meinen Prinzen gehofft. Aber zwischen 23 und 26 ging das verloren. Bei Kristian war es dann eher so: »Schauen wir mal, wie das wird.« Als ich ihn das erste Mal getroffen habe, saßen wir in der Disco auf einer Bank nebeneinander. Die haben da gerade einen Joint durch die Reihe gehen lassen. Und ich habe nichts gewollt. Habe das Ding aber gereicht bekommen. Und dann habe ich ihn angetippt. Ob er möchte. Er hat ein langes schwarzes Hemd angehabt. Und auf einmal habe ich durch dieses Hemd hindurch den Körper gespürt – und ganz bewusst wahrgenommen: »Hey, der fühlt sich ja *so* an!« Das war wie so ein Kick. Durch das Hemd hindurch war er auf einmal komplett da für mich. So als Subjekt. Mit dem Körper. Und wie sich das anfühlt. Da war ich selbst sehr überrascht.

Und im Nachhinein gibt es eben jetzt Situationen, wo ich mir denke: »Komisch, jetzt sitzt der Prinz plötzlich auf dem Sofa neben mir.« Man kriegt so eine Bestätigung. Dass es das doch gibt. Ich beobachte ihn auch gerne, wie er morgens in der Wohnung rumläuft. Da sauge ich fast dran. Manchmal sitzt er morgens auf dem Sofa und hat noch verstrubbelte Haare und ne alte Jogginghose oder nur ne Unterhose an. Oder manchmal trägt er seinen Fußballschal von Waldhof Mannheim. Oder letztens hat er in Barcelona einen Frotteemorgenmantel geschenkt bekommen ...

KRISTIAN BEYER ... das war in Porto. Der Typ, der den

Club macht, hat eigentlich ne Textilfirma, die Bademäntel und Handtücher für Nobelkaufhäuser herstellt. Der gibt den Gast-DJs immer einen Bademantel mit. Ich war bei ihm im Lager – und er hat gesagt, ich soll mir einen aussuchen. Das habe ich dann getan. Der sieht eigentlich aus wie ein ganz normaler Bademantel. Mit so ein bisschen Muster drauf. Aber man merkt schon, dass das teureres Material sein muss.

BIANCA GIRBINGER Das sieht bei ihm einfach so schräg und lustig aus. Das ist für mich so herzergreifend. Da liebe ich diese Person über alles. Da kann ich gar nicht anders. Da bin ich innerlich schier begeistert.

»

MISS KITTIN Was ich so an Liebesbeziehungen hatte, das ergibt alles auf jeden Fall Sinn. Ich weiß, warum sie jeweils passiert sind. Ich weiß, warum jeder Einzelne dieser Menschen eine Rolle in meinem Leben gespielt hat. Sogar wenn es manchmal weh tut. Aber auch das hat ja seinen Sinn und dadurch auch seine Schönheit.

Es gibt in Beziehungen natürlich Dinge, vor denen ich mich fürchte. Zum Beispiel vor Zurückweisung. Das ist ja ein grundlegendes Gefühl für uns alle. Aber man kann diesen Dingen einfach nicht aus dem Weg gehen. Wenn ich so tue, als wären sie nicht da, wird das Leben sie mir eines Tages sowieso um die Ohren hauen. In jeder Zivilisation, in vielen alten Mythen und Legenden ist davon die Rede, dass es besser ist, alles durch sich hindurch fließen zu lassen. Aber dazu ist ein gewisses Maß an Selbstaufgabe nötig. Natürlich tut es dann immer noch weh. Aber es tut weniger weh, als wenn du angespannt bist, wie beim Zahnarzt.

Wenn du dich immer nur verschließt, wird eines Tages deine ganze schöne Abwehr zusammenbrechen. Mir ist das passiert. Ich hatte in diesem Zusammenhang eine traumatische Erfahrung, bei der ich von Anfang an wusste, dass sie zum

Trauma werden würde. Aber ich kam nicht davon los. Und dann passierten andere Dinge. Und noch mal andere. Und irgendwann war es für mich so: »Ich kann nicht mehr. Ich gebe auf!« So etwa: »Hallo Probleme, ihr könnt kommen! Es ist mir egal. Ich weiß nicht, wo das alles hinführt, aber anscheinend muss ich da jetzt durch.« Erst als ich mich in dieser Situation geschlagen geben konnte – anstatt mir selber etwas vorzumachen und zu denken, dass ich schon mit allem klarkomme –, konnte ich wirklich neu anfangen. Das war eine der wichtigsten Erfahrungen meines Lebens. Wir wachsen eben leider nicht in einer Gesellschaft auf, in der man lernt, der eigenen Intuition zu vertrauen. Oder wie man mit der eher seelischen Seite des Bewusstseins umgeht. Aber letztlich ist es ja so, dass man eine Beziehung in dem Moment aufgibt, wenn man nicht mehr daran *glaubt*.

ACID MARIA Irgendwie glaubt man halt an dieses Ding, genannt Beziehung. Mein Philosophieprofessor Boris Groys würde wahrscheinlich von einer Liebesbeziehung als »Projekt« sprechen. Und wenn man nicht mehr an dieses Projekt glaubt, dann stellen sich gewisse Dinge ein. Man entfremdet sich. Man weiß auch gar nicht warum. Und wenn man zudem nicht in derselben Stadt wohnt, ist es natürlich noch viel schwieriger festzustellen, wie man sich so entfremdet hat.

MISS KITTIN Marilyn Manson hat mal sinngemäß gesagt: »Wenn Beziehungen zerbrechen, dann tun sie das nie fein säuberlich. Es ist eher wie bei einer schönen, alten Vase. Die Vase zerbricht – und du klebst sie wieder zusammen. Aber sie zerbricht wieder und wieder. Bis du nur noch so kleine Stücke hast, dass du sie nicht mehr zusammenkleben kannst.« In meiner Arbeit als DJ funktioniert alles deswegen so gut, weil es in Harmonie passiert. Ich bemühe mich nie, die Dinge in einer gewissen Art und Weise geschehen zu lassen, sondern lasse sie zueinander finden. Und in der Liebe muss von Anfang an genau diese unangestrengte Harmonie da sein. Denn nachträglich wird sie sich mit Sicherheit nicht einstellen.

ACID MARIA Die DJ-Frauen, mit denen ich viel zu tun habe, haben alle nicht wirklich eine Beziehung. Das ist alles eher halbscharig. Oder gar nichts. Oder: verschiedene Männer. Dadurch dass man so viel unterwegs ist, passiert es natürlich leicht, dass man woanders jemanden kennenlernt. Aber gerade durch dieses Rumfahren und dieses Unstete ist es total schwierig, eine Entscheidung für irgendwas zu treffen. Man ist hin und her gerissen, zwischen verschiedenen Möglichkeiten, die alle irgendwie interessant sind. So ungefähr: »die Unmöglichkeit einer Beziehung mit einer *female DJ*«.

Meinem letzten Freund war es schlichtweg unangenehm, dass ich so viel weg war. Erstens, weil er mit mir zusammen sein wollte – und er zweitens nie wusste, was ich da mache. Es war Misstrauen da. Nicht mal, dass ich ihn bescheiße, sondern dass er ganz generell nicht wusste, was da ablief. Anfangs ist er noch oft mitgefahren. Für mich war das natürlich super. Diese ganze Pennerei in Hotels – da ist man normalerweise nicht so bei sich selbst. Einfach weil ständig alles ausgetauscht ist. Aber mein Freund hat ziemlich unter diesem Unterwegssein gelitten. Dass er zu mir verreisen musste. Dass er mitkommen musste. Dass es Arbeit bedeutete, überhaupt mal sowas Heimeliges haben zu können.

ANDI TEICHMANN Dass meine lange Beziehung gescheitert ist, hatte auch mit diesem Leben zu tun. Meine Freundin hat hier in Regensburg gearbeitet. Montag bis Freitag. Von morgens bis abends. Mit vielen Überstunden. Ich war am Wochenende nicht da. Zwei solche Personen zusammen – das ist natürlich kompliziert. Je weniger Zeit man hat und je mehr man dadurch zwangsläufig alleine erlebt, desto mehr muss man irgendwas gemeinsam haben, irgendwas, was man teilen kann. Und wenn dann die Zeit, die man hat, nie entspannt ist, sondern der eine Part nur noch auf die Couch fällt, weil er entweder gerade vom Wochenende nach Hause kommt oder von der Arbeit – da bleibt nicht viel Muße.

Letztlich muss einem das Ganze so viel wert sein – was

man in dem Moment vielleicht gar nicht weiß, sondern vielleicht erst hinterher merkt –, dass man Abstriche macht und sich darauf einlässt und sagt: »Gut, das ist jetzt einfach so. Dann muss ich, was die Musik betrifft, halt mal zurückstecken.« Das habe ich nicht gemacht. Wir haben zigmal gesagt, dass wir in Urlaub fahren. Und dann kam ein Anruf: »Hey, wir haben da superdufte Sachen, wo ihr spielen könnt.« Und ich: »Verschieben wir den Urlaub halt noch mal.« Das ist dann über einen längeren Zeitraum auseinander gedriftet.

MISS KITTIN Mein Freund und ich leben weit voneinander entfernt. Mir war schon länger klar, dass mal sowas auf mich zukommen würde. Aber letztlich hängt ja alles von mir ab. Bin ich offen genug, dieses verrückte Tourneeleben auch mal zu vergessen – und über Dinge wie Familie nachzudenken? Bin ich bereit Verantwortung zu übernehmen? Und die Antwort ist: Ja! Nicht nur wegen ihm, sondern überhaupt. Was hier und jetzt passiert, ist ja auch wichtig für die Zukunft. Solche Dinge machen mich zur Frau – dass ich inzwischen fähig bin, einen Schritt auf jemanden zuzugehen und der Liebe mehr Raum zu geben. Und nicht mehr dauernd in die Arbeit zu flüchten.

MICHAEL MAYER Ich bin seit bald einem Jahr in der glücklichen Situation, wieder verliebt zu sein. Eigentlich habe ich mich bis dahin sehr wohl gefühlt mit meiner Reiserei. Ich nutze die Reisezeit auch immer für mich selbst. Das ist die einzige Zeit, in der ich zum Lesen komme. Wahrscheinlich hätte ich nicht allzu viele Bücher gelesen, wenn ich nicht reisen würde. Aber meine Partnerin ist eben nicht aus Köln. Und als wir überlegt haben, wie wir das hinkriegen, war das schon erstmal ein Schock. Wir haben uns im April kennengelernt. »Okay, wann sehen wir uns wieder?« Und dann so: »Kannst du denn im September?« Weil eben alles im Voraus geplant ist. Weil man als DJ ja Engagements hat und Gastspielverträge eingeht. Und man im Januar nicht unbedingt darüber nachdenkt, wie man im September drauf sein könnte. Das hat mir ziemlich zugesetzt, als ich bemerkt habe, wie unflexibel ich eigentlich bin.

Ich habe jetzt ein Jahr lang alles auf den Kopf gestellt, um wenigstens einen Zwei- bis Drei-Wochentakt hinzukriegen. Aber ich könnte mir nicht vorstellen, das noch ein weiteres Jahr aufrechtzuerhalten. Weil das letztlich wahnsinnig viel Energie kostet. Weil es bedeutet, dass ich an jedem freien Wochenende dann doch wieder im Flieger sitze. Dass ich überhaupt nicht mehr alleine bin. Irgendwann fragt man sich auch, ob nicht vielleicht diese Sensation, diese Aufregung – mit dem Kopf durch die Wand zu gehen und verrückte Dinge zu tun, um sich sehen zu können –, ob das nicht die eigentliche Sensation ist. So ein: »Kenne ich diesen Menschen eigentlich wirklich? Oder projiziere ich da was hinein?« Da muss man sich auf jeden Fall selbst überprüfen.

ACID MARIA Es gibt komischerweise ein Muster, nach dem ich mir fast alle meine ehemaligen Freunde ausgesucht habe. Nämlich dass ich zuerst super mit ihnen befreundet war. Und sich nach einiger Zeit dieses Beziehungsding herauskristallisiert hat. Ich bin eher misstrauisch – als Grundeinstellung. Vielleicht brauche ich das auch, jemanden vorher kennenzulernen, bevor irgendwas passiert im Sinne von körperlicher Annäherung. Weil ich sonst das Gefühl habe, wie von einem Zehnmeterbrett in dunkles, undurchsichtiges Wasser zu springen. Wenn dieser Abstand geringer wird, sodass ich auch den Grund sehen kann, wird es einfacher zu springen.

MICHAEL MAYER Es gibt halt in der Liebe überhaupt keine Sicherheit. Es gibt heute keine Sicherheit. Und es gibt auch morgen keine Sicherheit. Aber für mich überwiegt dann einfach die Kraft, die das Ganze plötzlich ausstrahlt.

ACID MARIA Ich finde es eher anstrengend, wenn du jemanden kennenlernst. Diese ganzen Stufen des Sichkennenlernens, die meist als Verliebtheit mystifiziert werden, mag ich überhaupt nicht. Das wird ja dann erst viel besser, wenn das vorbei ist. Wenn man sich anguckt und weiß, was der andere denkt. So eine Vertrautheit jenseits des Gesprächs. So ein Bonnie & Clyde-Ding. Oder spezifische Sachen am Partner. Sicher auch körperliche Sachen wie: Du magst den Geruch. Oder den Körper. Du magst ihn gerne anfassen. Du magst gerne die Konsistenz. Und auch, dass man die gleichen Dinge mag, sich für die gleichen Dinge interessiert. Dass einem die gleichen Dinge auffallen, wenn man über die Straße läuft.

MICHAEL MAYER Nahrungsmittel einkaufen finde ich eine wahnsinnig romantische Tätigkeit. Das finde ich aufregender als das Essen an sich. Das hat sowas von Auf-der-Jagd-Sein. Es verschafft mir eine tiefe Befriedigung zu sehen, wie wir beide uns bewegen. Wie wir ausschwärmen. Und wieder zusammentreffen. Das ist so lebendig und funktioniert so wunderbar.

Wir freuen uns beide gleichermaßen über unsere geheimnisvollen Seiten. Über das scheinbar Undurchdringliche. Wenn ich zum Beispiel plötzlich merke: »Ich kapiere diese Regung gerade nicht. Ich kapiere diese Haltung gerade nicht. Aber ich finde es wunderbar.« Ich erwarte auch nicht, dass ich den anderen irgendwann wirklich kenne. Dieses: Wenn man schon gar nicht mehr fragt, sondern meint, alles schon zu wissen. Man muss dem Menschen doch immer zugestehen, dass er sich verändert.

MISS KITTIN Mein Freund und ich sprechen oft über Dinge wie Balance: »Du hast das – aber ich habe dafür jenes.« Draußen in der Welt habe wahrscheinlich ich mehr Selbstbewusstsein. Im Privatleben er. Vor allem in der Liebe. Aber es passt trotzdem zusammen.

ACID MARIA Im Moment bin ich dadurch, dass bei mir eine Beziehung, in der von vornherein große Übereinstimmung da war, abgebrochen wurde, extrem verunsichert, so einer Situation noch Glauben zu schenken. Man hat schon so viel ausprobiert. Dieses und jenes. In dieser Stadt und in jener. Das ist dann auch so deprimierend. Man hat den Eindruck:

Das stellt sich nie mehr ein. Dass man es zwar mehr und mehr will, aber dass es unmöglich ist. Dass bestimmte Dinge nicht wiederholbar sind. Man zweifelt, ob man dieses Verbindliche überhaupt herstellen kann. Weil es so oft langfristig nicht funktioniert hat. Und dass man dann über andere Formen des Zusammenlebens oder der Verbindlichkeit nachdenkt. Dass es diese romantische Liebe, die man so im Kopf hat, zu der man über Geschichten und Filme konditioniert wurde, halt auch nicht unbedingt sein muss. Man fragt sich: »Bin das eigentlich gar nicht ich, die da enttäuscht wurde, sondern einfach nur meine Vorstellung von dem, wie man sowas machen muss?«

MUSIK IST FÜR ALLES GUT

Gemeinschaftliches Erleben

ACID MARIA Es gibt in der Liebe ja immer wieder Situationen, in denen bestimmte Klischees zum Tragen kommen. Situationen von Postkartenidylle. Manchmal ist man da trotzdem extrem bei sich selbst – aber es gibt auch die andere Seite, wo man Dinge tut, die man in solchen Situationen halt tut. Kerzenscheindinner. Mein letzter Freund und ich sind mal zusammen in Mexiko unterwegs gewesen und waren an einem Strand – da war kein Mensch. Das war ein Paradies. Und du bist da zufällig hin geraten. Du bist 20 Minuten mit dem Taxi gefahren und wusstest überhaupt nicht, wo du hinterher rauskommst. Und das ist dann keine Postkarte mehr. Das ist echt so: Das ist ein Hammer! Du bist existentiell auf das zurückgeworfen, was daran gut und schön ist. Andererseits triffst du abends ein kanadisches Pärchen und gehst mit denen zu viert zum Abendessen und denkst dir: »Das ist ja das Letzte, was wir hier gerade machen!«

MICHAEL MAYER Ich stehe total auf solche Klischees. Das kann ich zum Glück auch mit meiner Partnerin teilen. Wir sind uns dessen bewusst, dass es nicht gerade etwas besonders Wildes an sich hat, am Sonntagnachmittag mit dem Rhein-Schiff nach Rodenkirchen zu fahren und da in einem Oma-Café Kaffee zu trinken. Oder Tretboot zu fahren, hier im Stadtwald in Köln. Da gibt es einen ganz kleinen See, auf dem aber 50 Tretboote herumfahren. Man muss höllisch aufpassen, dass man nicht dauernd irgendwo dagegen rempelt. Dann fährt man innerhalb von zwei Minuten einmal um den See herum, hat aber das Tretboot für ne halbe Stunde gebucht. Man kann ja wirklich nicht behaupten, dass es ne sportliche oder schöngeistige Tätigkeit ist. Aber man tut's trotzdem. Von daher ist das auch absolut selbstironisch. Weil, ich bin ja Teil dessen. Es hat ja letzten Endes auch was Schönes, dass man etwas teilen kann, mit all diesen Menschen, mit denen man ansonsten nur selten etwas teilt. Ein Stück weit ist das auch eine bewusste Maßnahme, um sich nicht zu Alien-mäßig zu fühlen oder zu stark auf seinem eigenen Planeten namens Disco abzuöden.

LAWRENCE Hier in Hamburg gibt es so einen Lokalpatrioten, aber im ganz ironischen Sinn: Heiner Ebber. Der macht im *Pudel Club* immer so Abende. Und die Geschichten, die er erzählt, haben immer mit Sankt Georg zu tun. Dort war ja früher die Heroinszene. Jetzt ist da auch Crack-Hauptort, und es findet Prostitution statt, auf einem sehr niedrigen Preisniveau. Aber da trifft man dann auf dem Stadtteilfest, wenn man da zufälligerweise angeekelt rübergeht, Heiner Ebber. Der ist da mit seinen Kindern und sagt: »Au, es ist sooo schön hier. Wie immer.« Sowas finde ich superangenehm. Es ist ja auch die einzige Chance, ein halbwegs selbstbestimmtes Leben zu führen: dass man sich sein Umfeld einfach so erklärt, wie man es am liebsten haben will. Man konzentriert sich ja sonst schon auf so viele schlechte, schlimme Sachen.

MARKUS GÜNTNER Ich kann mich an Sachen erfreuen, die andere Menschen für kompletten Schwachsinn halten. Der letzte Sommer zum Beispiel war so wahnsinnig schön. Wir haben uns fast jeden Morgen hier auf die Winzerer Höhen gestellt und uns den Sonnenaufgang angeguckt, weil es einfach schön war. Oder wir sind nur so durch die Gegend gefahren. So: Wir setzen uns ins Auto, fahren zur Tanke, kaufen uns Zigaretten und was zu trinken ...

Letztes Mal standen wir irgendwo auf dem Land an der Donau. Du sitzt dann einfach da, nachts, starrst die Donau an, hörst Musik im Radio, redest total viel oder gar nichts. Und dadurch ergeben sich meistens solche Sachen wie – irgendwann kam dann so ein Frachtschiff vorbei, mit diesen großen Flutlichtscheinwerfern. Das war der absolute Hammer. Bevor es um diese Kurve von der Donau herum war, hast du erstmal nur den Lichtkegel gesehen. Sonst war alles schwarz. Aber durch dieses komplett krasse Licht haben die Bäume, die neben uns am Ufer standen, ausgesehen wie Tau. Wie weißer Raureif. Diese Scheinwerfer haben ja ewig kaltes Licht. Und wenn die das nur auf die vorderen Hälften von den Bäumen werfen – das Wasser ist schwarz, der Himmel ist schwarz, dahinter ist alles schwarz, nur die vorderen Hälften der Bäume sind grell weißgrau –, sieht das komplett unecht aus. Komplett irre. Noch dazu, weil sich die Bäume dann auch noch auf der Wasseroberfläche gespiegelt haben. Wir dachten echt nur so: »Okay, jetzt werden wir abgeholt.« Das hat sowas Raumschiffmäßiges gehabt. Irgendwann haben wir gesagt: »Dieses Schiff holen wir an der Staustufe ein!« Dann sind wir losgefahren, haben uns angeguckt wie das Schiff runterfährt – und sind nach Hause gefahren.

DIRK MANTEI Früher, nach dem *milk!* war das meistens so: nachmittags aufstehen, vielleicht um zwei, dann gleich was rauchen, viel rauchen, noch mal hinlegen, zu anderen Partys gehen. Aber ich konnte mir das halt auch leisten. Viele andere, die das so gemacht haben – dieses *pro-style*-mäßig Feiern und den Rest der Woche *slacken* –, haben die Schule, die Lehre geschmissen. Ich habe echt immer »danke« gesagt, nicht arbeiten zu müssen. Ich habe original nichts gemacht.

MARKUS GÜNTNER Es gab mal eine Situation in den Neunzigern – da waren zwei meiner besten Freunde da. Das war so die Phase: einfach nur im Wohnzimmer sitzen und die Zeit damit verbringen, Musik zu hören, C64 zu spielen … Zwei Tage lang hatten wir da durchgemacht. Tagsüber an irgendeinen See gefahren. Oder zur Walhalla. Mittags saßen wir dann hier. Haben Kuchen gegessen und Kaffee getrunken. Und wenn du zwei Tage lang durchmachst, ticken ja alle irgendwann aus. Da war's dann so, dass jemand plötzlich im Zimmer rumgesprungen ist –, und alles was vorher auf dem

Tisch stand, lag auf einmal unten auf dem Boden. Teller zerbrochen. Überall Kuchenreste und Kaffeesyphe. Dann habe ich gesagt: »Hey, ihr müsst den totalen Schlag haben. Ich gehe jetzt runter und hole Zigaretten. Und wenn ich wiederkomme, dann ist das aufgeräumt.« Und es war tatsächlich aufgeräumt. Nur nicht so, wie ich gedacht hatte. Ich hatte mich auch gar nicht gewundert, wie schnell die das hingekriegt hatten, weil ich selber so durch den Wind war. Aber ein paar Wochen später habe ich mal wieder nen Rappel gekriegt und gedacht: »Okay, jetzt muss ich mal wieder ein bisschen saubermachen.« Ich schiebe das Sofa vor. Da liegt das ganze Zeug! Und darüber die Handtücher, die ich ihnen zum Saubermachen gegeben hatte. Einfach alles unters Sofa geschoben. Die ganzen Kuchenreste und zerbrochenen Teller und nassen Handtücher.

INGA HUMPE Ich bin in den neunziger Jahren jedes Wochenende weggegangen. Wirklich jedes. Und jedes Wochenende gab es neue Stimmungen, neue DJs, neue Musik. Das ist jetzt viel weniger geworden. Viel weniger vielfältig. Von daher fand ich es die letzten Jahre angenehmer, wenn wir in den Clubs selber aufgelegt haben, als dort als Gäste hinzugehen. Es hat für mich einen Punkt erreicht, wo die besten Partys vorbei sind. Das hat für mich alles nicht mehr die Attraktion oder die Inspiration.

KRISTIAN BEYER Es wird natürlich irgendwann anstrengend, wenn dieses Feiern nur noch der Mittelpunkt des Lebens ist. In Berlin ist es zurzeit aber so, dass die Leute einen Tag lang richtig exzessiv feiern, sich dann ausruhen und Montag wieder ganz normal zur Arbeit gehen.

MARKUS GÜNTNER Bei mir ist der ganze Tagesablauf komplett umgedreht. Du kannst bei mir früh um vier oder fünf anrufen. Ohne Probleme. Oft gehe ich so um acht ins Bett, stehe 17, 18 Uhr auf und mache dann nachts meine Stücke. Beim Produzieren ist die Ruhe wichtig. Auch die Stimmung der Nacht. Ich liebe die Nacht. Die Atmosphäre der

Nacht. Ich hasse es, tagsüber aus dem Haus zu gehen, um irgendwas zu erledigen. Der Tag ist mir meistens viel zu hektisch. Ich gehe auch immer erst am Abend einkaufen.

ANDI TEICHMANN Ich versuche unter der Woche immer mehr – weil ich gemerkt habe, dass ich es brauche, weil ich mich körperlich nicht mehr so fit gefühlt habe –, ein strukturierteres Leben zu führen. Seit einiger Zeit stelle ich mir konsequent den Wecker. Ich stehe früh auf. Ich gehe zwei-, dreimal die Woche schwimmen. Ich könnte dieses Label auch nicht schmeißen, wenn ich immer erst nachmittags aus dem Bett käme. Ab Freitag wird wieder umgeschaltet. Und der Sonntag fällt meistens aus. Da stehe ich spät auf. Gehe essen. Schau nen Film an und lege mich wieder hin.

RICHIE HAWTIN An Dienstagen oder Freitagen treffe ich normalerweise ein paar DJs im *Hardwax*. Wir sitzen herum, trinken etwas, eine Tasse Kaffee. Andere Leute kommen rein. Wir spielen uns die neuen Platten vor. Oder wir sind bei Ricardo Villalobos zu Hause. Was nach dem Essen meist darauf hinausläuft, dass wir auf dem Boden rumliegen, uns unterhalten, uns wieder neue Musik vorspielen. Manchmal haben wir ein, zwei Instrumente dabei. Maschinen. Wir fangen an, damit rumzuspielen. Alles ganz entspannt. Das ist auch einer der Gründe, warum ich hier in Berlin bin. In Kulturen wie Kanada oder den USA gibt es oft eine Art Trennung. Es gibt den Alltag – und dann gibt es die Musik. Sogar bei vielen meiner engeren Freunde war Musik im Alltag irgendwann nicht mehr vorhanden, sondern wurde eher als eine Art Job gesehen, den man halt am Wochenende ausübt. Und für mich ist Musik immer auch Teil des Alltags. Ich trenne nicht zwischen Arbeit, Musik, Unterhaltung, Entspannung, Schlaf. Das ist für mich alles dasselbe. Und deshalb habe ich mich in Amerika immer mehr entfremdet gefühlt.

HANS NIESWANDT Als DJ verbringt man ja viel Zeit damit, über sich und sein Set nachzudenken. Das kann man auch gar nicht trennen. Es ist einfach ein egozentrischer Akt, in einen Plattenladen zu gehen, da 100 Platten durchzuhören und aus denen zehn auszuwählen, für den nächsten Set am nächsten Wochenende. Man reflektiert überhaupt sehr viel darüber, was man tut und wie man sich darstellt. Was ich allerdings in diesem Zusammenhang großartig am Auflegen finde, ist, dass man dann auch wieder ganz und gar für die Leute da ist. Man kann eine gewisse Egozentrik ausleben, erfüllt aber auch den Dienst an der Gemeinde.

»

BIANCA GIRBINGER Ich hatte während des Studiums mal so ne Krise – da hing ich ein, zwei Semester nur im Plattenladen rum. Über Stunden. Tage. Jeden Tag. Das ist ja so ne Art Flucht. Und die anderen Aufgaben warten und werden immer dringlicher. Deswegen versuche ich inzwischen, mich mit der Musik ein bisschen zurückzuhalten. Ich mache das ja nicht professionell. Dieses Musikding macht mich zwar sehr glücklich – und mein Herz hängt daran –, aber es findet bei mir in einem kleinen Rahmen statt.

ANDI TEICHMANN Diese DJ-Welt ist auf jeden Fall ein wichtiger Teil von mir. Sie füllt mich aber nicht so voll und ganz aus wie die meisten DJs, die ich kenne. Hannes und ich sind aber auch nicht DJs im üblichen Sinn. Weil drumherum noch viele andere Sachen eine Rolle spielen. Während Hundertprozent-DJs dann auch wirklich zu 100 Prozent in dieser Welt leben.

HANS NIESWANDT Ich liebe es, Dinge zu tun, die einfach sind. Die jeder verstehen kann. Die über die Emotionen funktionieren. Auch das hängt damit zusammen, dass ich mich nicht nur in einer kleinen DJ-Spezialisten-Korrekto-Elite-Welt bewegen will. Gerade wenn es um Minimal Electronic und Deep House und was weiß ich geht – sowas hat auch immer viel mit Snobismus zu tun. Aber zu einer Elite zu gehören, das mag für jüngere Leute interessant sein. Wenn man sehr jung ist und in einer euphorischen Aufbruchsstimmung, dann interessiert einen nichts anderes, als diese eine tolle Sache zu betreiben – die ganze Zeit, am besten 24 Stunden am Tag. Für mich selbst ist das nicht mehr interessant. Ich komme jetzt mit *allen* Arten von Menschen in Kontakt.

ANDI TEICHMANN Am 11. September 2001 hätten wir eigentlich im *Cookies* einen Gig gehabt – der am Nachmittag abgesagt wurde, als in New York diese Flugzeuge in die Häuser reingerast sind. Wir haben uns da natürlich gefragt: »Was hat das eigentlich für einen Sinn, was wir da machen? Ist es nicht totaler *Bullshit* und völlig überflüssig?« Aber ich glaube, letztendlich hat es auf jeden Fall Sinn. Weil der Sinn von diesem Clubgedanken ja auch das Verbindende ist. Auch das global Verbindende.

RAINER TRÜBY Die einzige politische Message, die ich musikalisch verkörpere ist, dass es eine globale Sache ist. Gut, wir sind aus Deutschland. Aber ich würde nicht sagen, dass wir was typisch Deutsches machen. Sondern, dass alle dazu eingeladen sind. Dass es ein Stück weit Weltmusik ist. Es ist einfach dieses Weltoffene. Sich nicht mit Scheuklappen zu verschließen und zu sagen: »Wir stehen jetzt nur für dieses eine Ding.« Das klingt jetzt so nach »Peace, Love and Unity«, aber es ist so.

ANDI TEICHMANN Ein Club, das ist ja nicht nur: zwei Plattenspieler und ne Anlage und ne Bar. Sondern das funktioniert idealerweise vor allem als sozialer Raum. Als Begegnungsstätte.

STELLA STELLAIRE Diese Atmosphäre im Club – wo der Beat wirklich das trägt, was die Menschen empfinden – ist für mich wie eine universelle Matrix. Wie bei den »Formwandlern« aus *Star Trek*. Die sind da ja evolutionär die fortschrittlichste Rasse, weil sie alle menschlichen Grausamkeiten hinter sich gelassen haben und total *evolved* sind. Die sind aus so ner energieähnlichen Substanz, können sich aber auch in konkrete Gestalten materialisieren – können zum Beispiel aussehen wie Menschen. Aber ihr Grundzustand ist in diesem See aus Energie – dem Formwandlersee –, in dem sie alle zu einer einzigen Energie verschmolzen sind und über diese Energie auch assoziativ kommunizieren können. Jedes Teil kann alles empfangen, was ein anderes Teil in diesem Moment denkt. Aber gleichzeitig ist es immer die Masse an sich, die alles trägt und so eine Art leitendes Medium darstellt.

Und genau so kam mir meine erste Erfahrung auf einer Party vor – wo es bei mir Klick gemacht hat. Da war dieses Gefühl: »Alle halten diesen Beat!« Und dadurch überträgt sich Kommunikation. Alle sind auf dieser Schwingung. Sie reiten auf dieser Welle. Sie baden im *Sound*. Und als DJ bist du der, der diese Wogen in Gang setzt und wieder streut und auflöst und reinitialisiert. Aber das ist natürlich immer auch so ein Rückkopplungsding. In jedem Moment muss es so sein. Eine ständige Interaktion, zwischen dir, der Schallplatte und dem Publikum. Du kannst da nicht oben stehen und so tun, als wärst du das Einzige auf der Welt. Weil dann alles untergeht.

MARKUS GÜNTNER Es macht den Leuten Spaß zu tanzen. Es macht ihnen Spaß, zusammen mit anderen zu tanzen. Die Musik erfreut sie. Sie feiern miteinander. 98 Prozent der Sachen, die du am Abend spielst, kennen sie überhaupt nicht. Aber sie tanzen und reißen die Hände in die Höhe – sie feiern und lachen und schreien. Da fällt mir der krasse Unterschied zu Indie oder auch Punk auf. Ich höre privat ja auch am allerwenigsten elektronische Musik. Aber bei Indie steht man am Rand der Tanzfläche, sieht cool aus, hört **Blur** und denkt sich: »Ich muss auf die Tanzfläche. Ich muss cool tanzen.« Und sobald **Blur** aus ist, geht man wieder runter. Bei elektronischer Musik gehst du nicht auf die Tanzfläche, um zu zeigen, wie toll du tanzen kannst. Es ist egal, ob du 16 oder 60 bist. Du kannst nen Anzug anhaben. Du kannst abgesypht wie sonst was rumlaufen. Das ist alles sowas von komplett egal. Da unterscheidet sich Techno, elektronische Musik von allem anderen. Das ist mehr Indie, als Indie jemals sein wird. Dieses Ausgelassene, was die Leute haben, findest du in kaum einer anderen Musik. Das ist schon so eine Form von Zusammengehörigkeit. Man flüchtet sich zwar auch irgendwo in andere Welten. Aber da haben die Leute die Einstellung: »Natürlich sind viele Dinge scheiße auf dieser Welt. Aber jetzt im Moment: Scheiß drauf!« Weil, wenn sie sich trotzdem freuen können – daran ist doch nichts Schlimmes.

ANDI TEICHMANN Es geht ja nicht nur um gute Laune. Sondern auch darum, dass es etwas Positives ist. Es ist doch schön, wenn es mal eine Jugendbewegung gibt, die nicht auf Depression und Aggression und Opposition aufbaut. Wenn ich schlecht drauf bin, kann ich teilweise sogar sehr gut weggehen. Mich in so einem Fall in einem Club aufzuhalten und Musik zu hören, die auf mich eine positive Wirkung hat, und zu tanzen – ohne dass ich auch nur ein Wort mit jemandem wechseln muss, wenn ich das nicht will –, ich finde, das macht Sinn.

HANS NIESWANDT Wenn du Teenager bist, lebst du ja unter Umständen ein miserables Leben. Es ist ja nicht unbedingt großartig, Teenager zu sein. Es ist unter Umständen so, dass du kein Geld hast, an einem blöden Ort wohnst, mit blöden Eltern und überhaupt schlechten Aussichten. Das Ausgehen erinnert dich dann daran, dass das Leben aus mehr bestehen kann als nur aus Pflichten und Abhängigkeiten. Und da ist es ganz egal, ob du nun als schwuler Hispano in New York oder als Hetero-Provinzpunk lebst. Wenn du irgendwie das Gefühl hast, dass du als Freak auf der Welt gelandet bist und dass du nicht wirklich zum Mainstream dazugehörst und dein Leben von daher ein Kampf ist – so zu sein, wie du willst, mit deiner ganzen Andersartigkeit –, und wenn du dann einen Ort findest, wo du verstanden wirst und dich aufgehoben fühlen kannst und der DJ dir Botschaften übermittelt, die dich stark machen, die dir Kraft geben, dann ist das ein politisches Moment.

ACID MARIA Für mich ist es vor allem dieses Momentane. Dass man tatsächlich in diesem Club sein muss, um es zu erleben. Und dass man es nur mit denen teilt, die gerade da sind. Und dass dieser Moment auch nicht aufzuzeichnen ist. Das ist wie eine Definition von Gegenwart. Ein Gegengewicht zu dieser Archivierung von allem und jedem. Von diesem ständigen Mitschneiden und Aufnehmen und Abfilmen und so weiter.

In meinem letzten Semester hier an der Hochschule habe ich es doch tatsächlich mal geschafft, von vorne bis hinten die Sloterdijk-Vorlesung zu besuchen, ohne eine einzige Sitzung zu verpassen. Da gab es eine Einführungsvorlesung, in der es um den Ursprung der Kulturen ging. Er fragt dann so in die Runde: »Was ist der Unterschied zwischen Kunst und Religion?« Betretenes Schweigen. Niemand will natürlich was Falsches sagen. Und dann schaut er mich an und meint so: »Sie müssen das doch wissen.« Damit meinte er mich als DJ. Worauf er hinauswollte, war dieses gemeinschaftliche Erleben. Dass du so ne Blitzgemeinschaft mit jemandem hast. Dieses: Es ist totale Wärme und ein fast familiärer Zusammenhang da. Aber der ist dann wieder abgeschlossen. Wenn du fährst, ist es wieder vorbei. Das verpufft wieder. Was ich, bis zu einem gewissen Grad, auch positiv finde. Weil man sich dadurch daran gewöhnt, dass man ja auch sonst in vielen Beziehungen eine Unverbindlichkeit hat, die doof ist. Dieses Verpuffen hat erstmal beides. Es ist anziehend und erschreckend zugleich. Es ist Qualität und Problem zugleich. Aber teilweise weißt du gar nicht mehr genau, was im Vordergrund steht. Du bist in Moskau und verstehst dich mit denen prima. Dann bist du in Wien, und da ist auch alles spitze. Alles ist extrem herzlich. Aber am nächsten Tag kannst du darauf nicht rekurrieren. Du kannst dich auf fast nichts verlassen. Daran hat man zu knabbern in diesem Job.

Ich hatte letztes Jahr so eine Situation: Da war der Veranstalter in einem Club in Berlin, mit dem ich mich den ganzen

Abend über super unterhalten hatte. Aber der hatte so ein komisches Hotel gebucht. Da war es schon zehn Uhr morgens – und um zwölf sollte ich aus dem Hotelzimmer auschecken. Und ich sagte: »Du musst das jetzt irgendwie klären. Weil, da habe ich keinen Bock drauf.« Und er meinte nur: »Du hast jetzt hier aufgelegt. Der Rest ist mir eigentlich egal.« Sowas ist halt extrem schmerzhaft.

KRISTIAN BEYER Wir produzieren ja eher Housemusik. Da wo wir sind, haben wir am einen Rand mit Leuten wie Rainer Trüby zu tun. Und am anderen Rand mit Leuten wie Miezi. Wir stehen so zwischendrin. In der Szene, in der Trüby unterwegs ist, sind die Leute auf jeden Fall bodenständiger und netter. Da spielen auch Drogen nicht so eine Rolle. Da pflegt man auch mal Freundschaften. Und es geht auch eher um die Musik. Aber in der Technoszene ist das gar nicht so. Jedes Mal, wenn ich auf sowas gehe, denke ich mir wieder: »Hey, die haben's echt nicht gelernt in diesen ganzen Jahren.«

ACID MARIA Im Club wird das Existentielle des Lebens ausgeblendet. Der Club ist der Ort der Respektlosigkeit gegenüber den Bedingungen der menschlichen Existenz. Was natürlich auch wieder damit zu tun hat, dass man mit dem gegenwärtigen Moment beschäftigt ist. Dass man alles andere draußen lässt. Was in gewisser Weise wirklich eine Qualität von einem Club ist. Aber auf Dauer ist das etwas, was echt schwer wiegt – dass man über existentielle Probleme nicht sprechen kann.

KRISTIAN BEYER Du kannst da mit Problemen nirgends hin. Das hat alles höchstens so eine Pseudo-*Deepness*. Vor allem wenn man sich auf Drogen über seine Gefühle unterhält – da wird einem ja nur etwas vorgegaukelt. Die Leute werden dann ja auf einmal so offen. Alle fangen an, über ihre Gefühle zu reden. Aber das ist nicht real. Es wird nicht nach Lösungen gesucht, sondern es wird einfach nur geredet. Ununterbrochen. Gerade auf Speed oder Ecstasy – manche reden da wie ein Wasserfall. Die musst du, wenn du nüchtern bist, echt beiseiteschieben. Du kommst dann auch gar nicht mehr mit. Bei vielen kommt dann ja alles, was sich angestaut hat, auf einmal raus. Das wird einem wie so ein Haufen hingelegt. Die verlernen dann auch, nüchtern auf Leute zuzugehen. Weil sie auf einmal kein Hilfsmittel mehr haben.

ANDI TEICHMANN Wenn du echte Probleme hast – so schön es auch ist, dass man tanzen gehen kann, wenn es einem schlechtgeht –, du kannst das innerhalb von diesem Clubkontext nicht auffangen. Mir ging's auch eine Zeitlang nicht gut mit dem ganzen Ding. Mit dem Auflegen. Mit allem. Weil ich mir dachte: »Das ist doch alles scheiße. Ich fahre immer nur rum. Ich lerne jedes Wochenende neue Leute kennen. Aber die sehe ich dann alle nicht mehr. Ich habe in Berlin kein funktionierendes soziales Umfeld. Außer Hannes.« Da ging's mir echt beschissen. Deswegen habe ich in dieser Hinsicht auch mein Leben geändert. Ich habe jetzt wieder ein soziales Umfeld, das außerhalb von dem Ganzen liegt. Innerhalb dieser Clubwelt habe ich zwar viele Leute, die ich sehr gerne mag. Von denen ich auch sagen würde: »Ich bin mit denen befreundet.« Aber das ist eher so ein großes Ganzes – da würde ich kaum auf die Idee kommen, jemanden anzurufen und zu sagen: »Hallo, mir geht's gerade total beschissen.«

KRISTIAN BEYER Auch dieses ständige Umarmen ...! Das kommt auch von diesem oberflächlichen »Wir sind doch alle eine Familie.« Das sind teilweise Leute, die einfach nur meine Platten gekauft haben. Ich bin eigentlich ein eher scheuer Mensch. Ich suche eher die Distanz. Für mich ist das immer eine Umstellung, wenn wildfremde Leute so: »Hey! Yeah!« – und einen dann umarmen. Ein Freund von uns hat durch dieses Nachtleben echt Depressionen gekriegt. Der war hier in der Psychiatrie. Der hat gar keine Drogen genommen, sondern ist halt immer wegen der Musik auf Partys gegangen. Aber den hat dieses Oberflächliche fertiggemacht. Den haben sie zweimal irgendwo in Deutschland im Zug aufgegabelt.

Ohne Geld. Ohne Papiere. Total weggetreten. Der war dann ein Jahr in der Klinik.

LAWRENCE Bei mir ist noch ganz positiv, dass ich meistens nicht unter akuten Clubdepressionen leide, weil ich mich sehr gut auf die wenigen guten Sachen im Club konzentrieren kann. Aber ein Freund von mir ist jedes Mal, wenn er auflegt, total verzweifelt. Der hat Situationen, wo er denkt, er dreht jetzt echt durch – und haut während seines Sets aus dem Club ab. Er geht auch nie aus, wenn er nicht auflegt. Und dann findet er es auch immer ganz scheußlich. Aber er produziert eben Musik, die dort gespielt wird. Das ist bei ihm das Dilemma. Bei mir ist es oft umgekehrt – dass ich der Musik und der Party wegen auflegen will, auch sehr euphorisch da rangehe und oft am Ende doch nur das Geld bleibt, weil es so scheiße war.

KRISTIAN BEYER Ich war dieses Jahr in Barcelona auf dem »Sonar«-Festival. Da haben wir Freitag und Samstag aufgelegt. Und Sonntag bin ich auf die *Kompakt*-Party gegangen. Das ist auch wieder ein anderer Kosmos – nicht die Szene, in der ich mich bewege. Das war am Strand. Die Party ging um sechs los. Bis morgens um vier. Strandbar. Riesenparty. Ich und ein Freund, der auch Musik macht, saßen da ein paar Stunden lang herum. Irgendwann haben wir uns angeguckt und gesagt: »Boh, ist das scheiße! Sind die alle scheiße hier.« Alle immer nur so: »Hahaha! Hihihi!« Da haben natürlich viele verschiedene Leute aufgelegt. Und du hast so richtig gemerkt, wie sie alle schon immer warten: »Jetzt will aber ich!« Ausgerechnet die *Kompakt*-Leute, die sich immer die Ernsthaftigkeit auf die Fahne schreiben, führen da einen Zauber auf wie in München im *P1*. Zwar auf einem anderen Level. Vom Geld und vom Style her. Klar, die laufen dann alle ein bisschen *trashy* rum. Aber im Prinzip sind sie nicht anders als die Leute im *P1*. Der Einzige, der da wirklich cool und nett rüberkommt, ist Michael Mayer. Der ist auch ein offener Mensch. Das Krasse war nämlich: Wir waren da auf mehreren Partys von diesem ganzen Umfeld – und da lief überall das Gleiche.

ANDI TEICHMANN Es gibt ja immer noch DJs, die eine total gerade Linie in ihrem Spektrum haben, die sie als »absolute Musik« bezeichnen. »Kölner Minimal-House« oder sowas. Das finde ich grottenlangweilig. Ich finde es toll, wenn es offen ist. Aber das hat sich erst in den letzten Jahren mehr da hin entwickelt. Vorher hat man sich doch sehr darüber definiert, dass man einen ganz bestimmten *Sound* gut findet.

ACID MARIA Noch vor fünf Jahren hätte ich jeglichen »Verrat an der Sache« womöglich als schwerwiegend empfunden. Da denke ich mir jetzt eher: »Pffh! Was soll's?« Die anderen Leute können ja tun, worauf sie Bock haben. Ändern kann man das sowieso nicht. Das ist auch etwas, was ich erst hier in Karlsruhe so richtig kapiert habe.

RAINER TRÜBY Von den ganzen *left-field-underground-electro*-Frickelsound-DJs wird mir oft *sell out* vorgeworfen. Es gibt hier in Freiburg so ne alternative Szene um einen bestimmten Plattenladen herum. Ich kaufe dort zwar manchmal Platten und kann mit denen auch quatschen. Aber ich höre dann immer wieder hintenrum, dass sie über mich lästern. Wobei mein *sell out* darin besteht, dass ich nicht vor 20 Leuten in irgendeinem Keller auflege und Frickelsound spiele. »Der ist dem Underground nicht treu geblieben!«, heißt es dann. Aber wenn man den Underground-Gedanken zu Ende denkt, dann wäre das eigentlich die Party, wo der DJ alleine da steht. Das müsste dann quasi das Ziel sein.

STELLA STELLAIRE Als ich 1998 angefangen habe, in Freiburg im *E-Werk* aufzulegen, war das so ne Clique. Wir haben uns alle total cool gefunden. Wir waren die Coolsten. Erstens waren wir die *E-Werk*-Crew. Zweitens waren wir auch optisch so ein bisschen anders. Und da entsteht dann eine ganz eigene Dynamik. Schon allein von diesem nonverbalen Kommunizieren her. Jeder weiß schon über ne Geste oder ein Zeichen: »Gehen wir woanders hin? Bleiben wir da? Machen wir das oder das?« Hin und wieder sind wir auch zum Feiern weggefahren – nach Zürich oder so –, und es war dann teilweise schon so wie in einem *Roadmovie*. Mit einer endlosen, langen Fahrt zu einem unbekannten, neuen Ort. Und jeder hat seine Rolle gespielt.

ACID MARIA Wenn du über diese ganzen Gruppenzugehörigkeiten in einem frühen Erwachsenenalter nachdenkst oder in der späten Adoleszenz – wie das fast schon zu einem Glaubenskrieg wird! Wer *was* hört. Wer *was* macht. Oder: »Das und das geht überhaupt nicht!« Und alle sind der gleichen Meinung! Das ist extrem interessant, wie das zustande kommt. Ich war mal 1997, oder sogar 1996, mit Hell, Naughty und Richie Bartz auf US-Tour. Da hatte ich die erste DV-Kamera meines Lebens und habe unsere Tour gefilmt – die ganze Zeit unsere Autofahrten aufgenommen. Fortbewegung und so. Und da gibt's eine ziemlich lange Stelle – da fahren wir von Chicago nach Detroit. Und wir hatten halt überhaupt keine *Tapes* dabei und haben an der Tanke so ein *Discotape* gekauft. Und wir vier Nerds dann im Auto! Wir haben immer wieder dieses *Tape* abgespielt. Und auf dem Video hörst du dann oben drüber die Gespräche über diese Musik. Du würdest wahrscheinlich wenige Leute finden, die uns überhaupt hätten folgen können! Aber in diesem Auto sind wir uns völlig einig. Alles liegt auf der Hand. Warum das eine total scheiße ist und das andere supercool. Das ist total absurd.

STELLA STELLAIRE Bei dieser *E-Werk*-Clique ist das am Ende ganz böse auseinandergefallen. Weil man gemerkt hat, dass viele Beteiligte in der Gruppe sich über die Party hinaus gar nichts zu sagen haben. Aber sogar das war für mich unheimlich wichtig zu erleben. Weil ich dann erst verstanden habe, was in einer Gruppe passieren kann. Wie schnell man auch vereinnahmt wird, durch sowas wie ein Gruppenzugehörigkeitsgefühl.

INGA HUMPE Es gibt doch auffallend wenige DJs, die sich

noch für was anderes interessieren, als wie man am besten selbst rüberkommt. Ich finde es auch immer uninteressant – ob jetzt mit DJs oder auch mit bildenden Künstlern –, wenn ich in nem Gespräch merke, dass jemand nur Interesse daran hat, seine eigene Position auszuleuchten und darzustellen. Das ist irre langweilig. Da passiert nichts. Bestimmte Leute können keinen Austausch herstellen. Kein Miteinander. Jede Begegnung ist ja dadurch einzigartig, dass da irgendwas hergestellt wird. Und es gibt eben Leute, die sind so auf sich selber fixiert – mich langweilt das zu Tode. Sobald ich das merke, kann ich mich nicht mehr unterhalten.

MISS KITTIN Das ist vielleicht der Hauptunterschied zwischen solchen DJs, die einfach nur berühmt sind, und wirklich göttlichen DJs – den absoluten Nummer-Eins-DJs: Leute wie Laurent Garnier oder Sven Väth – die sind total offen. Ich spreche mit denen eigentlich meistens über tiefere Dinge. Sie sind aber auch mehr oder weniger die Einzigen, mit denen das geht. Und es geht deshalb, weil sie im Einklang mit sich selbst sind. Sie kennen ihre dunkle und ihre helle Seite. Und deswegen bewundere ich sie. Auch wenn sie vielleicht irgendwo verrückt sind und in vielerlei Hinsicht Scheiße bauen. Aber sie wissen, wer sie sind – und akzeptieren das. Das macht ihre Stärke aus. Und diese Offenheit gegenüber sich selbst zeigt sich auch in ihrer Musik.

DJ KOZE Bei mir ist es immer dieses Hin und Her. Ich finde, stumpfe, superdumme Technomusik hören, saufen und rumgrölen genauso geil wie in meiner Wohnung Erik Satie hören und mir Gedanken machen über die Langsamkeit. Das eine ist ohne das andere nicht da. Ich finde, die besten DJs – mit denen ich mich auch am besten verstehe – sind die, die auf der einen Seite ähnlich schüchtern und dünnhäutig sind und sich auch Gedanken machen – und gleichzeitig aber auch auf die Kacke hauen und das zelebrieren. Mittelmäßige Einfach-nur-gute-Geschmack-Musik halte ich nicht aus.

»

HANS NIESWANDT Ich bin im Moment ausgeglichen und guter Dinge. Aber es kann natürlich auch mal sein, dass ich deprimiert am Veranstaltungsort ankomme. Wenn ich mich dann mit den Veranstaltern zum Abendessen treffe, was soll dann mein Kummer? Es ist Samstagabend. Wir machen Party. Wir essen schön. Wir haben Spaß. Das ist ja auch eine Fähigkeit, das eigene Befinden mal ausblenden zu können. *The show must go on!* Das ist im Prinzip wie bei Clowns.

INGA HUMPE Es gibt auch viele Leute, die diese Partysituation als Belohnungssystem für ihre harte Woche hernehmen. Die zum Beispiel in irgendwelchen sozialen Einrichtungen arbeiten. Da kenne ich ein paar, die ganz harte Jobs machen. Die mit Schwerkranken oder Sterbenden arbeiten. Die findest du in den Clubs viel. Vielleicht sogar in erhöhtem Maße.

HANS NIESWANDT Wenn man mal von einem etwas älteren Clubpublikum ausgeht – und nicht von einem jüngeren Ravepublikum –, dann glaube ich schon, dass die Leute nicht nur deshalb in den Club kommen, um den DJ zu bewundern, sondern auch um ihren Ballast der Woche mitzubringen, ihre blöde oder vielleicht auch großartige private Situation, Erfolge oder Niederlagen. Musik ist ja für alles gut. Musik ist immer hilfreich und tröstlich.

DJ KOZE Ich werde zum Glück kaum von 18-jährigen Schranztypen abgefeiert. Für mich ist das Schönste, dass ich weiß, dass ich mich mit dem Publikum unterhalten kann. Klar bin ich inzwischen auch so ein *peak-time*-DJ. Ich werde quasi dafür gebucht, dass ich auf einer Position spiele, wo ich so richtig das Haus anstecken muss. Aber es ist trotzdem nicht so, dass ich nur ein Publikum bediene, das mir privat völlig am Arsch vorbeigeht. Was ja bei ganz vielen Bands so ist – besonders bei den erfolgreichen. Das merke ich doch, wie die sich sofort nach dem Auftritt zurückziehen. Die haben gar keinen Bock!

HANS NIESWANDT Ich mache es halt doch schon sehr lange und ruhe da relativ gut in mir. Zwar habe ich hin und wieder sinnkrisenhafte Situationen. Aber ich glaube, ich habe noch nie schlecht aufgelegt in dem Sinne, dass ich nur mit der linken Arschbacke aufgelegt oder die Leute verachtet hätte.

Letztes Mal bei der *Love Parade* hatte ich einen heftigen Gig im alten Stil. Da war ich im *Compressor* in Pankow. Das ist ein Club, wie es sie eigentlich seit Anfang der Neunziger gar nicht mehr gibt. So ein runtergekommenes *warehouse*. Mein Set hat um sechs Uhr morgens angefangen. Bis Zehn. Ich habe da für meine Verhältnisse ziemlich hart gespielt. Irgendwann kam so ein Bodybuildertyp, mit nacktem Oberkörper, schweißüberströmt – ballt die Faust: »Ey, Alter! Geil!« Für meine Begriffe hat der zu mir gesagt: »Ey, du schmächtiger Brillentyp. Respekt!« Sowas gefällt mir natürlich. Auch weil das so quatschige Zusammentreffen von Leuten sind, die erst im Club erkennen, dass es ja auch Verbindungen zwischen ihnen gibt – die sie im normalen Alltag überhaupt nie zulassen würden.

BIANCA GIRBINGER Es kommen natürlich viele Leute und sagen: »Das ist toll!« Wobei ich aber den Eindruck habe, dass, wenn eine Frau sagt: »Du spielst schöne Musik!«, sie noch ein bisschen aufmerksamer zugehört hat. Bei den Jungs ist es mehr so: »Da konnte man total drauf abfahren!«

HANS NIESWANDT Mädchen, insbesondere jüngere, haben ne große Unbefangenheit, sich Dinge zu wünschen. Da sagt der Freund: »Das kannst du doch nicht machen! Du kannst dir doch hier nicht Robbie Williams wünschen!« Und das Mädchen sagt: »Ist mir doch egal. Ich wünsch mir das jetzt.« Jungs stellen sich gerne selber dar. Sie erkundigen sich zum Beispiel nach irgendwas, wollen aber damit vor allem einen Einstieg schaffen, um ihre eigene Kompetenz zu vermitteln.

ACID MARIA Monika Kruse hat da mal den sehr treffenden Begriff *deck sharks* geprägt. Es gibt ja in professionelleren Clubs oft Plexiglasscheiben, damit nicht die ganze Zeit jemand zu dir rüberfasst. Und *deck sharks* sind dann die, die sich an der Plexiglasscheibe vor dir die Nase platt drücken.

Das sind Jungs, die stehen stundenlang rum, gucken dir zu und machen immer so Gesten: »Fett ey! Heißer Scheiß!«

DJ KOZE Ich sag dann immer: »Geh doch mal tanzen. Was machst du denn hier?« Und dann gehen sie nörgelnd so ein bisschen weiter weg. Und ich denke: »Komische Idee von nem Abend. Sich da hinzustellen und das alles so zu checken und zu beurteilen.« Das fühlt sich auch nicht gut an, wenn einer immer direkt vor dir steht.

MICHAEL MAYER DJs sind aber auch selbst nicht immer die einfachsten Charaktere – sozial gesehen. Vor allem am Abend, in der Ausübung ihrer Tätigkeit, werden sie in gewisser Weise zu Autisten. Mir ist es fast unmöglich, ein Gespräch zu führen, während ich auflege. Und ich brauche danach auch meistens erstmal ne Stunde, um wieder klare, zusammenhängende Sätze formulieren zu können – und vor allem: zu wollen. Mich überhaupt wieder auf irgendwas anderes einlassen zu wollen. Man wird da fast zu ner Maschine.

HANS NIESWANDT Neulich habe ich in Köln bei »Funky Chicken« gespielt und einen alten Bekannten getroffen, der meinte: »Sag mal, kann das sein, dass du gar nicht merkst, wie dich die Frauen angucken?« Ich bin teilweise so selbstvergessen – *lost in music*, oder eher in der allgemeinen Bewegung im Raum –, dass ich im Halbdunkel verteilte Damen, die mir wohlwollende Blicke zuwerfen, gar nicht mitbekomme. Ich neige bei meiner Arbeit aber auch zu einem gewissen Autismus. Den habe ich mir angewöhnt, weil mich solche Situationen ansonsten total durcheinanderbringen würden.

INGA HUMPE So ein DJ ist ja auch eine Trophäe für ein junges Mädchen. Die träumen ja nicht alle davon, gleich geheiratet zu werden. Sondern die Trophäe wird dann in Freundinnengesprächen hergezeigt. Oder man hat ja auch Vorteile. Wenn man eine Affäre mit dem DJ hat, dann kommt man umsonst in den Laden, man kriegt immer *Drinks for free* ...

MISS KITTIN Dadurch dass ich als eine Art *role model* für Mädchen funktioniere, finde ich es mit ihnen manchmal komplizierter als mit Jungs. Jungs sind eher visuell veranlagt. Es reicht ihnen vielleicht schon, mich einfach nur anzuschauen. Bei Mädchen ist es eher eine mentale Sache. Sie denken, dass sie eine spezielle weibliche Verbindung mit mir haben. Sie wollen mehr. Sie wollen mit mir sprechen.

INGA HUMPE An sich finde ich sowas nach wie vor nett und versuche die Leute, die einen ansprechen, auch mit Respekt zu behandeln. Auch wenn sie oft regelrecht was von einem wollen. So ein Stück ... herausbeißen! Ich will halt nur verhindern, dass das alles auf Ebenen abläuft, wo es wirklich nur noch um meine Locken geht. Wenn die manchmal daherkommen und so doof fragen: »Sag mal, wie machst du denn eigentlich deine Haare?« Sag ich: »Gar nicht! Ich setz mir ne Plastiktüte auf und dann sehen die so aus.« Ich meine, sowas kannst du doch nicht ernsthaft beantworten! Kommunikation kann doch immer nur auf gleicher Ebene stattfinden. Und wenn sich jemand unter mich stellt – da ist doch nichts mehr möglich.

MISS KITTIN Das Problem ist wirklich, dass die Leute oft mehr wollen. Sie wollen ein Stück von dir. Ich habe neulich *The King of Comedy* von Martin Scorsese gesehen. Und auf der Bonus-DVD heißt es da: »Wenn ich die Gelegenheit hätte, all meine Hollywoodhelden der Nachkriegszeit zu treffen – ich wüsste eigentlich gar nicht, was ich ihnen sagen sollte.« Das ist genau der Punkt. Die Leute *denken* nur, dass sie dich kennen. Sie lieben dich, und sie denken, dass sie dich kennen. Aber wenn sie dann deine Hand schütteln und sagen: »Wow! Geil! Ich liebe deine Musik« – was wollen sie wirklich von dir? Ich glaube, die Antwort ist, dass sie durch dich hindurch träumen wollen. Weil du etwas repräsentierst, was sie eigentlich selber gerne in ihrem Leben hätten.

INGA HUMPE Das Fernsehen hat eben nichts mit der Wirklichkeit zu tun. Das kann man immer wieder nur betonen. Auch dieser Eindruck, dass man denkt, man würde diese Leute kennen, weil sie ja bei einem im Wohnzimmer sitzen.

Das ist ja der Eindruck, der unterschwellig entsteht. Der noch verstärkt wird durch Dinge wie dieses ständige Duzen. Ich versuche sowas alles zu vermeiden. Ich lasse mich auf dieser Ebene nicht vereinnahmen. Es stimmt ja auch gar nicht, dass es da ne öffentliche Person gibt und dann ne private. Es gibt nur *eine* Person. Was der andere Mensch da in dir sieht, das findet ja nur in ihm selber statt. Und diese Tatsache kann ich nur immer wieder spiegeln. Und dem auch nicht nachgeben. Dieser ganzen Unwirklichkeit.

STELLA STELLAIRE In Freiburg gibt es natürlich viele Leute, die mich kennen. Ohne dass ich die kenne. Oder es unterhalten sich Jungs mit mir, die ich eigentlich sogar interessant finden würde, aber bei denen ich sofort merke: Die sprechen ja gar nicht wirklich mich als Person an, sondern die sehen irgendwas in mir oder glauben, schon irgendwas über mich zu wissen. Das merkt man natürlich sofort. Und das finde ich dann oft schade und für mich sehr ernüchternd.

MISS KITTIN Heute Morgen habe ich eine seltsame E-Mail gekriegt. Ich habe letzte Woche in Madrid gespielt. Und da war eben dieser Junge mit einem Kiss-T-Shirt. Und nachdem es von mir ein Promo-Foto mit genau diesem Kiss-T-Shirt gibt, war er natürlich einer der Ersten, die ich im Publikum bemerkte. Er tanzte da wie verrückt. Hinterher schrieb er auf meiner Webseite, wie toll er mein Set gefunden hätte, wie sehr er mich bewundern würde und so weiter. Unglücklicherweise schrieb ich: »Ja, ich erinnere mich an ihn …« Sofort schrieb er zurück: »Oh, ich bin so glücklich, dass sie sich an mich erinnert. Ich liebe sie. Ich liebe sie! Sie ist großartig. Ich weiß, dass zwischen uns nie etwas passieren wird. Aber alleine, dass sie sich an mich erinnert, ist schon genug.« Ich meine, er ist bestimmt ein netter Junge. Und sowas berührt dich natürlich. Aber gleichzeitig fühlst du dich in solchen Situationen auch ganz schön einsam.

RICHIE HAWTIN Ich bin in der glücklichen Situation, dass ich tun kann, woran ich wirklich glaube und was ich leidenschaftlich liebe. Aber – ich weiß nicht, ob es daran liegt, dass die Leute zu viele Hollywoodfilme gucken oder ob ihnen zu oft gesagt wird, dass sie jemanden bewundern müssen – in unserer Welt scheint es definitiv mehr Leute zu geben, die *nicht* tun, was sie lieben, als umgekehrt. Und wenn sie dann andere Leute sehen, die wirklich tun, woran sie glauben, halten sie diese Leute für etwas Besonderes. Gestern habe ich mit einem Freund aus New York zu Abend gegessen. Irgendwann meinte er so: »Was macht dich eigentlich besser als mich? Was gibt dir das Recht, so viel Geld zu verdienen und dieses sorgenfreie Leben hier in Berlin zu führen?«

MISS KITTIN Wenn Freunde von mir, die verheiratet sind und Kinder haben und ein ganz gewöhnliches Leben führen – was ja wiederum für mich völlig ungewöhnlich ist –, zu mir sagen: »Oh, du hast so ein außergewöhnliches, aufregendes Leben!«, dann sage ich: »Ja, du für mein Empfinden aber auch.«

RICHIE HAWTIN Meine einzige Antwort in solchen Fällen ist, dass ich eben zufällig zur rechten Zeit am rechten Ort war. Und dann sind gewisse Dinge passiert. Es geht nicht darum, dass jemand besser oder schlechter ist. Du kannst sowas auch letztlich an nichts festmachen. Letztlich gibt es keine Antwort – weder für mich noch für diesen Freund. Es geht nur darum, die eigene Balance zu finden – jeder in seiner eigenen seltsamen Situation.

MICHAEL MAYER Wenn man schüchtern oder auch nur irgendwie paranoid veranlagt ist, ist man als DJ auf jeden Fall fehl am Platz. Schon allein, was an so einem Clubabend auf einen einstürzt – an Menschsein in jeder Variante. Dass einen Leute, die entweder betrunken, verdrogt oder in irgend einer Weise psycho sind, total zutexten oder wahnsinnig machen. Allein durch ihre Präsenz. Dadurch dass sie, über einen ganzen Abend hinweg, immer wieder auftauchen und komische Dinge tun. Da gibt es richtig harte Kandidaten. Hier in Köln zum Beispiel kommen regelmäßig drei Leute zu uns in den

Club – drei Typen mit *Stalker*-Qualitäten, die einem regelrecht auflauern. Die man jeden Tag trifft. Man geht zum Beispiel einkaufen: Man trifft diese Person. Man geht ins Restaurant: Man trifft diese Person. Man ist in der Schweiz: Man trifft diese Person schon wieder. Und denkt: »Das kann doch kein Zufall sein!« Man guckt in seiner Wohnung aus dem Fenster – und sieht diese Person mit dem Fotoapparat unten auf der Straße stehen. Ich weigere mich zu glauben, dass das mit mir zusammenhängt. Das ist ja beängstigend! Aber es kann eigentlich kein Zufall sein. Es gibt keinen Grund für diese Person, mit dem Fotoapparat auf meiner Straßenkreuzung ... mit Objektiv in meine Richtung ...! Und das ist eine erwachsene Frau! Eine von den Dreien. Das ist eine Seite des Ganzen, wo man wirklich eine gewisse Stabilität mitbringen muss.

KRISTIAN BEYER Dieses: »Der DJ spielt keine Rolle!«, das ist völliger Quatsch. Das stimmt einfach nicht. Ich begegne immer wieder Leuten, die fast schon sowas wie Ehrfurcht haben. Gerade in England. In England ist das ganz krass. Die denken, du bist irgendwas Spezielles. Denen muss man erstmal sagen: »Hey, du kannst ganz normal mit mir reden!« Die kommen erstmal ganz schüchtern auf einen zu. Und wagen gar nicht, einen was zu fragen.

ANDI TEICHMANN Wenn du dann mal ein bisschen länger mit den Leuten redest, ist es meistens so, dass sie total überrascht sind, wie du eigentlich bist. Oft kommt so ein Verwundertes: »Wow, ihr seid ja ganz nett!« Oder: »Ihr seid ja noch total jung!« Da baut sich von außen oft ein mordsmäßiges Bild auf – durch die Presse und sonst wie.

DJ HELL Es kommt auch vor, dass die Leute so eine Art Übermotiviertheit an den Tag legen. In Japan zum Beispiel. Dass die oft völlig hysterisch sind, wenn man vor denen steht. Die hören teilweise gar nicht mehr auf zu sprechen. Vor allem wenn sie merken, dass man ja reagiert – dass man das gar nicht abblockt. Das geht manchmal endlos.

RAINER TRÜBY Gerade in Japan weißt du oft nicht, ob sie einen jetzt nur anhimmeln. Die sind extrem freundlich. Fast schon unterwürfig. Du musst teilweise die komischsten Sachen signieren. Den Gürtel, den Bauchnabel, eine Zigarette …! Teilweise blutet mir da echt mein Schwabenherz. Da will dann zum Beispiel ein Mädel auf ihr Louis-Vuitton-Handtäschchen – das auch noch bestimmt ein Original-Louis-Vuitton-Handtäschchen ist, wofür sie vielleicht 300 oder 400 Euro bezahlt hat – mit nem Edding ein Autogramm drauf haben. Ich so: »Are you sure?« »Yes!« Und das ist nicht nur einmal passiert.

DJ KOZE Was lustig ist – in Madrid war ich jetzt vor vier Wochen oder so –, dass überall immer mindestens drei oder vier Leute sind, die so: »Hey, Koze, was geht'n?« Und: »Guck mal, deine neue Platte. Gib mir mal deine E-Mail-Adresse.« Neulich in London auch. Oder in Island. Das finde ich lustig, dass man nie wirklich mal unter Fremden spielt, sondern dass einen immer, egal wo man ist, ein paar Typen so kumpelmäßig anschnacken.

AUF DEN VERSTUNKENSTEN KLOS

Alkohol und Drogen

MARK REEDER Als erste Droge in meinem Leben habe ich Speed genommen. Mit 16. Die Mutter von meinem Freund hatte Geburtstag und hat zu Hause eine Party gemacht. Und wir wollten eigentlich auf diese Party, dachten aber: »Wir nehmen vorher noch LSD oder irgend sowas ganz Trippiges.« Obwohl wir gar keine Ahnung hatten, was das sein könnte. Und mein Nachbar war eben Hippie. Mein Freund und ich haben zu ihm gesagt: »Besorg uns mal ein bisschen Drogen, für Samstag, für die Party.« Und er hat uns Speed besorgt. Aber wir wussten weder, was das ist, noch wie wir das zu nehmen haben. Wir sind dann bei uns in die Felder gegangen und haben uns das geteilt. Irgendwie haben wir gedacht, das ist wie Brausepulver. Aber der Geschmack war grausam. Einfach superekelig bitter und nur wie Chemikalien.

Das hat aber sofort gewirkt. Wir sind auf diese Party gegangen, eine typische Siebziger-Jahre-Party mit **Hot Chocolate**, Tina Charles, **Smokey** und solcher Popmusik. Und wir haben da sofort einen Laberflash gekriegt. Blablablabla! Die Leute haben gefragt: »Was ist denn mit denen los?« Und ich habe einen solchen Horrortrip gehabt! Am nächsten Tag habe ich mich gefühlt, als hätte mich einer mit der Dampfwalze überrollt. Jeder Knochen hat wehgetan. Ich habe gedacht: »Nie wieder. Das war's. Vorbei.« Wir sind zu meinem Nachbarn gegangen und meinten: »Was hast du uns gegeben?« Und er meinte so: »Speed!« Ich meinte: »Hey, das war Horror! Es war schrecklich! Es war schlimm.« Und er: »Dann gib's mir wieder zurück.« »Wie meinst du das?« »Das Zeug, das du nicht genommen hast. Gib's mir zurück.« »Da gibt's nichts mehr zurück. Wir haben das alles genommen.« »Was? Bist du wahnsinnig? Das war genug für bestimmt sechs oder sieben Leute! Ihr hättet sterben können!« Und wir so: »Wie sollen wir das wissen? Aber danke für die tolle Gebrauchsanweisung.«

Später hat dann eine Arbeitskollegin von mir immer Joints gebaut – mit Haschisch. Aber ich rauche nicht. Ich habe noch nie geraucht. Diese Droge brauche ich nicht. Meine Lungen sind dafür geschaffen, dass sie Luft einatmen. Nicht, dass sie Rauch einatmen. Aber sie hat eben immer Joints gebaut. Ich habe immer passiv geraucht. Ungewollt. Und ich habe gesagt: »Eigentlich würde ich das auch gerne irgendwie probieren.« Und sie so: »Tja, das kann man auch essen.« Aber das funktioniert natürlich nicht, wenn man es einfach so isst. Dann habe ich erfahren, dass man es im Kuchen backen kann und habe angefangen das auszuprobieren. Kuchen backen. Muffins bauen. Ich habe immer erstmal dieses Zeug gebröselt. Das war immer total blöd, wenn man weggehen wollte. Bevor man weggeht, muss man so einen Muffin essen. Das war immer zu viel Aufwand. Später bin ich aber darauf gekommen, dass es Hasch-Cookies gibt. Haschkekse. Habe ich gedacht: »Okay. Das mache ich auch. Ich backe mir Haschkekse.« Dann hat es wieder eine Weile gedauert, bis ich die richtige Dosis hatte und dachte: So kann ich das nehmen. Das ist für mich auch keine Droge. Das ist meine Inspiration. Inspirationsmittel.

KRISTIAN BEYER Im *milk!* haben alle Leute gedacht: »Ach, Ecstasy ist ja harmlos. Das war früher mal ein Appetitzügler.« Klar, man war montags fertig und ein bisschen *down*. Aber niemand war sich bewusst darüber, dass da auch physisch, im Kopf was passiert. Bis die ersten Leute in der Klapse gelandet sind. Was man anfangs gar nicht richtig mitgekriegt hat. Man hat sich halt irgendwann gefragt: »Wo ist denn der eigentlich?« Und dann hieß es oft: »Der ist jetzt im *ZI*, den haben sie eingewiesen.« Das *ZI* ist das Zentralinstitut für psychisch Kranke in Mannheim. Und einige Leute sind dann auch zu härteren Drogen übergegangen. Über diese Enthemmung bei Ecstasy kommt ja auch der Kontakt mit anderen Drogen zustande. Manche hat man auf einmal nicht mehr gesehen. Da hat dir dann nur jemand erzählt, dass er den und den gesehen hat, irgendwo in Heidelberg, da wo die ganzen Junkies hocken. Aus dieser *milk!*-Generation sind echt einige Leute heroinabhängig geworden und gestorben.

DIRK MANTEI Ich bin kurz nach dem *milk!* mal zu Hans Nieswandt gefahren. Die haben da am Bodensee auf einem Schiff aufgelegt. Ich kam die Tür rein mit meinen anderen *homies*. Und alle gucken uns an! So ungefähr: »Au, so will ich mal nicht enden wie die. Kennst du die? – Nee, ich kenn die nicht.« Dabei war ich sogar derjenige, der als Einziger nur übernächtigt war. Aber das kam anscheinend so völlig zombiemäßig rüber. Und der Hans hinterher: »Sag mal, wie druff seid ihr denn?« Total entsetzt. So ungefähr: »Seid ihr noch am Leben? Geht's noch?« Und ich so: »Alles klar mit mir. Alles prima.«

ACID MARIA Teilweise richtig Angst gekriegt habe ich bei den After-After-After-Hours in den neunziger Jahren. Zum Beispiel so: Frankfurt – irgendwann am Montag. Da wurde es dann echt so langsam *spooky*. So mit: kein Schlaf und Drogen. Da bekommst du teilweise Angst, dass das alles nicht mehr aufhört. Denn dadurch, dass das so lange dauert, weißt du manchmal nicht mehr, ob es je wieder anders sein wird. Ob man irgendwann wieder nach Hause geht.

ANDI TEICHMANN Anfangs haben wir schon sehr exzessive Zeiten gehabt. Aber letztendlich habe ich gemerkt: Wenn du kein Speed mehr ziehst, um superlang wach zu bleiben, dann kannst du trotzdem zumindest sehr lang wach bleiben. Denn wenn der Abend funktioniert, dann kickt dich das von alleine dermaßen, dass du das gar nicht mehr brauchst. Ich habe vor vier Jahren relativ schlagartig aufgehört. Gegen Drogen ist nicht wirklich grundsätzlich was zu sagen. Ich bin nicht so predigermäßig. Aber wir haben ja relativ viel zu tun. Ich könnte das alles gar nicht unterbringen, wenn ich am Montag, Dienstag die totalen *Hangovers* hätte und erst ab Mittwoch wieder zurechnungsfähig wäre.

INGA HUMPE Ich hätte im Moment überhaupt nicht die Energie, Drogen zu nehmen. Ich könnte dann auch nicht arbeiten. Die Intensität, die ohne Drogen entsteht, ist doch viel, viel größer – da nehme ich viel mehr mit. Auf Drogen ist vielleicht mal das eine oder andere Erlebnis stärker gewesen. Aber das konnte ich nicht verwerten. Das Problem bei Drogen ist eben, dass es zur Gewohnheit wird – was du auch Sucht nennen kannst. Beides bedeutet einfach, dass man aufhören muss. Und wenn man nicht aufhören kann, dann muss man sich eingestehen, dass man ein Problem hat. Und genau das sehe ich bei einigen DJs, die nicht aufhören können. Das ist ne Gewohnheitssache. Wenn du jeden Abend im Club stehst, denkst du irgendwann: »Oh Gott, ich kann nicht mehr. Ich hab keine Lust mehr.« Und dann hilft entweder ne Pille oder ne *Line*, das da durchzustehen.

LAWRENCE Wenn ich irgendwo auflege, dann muss ich einfach was trinken. Man hat da ja immer diese Phasen, wo man wartet, bis der Club gefüllt ist. Und auch immer dieses Unbehagen: »Kommen heute viele Leute? Kommen tolle Leute?« Und man fängt dann aus Langeweile an zu trinken. Mir ist es eher selten gelungen, das abzustellen. Und ich hatte auch schon krasse Abstürze, wo ich dann wirklich arge Depressionen bekommen habe, was meinen körperlichen Schwund an Wochenenden angeht.

CORVIN DALEK Dieses Gefühl, beim Auftritt unsicher zu sein oder etwas falsch zu machen, kenne ich eigentlich gar nicht. Ich ziehe mich einen Tag vor dem Ereignis vielleicht ein bisschen zurück. Aber ich bin nicht nervös. Andere, die diese Sache ausüben, greifen genau deshalb zu Drogen – weil sie diesen Druck oder diese Probleme auflösen wollen. Aber dadurch verliert man sich nur selbst. Beim Kokain, das hier zum

Beispiel sehr viele Leute zu sich nehmen – es wird einem ja in jedem Club hingestellt –, denkst du im Moment vielleicht, dass du klar und sauber bist. Aber du kommst damit nicht auf diese ganz bestimmte Ebene. Auf keinen Fall! Ich nehme das Zeug nicht. Brauche ich nicht. Für mich ist es okay, wenn ich einen rauche oder einen Keks esse. Schön easy.

LAWRENCE Ich habe von Kokain eigentlich immer nur schlechte Laune bekommen und wollte sofort ins Bett. Ich konnte nie nachvollziehen, warum doch sehr viele Menschen so eine sehr gefährliche und auch schnell süchtig machende Droge zu sich nehmen, die nicht mal ne gute Wirkung hat.

INGA HUMPE Ich selbst bin wahrscheinlich am meisten gefährdet durch Alkohol, weil das als Belohnungssystem zu einem Essen gehört. Für einen harten Arbeitstag gibt es dann halt ein gutes Essen. Und nen Wein. Was andere Drogen betrifft – ich finde, wenn man sie kennt, sind sie auch leider irgendwann nicht mehr interessant.

ANDI TEICHMANN Ich kiffe nicht. Gekifft habe ich noch nie. Das war noch nie meine Droge. Weil ich da einschlafe. Aber ich stehe natürlich auch nicht total nüchtern da. Ich bin schon ganz gerne beschwipst – bis besoffen. Ich kann dann auch noch auflegen. Bis zu einem gewissen Punkt. Also ohne, dass ich die Rille nicht mehr finde oder die Übergänge versemmle.

DIRK MANTEI Machen wir uns nichts vor: Der nüchterne Club ist der totale Horror. Wenn ein paar Leute da sind, die die Sau rauslassen und Grund haben zu feiern, dann ist das einfach schön. Schlimm ist nur, dass die Leute irgendwann glauben, es geht nicht ohne. Dass die Wenigsten überhaupt diese Erfahrung machen. Aber selbst Leute, die aus sich rausgehen können, können noch mehr aus sich rausgehen, wenn sie druff sind. Basta. Da kann man nicht drumrum reden. Das darf man im Fernsehen nicht erzählen, aber das ist einfach Fakt. Für dieses Feiern und Tanzen und kollektive Aussich-Rausgehen sind schon immer Hilfsmittel verwendet worden. Und das muss jeder für sich selber ausmachen.

CORVIN DALEK Das alles hat auch viel damit zu tun, wie die Leute hier mit sich selbst umgehen. Die jungen Leute in Kolumbien, die in die Clubs gehen, sind viel mehr sie selbst. Und sie wissen, dass Kokain eine sehr gefährliche Droge ist. Und deswegen nehmen sie kein Kokain. Ihr ganzer Drogenkonsum ist kontrollierter. Sie konsumieren nicht bis zum Geht-nicht-mehr, sondern unterstützen einfach ihre Stimmung. Vielleicht mit ein bisschen Ecstasy. Oder sie rauchen nur mal ein bisschen Joint. Und reichen den durch. Sie sitzen zusammen. Es ist eher spirituell. Wenn man das mit Europa vergleicht, kann man sagen: Wir haben nur schlechte Drogen hier. Wir haben nur gestreckte Drogen. Und die haben eine ganz andere Wirkung.

MATHIAS SCHAFFHÄUSER In den Clubs spüre ich immer noch ne große Lust auf die Musik. Da wird viel getanzt. Da wird gefeiert. Aber es gibt schon gewisse Zusammenhänge, wo die Musik überhaupt keine Rolle mehr spielt. Wo es nur noch um Beschaffung geht. »Wer hat noch was zu ziehen? Wo gibt's noch was zu schmeißen?« Ich hab's in Spanien beim »Sonar« mitgekriegt. Da hieß es vorher: Die Strandpartys sind immer am Tollsten. War auch alles superklasse. Was kann schöner sein als ein warmer Strand, die Sonne geht unter und nach ein paar Stunden wieder auf, und man kann da feiern? Aber irgendwann war die Stimmung eigentlich nur noch ziemlich desolat. Wir waren da am letzten Abend. Sonntags. Nach drei, vier Tagen Party, wo viele Leute vermutlich überhaupt nicht gepennt hatten. Und dann steht man eben da und guckt so rüber, einer kommt her, von zehn Metern oder so: »Hey, da drüben, die haben gerade irgendwas geworfen und haben uns nicht Bescheid gesagt. Scheiße, jetzt ist das alle. Wo kriegen wir jetzt noch was her?« Dann machten die echt ganz lange Gesichter. Das war teilweise richtig aggressiv. Und das war nicht nur einmal. Das ging die ganze Zeit so.

INGA HUMPE Über Drogen überhaupt was zu sagen ist immer ne heikle Geschichte. Man kann sie nicht idealisieren. Man kann sie aber auch nicht schlechtmachen. Der Wunsch, Drogen zu nehmen, ist ja jedes Mal der Wunsch nach einer Überschreitung des momentanen Bewusstseins. Aber eines kann man ganz klar sagen: Drogen machen zwei Sachen. Sie verunsichern. Und sie rauben Energie. Diesen Preis zahlt man. Ich stelle immer wieder Verunsicherung fest, wenn ich mit Leuten spreche, die gerade auf Drogen sind. Es gibt da immer wieder dieses Sich-nicht-einschätzen-Können. »Bin ich jetzt soundso? War ich jetzt gerade irgendwie unfreundlich? War ich da zu hart?« Und was Energie betrifft, zahlst du drei Tage Hochgefühl mit einer Woche starkem Schwächeln. Auch das Erinnerungsvermögen ist ganz reduziert. Ich habe mich schon mit Leuten unterhalten, bei denen waren ganze Abende einfach ausgeblendet.

DJ HELL Anfang der Neunziger habe ich für kurze Zeit viel Ecstasy genommen. Das war auch ne tolle, wichtige Erfahrung für mich. Aber das habe ich irgendwann abgestellt. Weil es dich im regelmäßigen Konsum komplett verändert. Du kannst keine Sachen mehr speichern. Vergisst total viel. Es brennt schon ganz schöne Löcher da oben ins Hirn. Ins Kurzzeitgedächtnis. Das verschwindet alles mehr oder weniger. Bei mir ging das ein halbes Jahr. Bis ich einmal, irgendwo hier in München, mein Auto geparkt hatte, mit ein paar Leuten nach Frankfurt gefahren bin – und als ich zurückkam, wusste ich nicht mehr, wo mein Auto steht. Ich wusste nur noch ungefähr die Gegend. Bin dann aus dem Taxi gestiegen und durch ein paar Straßen gelaufen. Irgendwann hab ich's schon gefunden. Aber da dachte ich mir so: »Irgendwas stimmt da nicht.«

INGA HUMPE Drogen haben natürlich erstmal ne euphorisierende Wirkung. Aber für diese Euphorie wird dann eben bezahlt. Als ich mal Ecstasy genommen habe – ich war immer wieder krank. Das Immunsystem geht den Bach runter. Man kriegt schneller Erkältung. Großes Irritiertsein. Generell. Alle

Verunsicherungen, alle Zweifel, alle offenen Fragen, die sowieso schon da sind – die sind dann noch mal verstärkt. Deswegen finde ich Drogen eigentlich für Jugendliche komplett scheiße. Klar, die müssen das ausprobieren. Aber wenn du nicht drüber reden kannst, weil das alles kriminalisiert wird, dann ist es natürlich besonders schlimm. Ich finde das unverantwortlich, dass Drogen nicht legalisiert sind. Das Ganze – auch das Heimlichnehmen – hat natürlich nen unheimlichen Zauber. Einfach dadurch, dass es so mystisch ist. Und dass die Eltern das schlimm finden. Gerade bei ganz jungen Leuten ist es ja das Heißeste überhaupt, zu zweit, zu dritt oder zu fünft aufs Klo zu gehen oder sich heimlich zu treffen und Pillen einzuwerfen. Dieses Kloritual ist ne ganz wichtige Sache dabei. Auf den verstunkensten Klos! Das ist vielleicht auch das Gefühl von Wirklich-im-Dreck-Sein. Was ja auch manchmal ganz angenehm ist.

ANDI TEICHMANN Ich bin mal an einem Sonntagmittag bei der *Loveparade* gewesen. Und da dachte ich mir irgendwann: »Eigentlich ist das ja alles so widerlich!« Die waren alle Sonntagmittag schon dermaßen über alle Berge geschossen. Mit allen Drogen der Welt – dass überhaupt nichts mehr ein angenehmer Anblick war.

DIRK MANTEI In der Zeit, in der du LSD oder Ecstasy in hohem Maß konsumierst, gerätst du einfach zentimeterweise immer mehr aus der Spur. Aus dem Tritt. Aber erst auf ne lange Distanz kannst du sehen, was sich verändert hat. Bei manchen Leuten, die das mit mir genommen haben, weiß ich ganz konkret, dass das zu schweren Schäden geführt hat. Und Fakt ist: Wenn du Drogen nimmst – und dann ein zweites, drittes, zehntes Mal –, steigst du nie wieder da ein, wo du beim ersten Mal eingestiegen bist. Nur beim ersten Mal öffnest du dieses Tor. Diese Schatztruhe. Die Welt ist am nächsten Tag nicht mehr die gleiche. Und dann wird die Dosis erhöht. Und die Frequenz. Man ist auf der Suche nach diesem Glücksgefühl. Und das kommt vielleicht dem Anschein nach wieder. Aber es kommt nicht so, wie du es beim ersten Mal tatsächlich erlebt hast. Der Spaß geht irgendwo auf der Strecke verloren. Das fängt an sich zu verselbständigen. Wenn ich heute die Kids zu ihrem Drogenkonsum befrage: Ich kann es eigentlich fast nicht glauben, was für Unmengen die zu sich nehmen.

KRISTIAN BEYER Es war ja schon immer so, dass es in wirtschaftlich schlechten Zeiten partymäßig total abging. Was mir aber aufgefallen ist: Der Kokainkonsum generell, nicht nur in der Szene, ist wieder total gestiegen in den letzten Jahren. So dieses: Sich-komplett-wegschießen. Das kriege ich ja mit, wenn ich auflege. Gerade in Berlin. Wie die da alle druff sind! Und was mir noch aufgefallen ist: Die Drogenkonsumenten werden immer jünger, und das Ganze verlagert sich aus dem Club nach draußen. Das kriege ich auch bei mir im Heimatort mit. Die treffen sich zum Beispiel auf der Neckarwiese. So mit 13, 14. Ums Lagerfeuer. Und haben sich trotzdem völlig sinnlos Ecstasy eingebaut. Das meine ich auch gar nicht so moralisch. Ich hab's ja selber mitgemacht. Bis vor einem Jahr habe ich viel gekifft – und ab und zu auch mal chemische Drogen genommen. Ich weiß, dass das was Befreiendes haben kann. Aber bei mir stand von Anfang immer die Musik im Mittelpunkt. Sonst könnte ich das alles gar nicht machen. Wenn man das nicht fühlt und darauf Lust hat, kann man das nicht machen. Jedenfalls nicht über einen so langen Zeitraum.

WENN MAN ANGST VOR DEM TOD HAT, MACHT DAS LEBEN KEINEN SPASS

Rund um die Welt

ACID MARIA Ich habe, bevor ich nach Karlsruhe gezogen bin, immer in WGs gewohnt, in denen ich mich nie wirklich daheim gefühlt habe. Es hat immer irgendwas genervt. Es war nie so: »Ich bin jetzt zu Hause, und das ist jetzt meins. Auch wenn mich vielleicht schon selber nervt, dass da tausend Sachen rumstehen: Das hat niemanden zu interessieren. Das ist *meine* Wohnung.«

Insofern hat das hier natürlich alles damit zu tun, dass ich hier gerne bin – dass das mein eigener Raum ist. Zum Beispiel diese Anhäufung von Rot. Ich habe einfach irgendwann eine Vorliebe für rote Sachen entwickelt. Gerade dieses knallige Rot. Es gab auch mal eine Phase, in der ich nur rote Kleider angezogen habe. Aber warum? Ich glaube, dass mich dieses Ständig-auf-irgendwas-reagieren-Müssen schon geprägt hat. Wenn Rot so ein Sichdurchbeißen symbolisiert – dann ist das tatsächlich meine Erfahrung in der Welt. Aber vom Gefühl her ist es von dieser Reaktionshaltung natürlich schon längst abgelöst. Ich schau halt gerne auf Rot.

DJ KOZE Meine Wohnung ist im Moment sogar relativ aufgeräumt. Aber bis vor drei Wochen war ich jedes Wochenende unterwegs – von Juli bis November. Und wenn man am Wochenende wegfährt, ist ab Mittwoch eben Vorbereitungszeit. Proben. Sachen packen. Elektronik. Letzte Fehler checken. Dann wird es meist ein sehr hartes Wochenende. Sonntag, Montag muss man Ruhe haben. Sich regenerieren. Dann geht's aber schon wieder los. In solchen Wochen verliert man den Kontakt zu seiner Wohnung. Oder überhaupt zu irgendwas, was gemütlich ist. Man ist dann nur noch da – und braucht erstmal ein paar Wochen, um den Blick überhaupt wieder zu schärfen. »Ach so, hier, die Sachen!« Die Sachen mal wieder wegordnen.

DJ HELL Dieses Chaotische hatte ich ehrlich gesagt lange Jahre auch. Aber mittlerweile bin ich sehr organisiert. Ich habe jetzt eine Putzfrau. Die meldet sich immer vorher an. Über SMS. In der Küche und im Schlafzimmer halte ich selber sauber. Das ist sogar teilweise eine große Freude für mich – zum Beispiel mit dem Staubsauger sauber zu machen. Ich wasche auch meine Wäsche selber – bin mit Freude ein professioneller Wäschewascher. Bis hin zur Bettwäsche. Wenn die noch leicht warm aus dem Trockner kommt und dann für den Abend übergezogen wird – also, frisch gewaschene Bettwäsche, das ist für mich schon ein Highlight!

Auf alle Fälle habe ich meine Garderobe, bevor ich am Wochenende rausgehe, natürlich schon lange zusammengestellt. Ich habe geplant: »Was ziehe ich Freitag an? Was ziehe ich Samstag an?« Das gehört dazu. Das ist für mich genauso wichtig, wie das *record case* zusammenstellen.

BIANCA GIRBINGER Bei mir gibt es bestimmte Platten – da weiß ich: »Die packe ich jetzt ein. Die reist heute mit. Die darf dabei sein. Die beschützt mich. Die hat so einen guten Geist.« Da weiß ich schon, dass ich mich darüber freuen werde, wenn ich beim Auflegen darüber stolpere. Dass es mir dann gutgeht.

DJ HELL Weil du aber schon deine Plattenkiste zu schleppen hast, tendierst du natürlich dazu, nur noch eine Sporttasche mitzunehmen. Aber wie willst du darin zwei Anzüge, Hemden, Krawatten und so weiter transportieren? Schuhe zum Wechseln. Sportsachen. Ich nehme oft Laufschuhe mit. Entweder wenn im Hotel ein Laufband ist. Oder ich laufe woanders. Das steht bei mir auch im Vertrag, dass ich gerne

Training mache. Zum Glück bin ich inzwischen ein ziemlicher Pack- und Reiseprofi. Ich weiß genau, was ich dabeihaben muss. Das ist alles ziemlich minimiert.

ACID MARIA Eigentlich arbeitet man jahrelang daran, den eigenen Ballast zu minimieren. Als ich angefangen habe, habe ich teilweise zwei Plattenkisten mitgenommen. Und das ohne Rollwagen. Da fasse ich mir ja jetzt an den Kopf!

KRISTIAN BEYER Früher habe ich immer die Kisten geschleppt. Aber irgendwann habe ich mal bei jemandem gesehen, dass er sich so eine Sackkarre gekauft hatte, so eine wie bei den Omas, die da immer die Einkaufstasche drauf haben. Die kannst du ja ganz normal im Baumarkt kaufen. So zum Zusammenschieben und Auseinanderziehen. Dann stellst du die Kiste drauf, machst einen Stretchgurt rum und kannst sie hinter dir her ziehen.

Die Miezi hat sogar eine Tasche, wo das alles integriert ist. Wo du nur noch den Griff rausziehst – und dann kannst du's hinter dir her ziehen. Jetzt gibt's ja nicht mehr nur diese silbernen Stahl- oder Alukoffer, sondern so leichte Taschen – *box bags*. Die sind innen mit Schaumstoff gepolstert. Und die Miezi hat so eine *box bag* mit Rädern unten dran und einem Griff zum Rausziehen. Von *Camel* gesponsert. Weil sie auf einer Party von *Camel* aufgelegt hat.

ACID MARIA Die hatte ich mal. Das stimmt. Die nehm ich jetzt schon gar nicht mehr. Die ist komfortabel. Außer, dass diese Rollen halt zu klein sind. Deshalb schleift die immer auf dem Boden, wenns uneben wird. Inzwischen habe ich eine Karre aus dem Baumarkt. Mit großen Gummireifen. Das ist eigentlich die beste Variante. Da kannst du in den abartigsten Sumpfgebieten spielen, ohne Matschspritzer. Es ist ja so: Wenn du auf einem Festival spielst, in einem verregneten Sommer, und du musst zwei Kilometer durch Matsch waten, dann mach das mal mit dieser *Camel*-Tasche. Mit diesen Rollen. Das kannst du vergessen. Aber mit der Sackkarre kommst du durch jede Pfütze. Da kannst du *offroad* auflegen, bis der Arzt kommt.

KRISTIAN BEYER Meine Sackkarre habe ich echt liebgewonnen. Die ist inzwischen so ein bisschen das Symbol für dieses Herumreisen geworden.

MICHAEL MAYER Mein geliebter Plattenkoffer! Der schon fast auseinanderfällt, aber der immer mit muss, weil er der schönste Plattenkoffer der Welt ist. Das ist auch ne ganz spezielle Bauart, die es so nicht mehr gibt. Nicht so ne Alukiste, sondern der sieht eher zerbrechlich aus. Auf dem Flughafen, wenn die Leute meine Kiste sehen, ist das manchmal so: »Was ist *das* denn für ein hässliches Entlein?«

HANS NIESWANDT Wenn die Kiste dann durch dieses Durchleuchtungsgerät geht, ist das auf dem Bildschirm ja meist nur ein ominöser schwarzer Block – in Form einer einzigen Schallplatte. Früher bin ich dann oft gebeten worden, die Kiste aufzumachen. Aber inzwischen habe ich richtig mitverfolgen können, wie die Zöllner das immer öfter schon kennen. Wo dann einer vielleicht noch sagt: »Was ist denn *das*?« Und ein Kollege so: »Ach, das ist ein DJ. Schallplatten. Alles klar.«

DJ KOZE Bei mir ist das Problem, dass ich Flugangst habe. Teilweise Todesangst sogar. Das Schlimmste ist für mich immer, wenn ich nach Stuttgart fliege oder nach Leipzig oder irgend sowas. Wenn ich dann im Bus bin, auf dem Rollfeld, komme ich immer an den schönen, vertrauenserweckenden Maschinen vorbei. Lufthansa 737, oder wie die heißen. Aber der fährt immer weiter. Und irgendwann kommt am Hamburger Flughafen das Abstellgleis für Quatschmaschinen. Kindermaschinen. Mit Propeller. Und ich schon so: »Nein! Sag bitte, dass es die da ist.« Da steht nämlich noch eine Große. Aber er fährt auch an der schnurstracks vorbei. Und kommt nun hinten um die Ecke. Und da stehen Maschinen, die heißen »Augsburger Puppenkiste« und so – und haben Propeller.

ANDI TEICHMANN Einmal – zum »Sonar« – sind wir mit *Alitalia* geflogen. Das war ein Zubringerflug nach Mailand.

Einfach eine total abgefuckte Maschine, wo sich der Start verzögert hat, weil die Tür nicht mehr zugegangen ist. Da hat sich die ganze Besatzung mit dieser Tür beschäftigt. Dann sind wir über den Alpen auch noch in wahnsinnige Turbulenzen gekommen. Irgendwann dachte ich mir: »Wieso bleibe ich eigentlich in ner Maschine, die schon vor dem Start totale Alterserscheinungen zeigt – wo die Tür nicht gescheit auf und zugeht –, die bestimmt 40 Jahre alt ist?« Da habe ich mir echt Gedanken gemacht, was man für ein Gottvertrauen in die Technik hat.

DJ KOZE Eine Bekannte von mir hat mal so ne Theorie gehabt: Wenn alle Passagiere nackt wären – also alle beim Flug ihre Sachen ausziehen müssten –, dann würde das Flugzeug nicht abstürzen. Weil, wenn man hören würde: »Flugzeug abgestürzt! Alle waren nackt!« – was soll das denn für eine Meldung sein? Das passiert einfach nicht. Ich habe auch manchmal so Vorstellungen, dass die Tür zum Cockpit aufgeht, und man sieht einen Typen mit einer Tröte und Konfetti im Haar. Und der lispelt: »Guten Tag, ich bin Ihr Kapitän.« Einfach ein total besoffener Saufvogel.

MATHIAS SCHAFFHÄUSER Nachdem ich erst im fortgeschrittenen Alter zum Auflegen kam, war ich auch noch nicht so flugerprobt. Ganz krass war mal, als irgendwie so Qualm aus den Lüftungsschächten oberhalb der Gepäckaufbewahrungsdinger kam – also ziemlich oben an der Decke. Da sind ja so Ritzen, die man sonst nicht wahrnimmt. Und da kam richtig massiv Qualm raus. Ich dachte nur: »Okay, das war's! Tschüss, lieber Gott! Jetzt sterbe ich!« Aber dann habe ich mich umgeguckt. Alle saßen ganz entspannt beim Zeitungslesen. Hab ich mir gedacht: »Okay, die kennen das alle. Dann ist das wohl nicht schlimm.« Später habe ich erfahren, dass das von der Klimaanlage kommt. Das passiert wohl manchmal.

DJ KOZE Aber sobald das Flugzeug landet und man geht die Gangway runter, ist man ja der Coolste. So: »Ja, was denn?« In dem Moment ist ja alles weg. Die ganze Demut und die Todesangst.

ANDI TEICHMANN Manchmal ist es natürlich auch so: Du steigst aus dem Flugzeug und bist vielleicht in Paris – gerade die ersten Male war das bei mir so – und denkst: »Wow! Paris! Hammer! Du legst in Paris auf!« Für mich war das immer was total Ergreifendes.

HANS NIESWANDT Ins Ausland zu fahren – besonders ins weiter entfernte Ausland – finde ich immer großartig. Selbst wenn Johannesburg zum Beispiel nicht gerade schön ist – und auch leicht furchterregend, weil es da bekanntermaßen irre gefährlich ist –, aber da bin ich viel zu neugierig! Ich finde, dass das DJ-Leben – wenn man es mal auf ein gewisses Level schafft – eine ganz großartige Möglichkeit ist, in der Welt zu sein und sie in ihrer ganzen Reichhaltigkeit wahrzunehmen. Es ist einfach ein Wahnsinnsprivileg, Länder wie Mexiko zu bereisen, ohne Tourist zu sein.

ANDI TEICHMANN Das ist das Tolle an dem Ganzen. Dass man – sogar noch mit Gage – in andere Städte und in andere Länder kommt. Andere Leute kennenlernt. Danach bin ich auf jeden Fall süchtig. Abgesehen davon ist es natürlich eine Revolution der Abendunterhaltung, dass du nur noch einen DJ mit seiner Plattenkiste in ein Flugzeug setzen musst. Ohne Verstärker, Instrumente, fünf Leute, Anlage. Du zahlst ein Hotelzimmer und kannst ihn überall auf der Welt hinstellen. Das ist vom Aufwand her wahnsinnig billig. Deswegen lebst du – wenn du als DJ unterwegs bist – teilweise wie ein König. Das sind solche Standards! Da träumst du als Band nur davon! Ich würde mir wünschen, dass manche DJs mal ne Band-Tour mitmachen. Das ist dann nämlich echt so: »Nehmt mal eure Schlafsäcke mit.« Und nicht die Sterne-Hotels, Herumchauffiererei und »Wir gehen zum besten Italiener der Stadt«.

ACID MARIA Was mich nervt, ist, wenn das Drumherum nicht funktioniert. Wenn ich irgendwo an Flughäfen stehe und stundenlang nicht abgeholt werde und nicht weiß, wohin. Oder wenn das Hotel deprimierend ist. Hotelzimmer können mich total umblasen. Da kriege ich richtig miese Stimmung. Du musst in einem Hotelzimmer ja versuchen, mit der eigenen Einsamkeit umzugehen. Aber alles in diesem Zimmer versucht darüber hinwegzutäuschen. Bis hin zum gefalteten Klopapieranfang und der zurückgeklappten Decke. Alles versucht zu signalisieren: »Du bist nicht allein.« Sowas zieht mich total runter. Nach wie vor.

HANS NIESWANDT Ich werde oft dermaßen von irgendwelchen Jungs in Beschlag genommen, dass es mich schon nervt. Man wird vom Bahnhof oder vom Flughafen abgeholt. Direkt von zwei Typen, die *Spex*-Leser sind und sowieso schon alles wissen. Dann wird man ins Hotel oder ins Restaurant gebracht. Und im Restaurant sind gleich nochmal vier Typen. Und man sitzt da mit fünf, sechs Mann und diskutiert über Musik. Labels. Equipment. Blablabla. Manchmal habe ich das Gefühl, dass das sozusagen in der Gage inbegriffen ist.

ACID MARIA Mir kam es lange so vor, als würde ich Anfragen abarbeiten müssen. Als wäre dieser DJ in mir ein Produkt – und es gibt eine Nachfrage, die auch befriedigt werden muss. Nur bist du halt kein Produkt. Weil da auch immer ein Teil deiner Person drin steckt. Aber viele Veranstalter denken, sie hätten auch ein Recht auf dich persönlich. Natürlich erwerben sie eine bestimmte Form von Recht auf dich. Aber das betrifft doch nicht mich, Anki.

HANS NIESWANDT Es macht mir dann wesentlich mehr Spaß, so wie neulich in Münster, mich mit der Freundin des Veranstalters über Kunst und Kochen zu unterhalten. Sowas macht mein Leben reicher. Ich bin nicht die DJ-Diskursmaschine – bei der man nur auf den Knopf drücken muss, und dann sprudelt sie los. Da kommt mir die Welt dieser Jungs doch teilweise extrem eng und beschränkt vor.

MICHAEL MAYER Ich habe es oft bei Kollegen mitgekriegt

– was ich immer ganz grauenhaft finde –, dass die Freundin nebendran sitzt, während er sich fünf Stunden lang mit jemandem über Katalognummern austauscht. »Weißt du noch? 1983, da gab es doch diese Platte auf dem und dem Label, mit dem und dem Remix drauf. Kennst du die?« Das Kennst-du-die-Spiel! Das langweilt mich einfach. Ich bin nicht so der *Trainspotter*, dem das irgendwas gibt, die klassischen Jungsgespräche zu führen.

HANS NIESWANDT In Mexiko waren wir die ganze Zeit mit Leuten aus Tijuana zusammen. Die wussten nicht nur Bescheid über die Musik, sondern auch über die Charaktere, die Besitzverhältnisse und die Diskurse. Wie sich Köln-*Sound* zu Berlin-*Sound* verhält. Einerseits ist es natürlich toll, wenn man jemanden in Mexiko trifft, dem man das nicht erst erklären muss. Andererseits hat das auch was Eigenartiges.

ANDI TEICHMANN Aber letztendlich merkt man, wenn man Leute kennenlernt, die was Ähnliches machen wie du – kleine Labels, rumtingeln, auflegen –, dass du in Städten wie Paris oft dieselbe Problematik hast und mit ähnlichen Dingen zu kämpfen hast wie jemand, der zum Beispiel in Regensburg aufgewachsen ist und dort Partys machen will. Das hat mir echt ganz viel gegeben. Der Austausch mit Leuten aus anderen Ländern.

HANS NIESWANDT DJs tendieren dazu, sich in ihrer Stadt wahnsinnig gut auszukennen. Von Essen gehen, Klamotten kaufen, Platten kaufen sowieso, Sehenswürdigkeiten, die Stätten ihrer Kindheit, Naherholung. Alles. Ich habe oft erlebt, dass ich in meinen Gastgeber-DJs, oder den Clubtypen, grandiose Stadtführer hatte. Man ist sofort bei jemandem privat zu Hause. Man kriegt direkt mit, wie die Leute leben.

Ich finde aber auch, dass gerade Großstädte schnell etwas Vertrautes haben können. Als ich in Odessa war – da gibt es ja diese Treppe aus dem Film *Panzerkreuzer Potemkin*. Die meisten Leute, mit denen ich vorab darüber geredet habe, kannten den Film gar nicht. Die wussten auch nicht, dass diese Treppe berühmt ist. Aber für mich war das so: »Wow, ich fahre nach Odessa! Wo dieses Massaker stattgefunden hat – auf dieser Treppe.« Und als ich angekommen bin, bin ich direkt da hin gelaufen. Der Mantel der Geschichte umwehte mich. Letztlich ist es das, was das Reisen für mich so reizvoll macht. Nicht die Clubs, nicht die Szenebars oder Undergroundklamottenläden. Es sind die atmosphärischen Eindrücke. Das Straßenleben. Die Ess- und sonstigen Lebensgewohnheiten.

RICHIE HAWTIN Sprachen! Essen! Gebräuche! Und selbst wenn du nicht alles toll findest, lernst du doch die Unterschiede der Menschen immer mehr zu schätzen. Jeff Mills und ich haben oft darüber geredet, dass wir sowas wie die neuen Futuristen sind. Nicht weil wir so fürchterlich vorne dran sind mit der Technologie, sondern weil wir so wahnsinnig viel reisen. Vielleicht ist es später einmal so – wenn das Reisen an sich billiger wird oder es neue Technologien gibt, um schneller zu reisen –, dass wir dadurch alle noch viel mehr zusammenrücken. In Japan zu sein! Gleich darauf in Südamerika. Dann wieder in Thailand. Kambodscha. Ich habe nie ärmere Leute gesehen als in Kambodscha. Aber es war unglaublich. Ich fuhr mit dem Fahrrad vom Hotel aus in die Stadt und war auf einmal umgeben von hunderten von Leuten. Alle so: »Hey-ho!« Alle versuchten, Englisch zu sprechen. »Wo fährst du hin?« Wirklich die glücklichsten, coolsten Leute überhaupt.

ANDI TEICHMANN Mein beeindruckendstes Erlebnis in dem Zusammenhang ist Bosnien. Da war ich zweimal dieses Jahr. Mehrere Gigs gehabt. Das ist da unglaublich herzlich und ehrlich. Wenn du da in einen Club gehst – das ist auch nicht dieses total Aufgestylte. Sondern die Menschen haben eine ganz natürliche Schönheit. Wahnsinnig viele hübsche Mädchen, die aber nicht *overdressed* sind, sondern wo das von innen raus kommt.

RICHIE HAWTIN Später in dieser kambodschanischen Stadt

gingen wir zu Fuß in ein Viertel, wo die Leute – nach unserem Verständnis – wirklich gar nichts mehr hatten. Aber sie hatten ihre Familien. Sie hatten was zu essen. Sie hatten kleine Hütten. Und sie waren glücklich. Vielleicht sagst du jetzt: »Es ist trotzdem nicht okay, dass sie in Hütten leben müssen.« Aber sie waren unglaublich glücklich! Das konntest du richtig greifen. Und das finde ich dermaßen interessant – diese völlig unterschiedlichen Wertmaßstäbe kennenzulernen. Wir beschweren uns hier über so viele Dinge. Aber worauf kommt es eigentlich wirklich an?

»

CORVIN DALEK Vor ein paar Jahren bin ich mal zu Fuß von einer chinesischen Stadt aus über die Grenze nach Hongkong gegangen. Zusammen mit tausenden und abertausenden von Leuten auf einer Brücke. Ich hatte einen riesigen Koffer, zusätzlich einen Plattenkoffer, ein Poster, keine freie Hand – und eine Weile lang war ich so in der Menschenmenge eingekeilt, dass meine Füße nicht mehr den Boden berührten. Ich wurde einfach hin und her geschoben. Bis ich von dieser Menge irgendwann so richtig zur Seite ausgespuckt wurde. Ich stand da: »Puh!« Voll verschwitzt. Es war brütend heiß. Meine Hand tat weh. Auf einmal stand vor mir ein Mann und meinte: »Wo kommst du her?« »Ich komme aus Europa.« Dann musst du diesen Weg da drüben gehen. Nicht hier, wo all die Menschen sind.« Da war eine kleine Spur für Nichtchinesen. Ich ging da rüber. Zwischen mir und der Menge war auf einmal ein Zaun. Und ich konnte mir in aller Ruhe anschauen, wie die Sonne untergeht, über diesem Flüsschen, über das diese Brücke drüberging.
MATHIAS SCHAFFHÄUSER Auf dem Weg nach Kolumbien sind wir mal in Caracas zwischengelandet. Da war gerade Ausnahmezustand. Fast keine Flieger durften mehr raus. Es war so halb bürgerkriegsmäßig. Mit viel, viel Schreierei auf

dem ganzen Flughafen. Und Rumrennerei. Und Drängelei. Ich war da mit nem anderen Musiker unterwegs. Und wir standen beide ziemlich desolat an so einem Minischalter, vor dem sich Dutzende von Leuten drängten. Hatten auch tierisch viel Gepäck dabei. Ganz viel Live-Equipment, das wir natürlich nicht unbeaufsichtigt stehen lassen konnten. Aber die Schlange bewegte sich über Ewigkeiten null nach vorne. Alles schrie wild durcheinander. Und wir eben mit null Plan. Keinerlei Spanischkenntnisse. Wir waren da echt nur die doofen Gringos.

Aber wir hatten das Glück, dass sich eine Bolivianerin unser angenommen hat. Die war relativ jung und hatte vorher auch schon jemand anderem geholfen. Die hat einfach gesehen: »Ich muss jetzt hier mal was tun.« Die hat dann gesagt: »Bleibt jetzt einfach mal bei mir.« Die hat mir die ganze Zeit die Hand auf den Rücken gelegt. Das war fast wie Handauflegen. Die hat gemerkt: »Dieser Mann ist gerade fertig.« Hat das total erfasst. Wie ein Schutzengel. Und ich stand da in dieser Reihe mit dieser Hand auf dem Rücken und dachte nur so: »Wie bizarr! Wie irre! Wie Nicht-von-dieser-Welt! Aber das funktioniert jetzt.« Und auf einmal waren wir vorne am Schalter und hatten unsere Tickets in der Hand. Das war ein schöner Moment von Zwischenmenschlichkeit.

CORVIN DALEK Ich bin dann noch ganz locker mit der Schnellbahn nach Hongkong reingefahren. Ich hatte kein Hotel. Aber ich habe eines gefunden. Man findet immer irgendwas. Wenn du auf dich gestellt bist, wenn du Hunger oder Durst hast, dann fragst du. Egal ob du die Sprache sprichst. Irgendwie kriegst du es hin. Das ist für mich wirkliches Abenteuer.

In Kolumbien war ich jetzt das siebte oder achte Mal – hatte die Gelegenheit, das ganze Land zu durchqueren. Aber oft wenn ich da hinfahre, sagen die Leute hier: »Ah, Kolumbien! Geil! Kokain! Aber pass auf! Drogenkartell! Terroristen!« Dabei ist es in erster Linie ein wunderschönes Land. Es ist so bunt und ganz grün. Und die Menschen sind sowas von warm, offen, kommunikativ, ruhig.

MARK REEDER Es gibt einen Ort in Kolumbien – das war einer der schönsten Orte, wo ich jemals war. Zusammen mit Corvin. Mitten im Dschungel. Das war an einer Felswand. An der ging man runter. Dann war da ein Plateau. Und am Rand dieses Plateaus ging es nochmal abwärts – ungefähr 500 Meter ins Nichts. Die Veranstalter hatten den Platz präpariert. Monate vorher. Die hatten extra eine Straße gebaut. Einen Parkplatz. Nur für diesen einen Gig. Und in der Felswand war so ein Zickzackweg nach unten ausgeschnitten. Da waren Fackeln dran. Und so ein bisschen Schnur, damit die Leute nicht runterfallen. Das war ziemlich hoch. 30 oder 40 Meter. Die Leute kamen also von oben. In der Mitte der Felswand war ein Wasserfall. Und auf dem Plateau war die Tanzfläche. Mittendrin ein riesiger alter Baum. Da waren Videoscreens hinter dem DJ-Pult aufgebaut, sodass man die Felswand nicht sehen konnte. Und die Bäume rundherum waren alle grün beleuchtet. Total schön. Die Leute mussten allerdings fünf oder sechs Stunden durch den Dschungel fahren. Und vorher hatte es noch ein Höllengewitter gegeben. Biblische Ausmaße. Wir dachten: »Da kommt keine Sau. Das gießt wie Sau jetzt.« Aber nachmittags war das weg. Und abends kamen die Leute. Ungefähr 5- oder 6000 Leute. Und durch diesen Temperaturunterschied, durch dieses Gewitter, dadurch dass das Wasser vom Boden verdampfte, war alles total dunstig. Der ganze Urwald hat gedampft. Natürlicher Bodennebel. Keine Trockeneismaschine, sondern richtig geil. Der Laserbeam schnitt nur so durch den Dunst von diesem Gewitter! Richtig irre.

Am nächsten Tag sind wir zur Haçienda des Veranstalters gefahren. Vor uns lauter gigantische Berge. Wunderschöne Berge. Und er sagt so Al-Pacino-mäßig: »Gefällt es euch?« »Ja, das ist Wahnsinn!« Meint er: »Ist alles meins!«

CORVIN DALEK Meine Lieblingsstadt in Kolumbien ist

Medellin. Das liegt zwischen zwei Bergen. In einem Tal. Die Stadt selber ist ungefähr so groß wie Berlin. Drumherum ist Dschungel. Und die Wolken haben mehrere Schichten. Wenn die Sonne untergeht, hast du ein Spiel von Farben, wie auf einem Gemälde. Und das alles live.

Aber ich habe auch schon von ein paar sehr bekannten DJs gehört, die da nicht hinfahren wollten. Die meinten, dass sie einen gepanzerten Militärwagen haben müssten. Damit sie darin rumgefahren werden. Dass sie sehr hohe Security bräuchten und so weiter. Der Veranstalter hat zu mir gesagt: »Ich kann das nicht tun. Sorry. Würdest du ihnen bitte erklären, dass du schon oft hier warst und dass es nicht so ist, wie sie denken.«

RICHIE HAWTIN Als ich in Bogotá war, wurden wir mit einem dieser *Hummer*-Geländewagen abgeholt. So richtig mit meinem Logo auf den Türen. Fand ich natürlich schon irgendwie lustig. Er war auch total kugelsicher und alles. Aber ich kann wirklich nicht sagen, ob das nötig war. Ich habe mich jedenfalls nie unsicher gefühlt.

CORVIN DALEK Ich sehe das so: Angst, egal vor was, vor dem Unbekannten – und das haben die Menschen hier im Westen –, bringt uns nicht weiter. Das schleudert die ganze Gesellschaft in ein depressives Loch. Auch dieses Angst-vor-dem-Tod-Haben. Das ist der größte Fehler, den wir machen können. Denn wenn man Angst vor dem Tod hat, macht das Leben keinen Spaß.

MARKUS GÜNTNER Dieses Gefühl, das du vielleicht hast, wenn du vom Flughafen rausgehst – oh je, wie finde ich mich zurecht –, das verfliegt ja auch schnell wieder. Entweder wenn du im Hotel ankommst oder spätestens wenn du im Club stehst und auflegst. Bis jetzt gab es in jeder Stadt, in der ich gespielt habe, Leute, die mich herzlich empfangen haben. Auch wenn sie mir das vielleicht nicht persönlich sagen können. Aber sie vermitteln es mir durch ihr Tanzen, dadurch, dass sie Party machen, dadurch, dass sie sich freuen, wenn ich auflege.

RICHIE HAWTIN Das Verrückteste in Bogotá fand ich, dass der Publikumsbereich geteilt war. Normalerweise gibt es bei großen Partys ja eine Absperrung direkt vor der Bühne. Einfach um die Bühne zu schützen. Aber in Bogotá war diese Absperrung 100 Meter weiter hinten – mitten im Publikum. Ich meinte zum Veranstalter so: »Warum ist denn die Absperrung da hinten?« Und er: »Ach, da hinten fängt der Bereich für die Armen an. Das ist bei uns immer so.« Ich nur so: »Aha.« Du hattest also den VIP-Bereich, wo die Leute viel Geld bezahlt hatten, um nah bei den DJs zu sein. Und dahinter die billigen Plätze. Die Armen. Sowas hatte ich echt noch nie gesehen. Wirklich mitten ins Gesicht: »Das ist der Platz, wo ihr hingehört! Und das ist der Platz, wo wir hingehören!« Kein Sichmischen. Kein So-Tun, als ob die Armen ja eigentlich auch hier sein sollten. Ich fand das total seltsam. Total brutal.

Und nach meinem Set war es dann eben so, dass ich Lust hatte, rüber zu diesen Leuten zu gehen. Ich treibe mich eh ganz gerne im Publikum herum, einfach um die Menschen nochmal anders wahrzunehmen, um zu spüren, was überhaupt los ist. Aber in manchen Ländern, wie zum Beispiel Spanien, kannst du das nicht so einfach tun, weil die Leute schlicht und ergreifend ausrasten würden. Wenn du in Spanien auch nur versuchen würdest, alleine durchs Publikum zu gehen – es würde nichts mehr von dir übrigbleiben. Wenn du es trotzdem tun willst, brauchst du Bodyguards. Im Grunde genommen hast du nur die Wahl zu sagen: »Okay, dann bleibe ich lieber hier im Backstagebereich und warte!«, oder: »Ich will Bodyguards!« Je nach Situation. Manchmal musst du echt kämpfen, um dich weiterhin als normaler Mensch fühlen zu können.

Irgendwann meinte ich also zu diesem Veranstalter in Bogotá: »Lass uns rüber zu den Leuten gehen!« Und er gleich so: »Sowas tun wir hier nicht.« Und ich: »Gib mir Bodyguards mit, wenn du willst, aber ich gehe jetzt rüber zu den Leuten.« Das tat ich dann auch. Und rate mal, wen ich zuerst treffe? Corvin! Wir hingen dann ein bisschen zusammen rum und guckten uns die Leute an. Aber es geht ja eigentlich um viel mehr: Diese Art von elektronischer Musik ist eine der ganz wenigen Musikrichtungen, die wirklich rund um die Welt funktionieren. Es gibt nicht viel Gesang. Von daher erreicht sie die Leute auf sehr direktem Weg. Und deswegen finde ich es auch das Schlimmste überhaupt, wenn ich mitkriege, dass Leute diskriminiert werden oder ihnen irgendwas vorenthalten werden soll.

Nur weißt du eben leider oft nicht, woran du bist. Die unterschiedlichen Kulturen haben ja auch eine unterschiedliche Hackordnung. Oft kannst du nur dastehen und dich wundern. Und deswegen ist es besonders schön, wenn all diese Leute – ob nun in diesem Publikumsbereich oder in jenem – wirklich den Zugang zur Musik finden. Es gibt eigentlich jede Nacht einen bestimmten Punkt, für eine Stunde oder auch nur für zehn Minuten, wo du weißt, dass jetzt diese ganze Scheiße vergessen ist. Dass jetzt alle völlig in der Musik drin sind. Das ist das Tolle an Musik. Du kannst dafür sorgen, dass die Leute vergessen. Dass sie sich verbunden fühlen – und dadurch auch ein bisschen von sich selber loslassen können.

DJ HELL Ich glaube, ich war der Erste, der auf Kuba Technoplatten gespielt hat. Da war ich mal einen Monat lang fürs Goethe-Institut. 1997 oder 98. Da habe ich unter anderem in der Universität von Havanna gespielt. Die ist da mitten in der Stadt. Die Leute hatten vorher kaum Berührung mit dieser Art von Musik. Wir mussten sogar die Plattenspieler aus Deutschland mitnehmen. Weil, 1210er hat es in Havanna nicht gegeben. Wir hatten 1210er, Mixer, ein Aggregat. Als wir aufgebaut haben, standen schon alle rum, um zu schauen, was da los ist. Erste Platte gespielt: Das war fast schon gefährlich! Die sind komplett durchgedreht. Wie auf Startschuss. Das passiert selten, dass man mit den Leuten sofort auf einer Ebene ist. Das war bei diesen paar hundert Leuten sofort völlig außer Kontrolle. Wie eine Explosion. Unfassbare Energie! Dann hatten wir allerdings Stromausfall – schon nach 30 Minuten – und haben's nicht mehr hinbekommen. Die Party war zu Ende. Aber es gab zum Glück einen Ausgleich. Wir hatten da ein Haus gemietet. Und da war jeden Abend Party. Das hat sich dann rumgesprochen in der Stadt. Da sind die Leute alle gekommen und haben mitgefeiert.

MICHAEL MAYER Ich war zweimal in Argentinien. Das waren meine schönsten Erfahrungen, von der spirituellen Seite her. Die Art und Weise, wie da mit Musik umgegangen wird, wie Musik zelebriert wird, das ist eine andere als hier. Musik ist da weniger Konsumgut als tatsächlich ein kleines Heiligtum. Die treffen sich auch unter der Woche in irgendwelchen Wohnungen und tanzen barfuß zu Ambient. Trinken Matetee und zünden Räucherstäbchen an. Das war erstmal ein bisschen befremdlich, als ich den ersten Abend da war. Ich dachte: »Das ist ja total Hippie!« Aber nach und nach hat sich mir das erschlossen, wie unschuldig das ist und mit welcher Hingabe da Musik gehört wird. Da wird auch nicht gequatscht nebenbei. Sondern die hören wirklich zu. Das sind fast schon Séancen. Das hat was Sakrales. Was Rituelles. Schwebendes. Der Umgang der Leute miteinander ist auch ganz fein. Ganz sensibel. Alles so: Wattebausch.

Aber an anderer Stelle kann es natürlich auch total Macho sein. Ich habe in Buenos Aires einen DJ kennengelernt – der ist da so der Lokalmatador. Und der war genau das Klischee von dem Koksmonster mit der blonden Dauerwellenfreundin. Der hat mich die ganze Zeit abgefeiert für eine Platte, die ich gar nicht gemacht habe. Immer so: »I love your music. I love your tracks. I was play it. This track which goes: ›You bring me roses every day-ay!‹« Ich: »Hä? I think I didn't do a record like this.« »Oh yes, you did! It goes like: ›You bring me roses every day-ay!‹« »No!« »Oh, it is gorgeous! I love it!« Irgendwann hab ich's dann aufgegeben. So: »Okay, dann soll's halt so sein.«

»

MICHAEL MAYER Dass es wirklich überhaupt keinen bitteren Nachgeschmack gibt – außer vielleicht einen Kater am nächsten Tag –, das habe ich vielleicht viermal im Jahr. Es ist eigentlich immer irgendwas. Was zum Beispiel viel Kraft kostet, ist das Hinterher: Man hat acht Stunden lang die Party gerockt, hat sich nichts vorzuwerfen, alles super gemacht, aber plötzlich versagt die Veranstalterseite völlig – und man verpasst deswegen den Flieger oder muss irgendwo noch vier Stunden lang herumsitzen, um ins Bett zu kommen.

HANS NIESWANDT Ein typischer Fall ist, dass ich bis sechs gespielt habe – aber das ist ein Club, der bis zehn geht. Ich will aber nicht bis zehn bleiben. Sondern ich will Abrechnung machen und ins Hotel zurück. Nur ist der Veranstalter gerade was-weiß-ich-wo, und ich muss da noch stundenlang ausharren. Dann wird es echt hart.

MICHAEL MAYER Das ist dann oft so: »Das hab ich jetzt echt nicht verdient. Das ist echt nicht okay, dass ich jetzt hier vier Stunden totschlagen muss.«

Oder man ist endlich im Hotel und will gerade ins Bett gehen – und rempelt sich den kleinen Zeh voll an irgendeinem Tischbein an. Das ist mir neulich in Kyoto passiert, nach einer phantastischen Party. Ich war extrem glücklich. Aber dann: betrunken vom Bad in Richtung Bett – und den Zeh dermaßen an so ein ganz fies nach außen gebogenes Tischbein gedeppert! Wenn man was getrunken hat, schränkt sich ja auch der Blick ein. Ich hatte zwar die Tischkante gesehen, aber nicht mehr das Bein, an dem unten noch ne Rolle dran war.

Letztlich habe ich dann 24 Stunden fast nur im Bett zugebracht und gelesen. Die restlichen Körperfunktionen abgeschaltet. Ausgeblendet. Gewartet, bis der Schmerz vorbei ist. Ich wusste echt nicht, was ich sonst tun soll.

ACID MARIA Du schläfst oft in Räumen ein, die du nicht kennst. In denen du dich nicht blind orientieren kannst. Du wachst morgens auf und weißt nicht, wo du eingeschlafen bist. Du lässt dann die Augen noch einen Moment zu, bevor du sie aufmachst, und machst ein Spiel daraus, ob du dich erinnern kannst, wie es da ausgesehen hat, als du eingeschlafen bist. Aber das klappt halt ganz oft nicht!

Eine alltägliche Erfahrung ist auch, dass dein Geist nicht mitkommt. Man kommt oft an einem Ort gar nicht so richtig an, weil es der Geist nicht geschafft hat mitzukommen. Letzten Donnerstag und Samstag habe ich zum Beispiel in Barcelona gespielt und wollte eigentlich ein paar Tage dortbleiben. Dann haben aber gute Freunde von mir ausgerechnet am Freitag in Berlin geheiratet. Und am Mittwoch davor habe ich auch noch irgendwo gespielt. Ich glaube in Frankfurt. Das war so: Karlsruhe – Frankfurt – Barcelona – Berlin – Barcelona – Frankfurt – Karlsruhe. Als ich dann das zweite Mal in Barcelona war – wo wir auch noch zwei Stunden durch die Pampa fahren mussten, zu dem Gig –, fahren wir an der Tankstelle raus, und da steht ein Auto mit Karlsruher Kennzeichen. Das war nur ein kurzer Moment. Du siehst das so und denkst: »Ja klar, Karlsruher Kennzeichen.« Und fährst dann weiter und denkst: »Moment, ich bin doch gar nicht in Karlsruhe. Aber wo bin ich denn eigentlich? Wo bin ich gerade hingeflogen?« Ich wusste einen Moment lang überhaupt nicht mehr, wo ich bin.

Das ist so ein Verwirrspiel. Ich fand das früher einen echten *Thrill*, das herauszufordern, wie viel man sich örtlich verwirren muss, bis sich wieder dieses Gefühl einstellt: »Wo bin ich denn eigentlich?« Wenn du so viel unterwegs bist – irgendwann checkst du es halt überhaupt nicht mehr. Da beißt das Hirn auf Granit. Es geht einfach nicht mehr. Das ist das, was ich inzwischen als hart empfinde. Dieses Ständig-unterwegs-Sein und Dann-die-Orientierung-Verlieren. Dieses Gefühl, sich nur noch in Fortbewegungsmitteln aufzuhalten, aber nie irgendwo anzukommen. Sesshaftigkeit wird bei mir inzwischen so richtig zum drängenden Wunsch.

Susanne und ich waren neulich auf Promo-Tour für diese

gemeinsame CD von uns. Und die heißt ja *Welttour*. Und dann kam in einem Interview die Frage: »Warum heißt sie so?« Und wir beide: »Weil wir seit über zehn Jahren auf Welttour sind.« Ich bin seit über zehn Jahren nonstop auf Tour. Ne Zeitlang kann man das ganz gut. Man kann in einer Weise wahrnehmen, dass man das Ganze nicht so an sich ranlässt. Nach fünf Jahren war es so, dass ich mich an die einzelnen Gigs nicht mehr erinnern konnte. Jemand sagt: »Du hast doch vor ein paar Jahren im Club XY gespielt. Wir haben uns spitze unterhalten.« Und du sagst dir innerlich: »Club XY? Nie gehört.« Man ist zwar unterwegs, aber speichert das nicht unbedingt als wichtiges Erlebnis ab. Wenn dich am Montag die Leute fragen: »Wo warst du denn?« – und du sagst: »In Soundso« –, dann ist das für dich schon ganz weit weg.

HANS NIESWANDT Ich bin total dankbar dafür, dass ich – im Vergleich zu vielen anderen DJs – ein ungewöhnlich kontrastreiches Leben habe. Nach diesem *Compressor*-Gig in Berlin bin ich am Nachmittag aufgewacht und direkt nach Hildesheim gefahren. Da hatte ich am Montag einen Termin an der Uni – habe dort gelesen und diskutiert. Ich finde diesen Gegensatz toll, dass sonntagmorgens um acht noch diese Bodybuilder vor mir stehen und sagen: »Ey Alter! Geil!« Und am Montagabend der Professor für Medienästhetik: »Ich fand ihren Vortrag sehr eloquent.«

Es gibt aber auch Gelegenheiten – wenn ich zum Beispiel in kleinen Käffern in Ostdeutschland bin –, dass am Tag danach so eine sonntägliche Kirchenstimmung über allem liegt. Und wenn man dann ganz alleine unterwegs ist, kann sich da durchaus ne gewisse Endzeitstimmung entwickeln.

MICHAEL MAYER Ich habe mal spät morgens auf diesem »Melt-Festival« im Osten gespielt. Eigentlich hatte ich vorgehabt, den nächstbesten Zug zurück zu nehmen. Ich hatte die ganze Zeit im Kopf: »Ich brauche nur ein Taxi zum Bahnhof, und dann bin ich hier weg.« Dann wurde mir aber erst so richtig klar, dass ich zwar vom Flughafen in Leipzig abgeholt worden war, aber dass wir noch zwei Stunden gefahren waren. Wir waren gar nicht bei Leipzig, sondern in einem kleinen Kaff in der Pampa. Auf dem Bahnhof fuhren nur zwei Züge am Tag. Einer in die eine Richtung. Einer in die andere Richtung. Und ich konnte niemanden von den Veranstaltern erreichen. Da saß ich nun in diesem klitzekleinen Ostdorf auf meiner Plattenkiste. Es wurde immer heißer. Ich hatte Durst, und es gab nichts zu trinken. Und dann immer so: »Warum nur?« Es war Sonntag. Ab und zu gab es ein paar Passanten, die einen misstrauisch angeguckt haben. Ich dachte so: »Vielleicht bin ich in einem Nazidorf gelandet und werde jetzt gleich erschossen.« Solche Gemütslagen hat man relativ häufig. Da gibt's teilweise richtige Dramen, wo man nur noch heulen will.

HANS NIESWANDT Dieses »Ich bin nirgendwo – mich gibt's gar nicht« passiert mir komischerweise nur in Kleinstädten. Ich habe aber auch nicht mehr diese Scheu vor unangenehmen Situationen. Gerade nachdem dieser Job so viel mit Hedonismus zu tun hat, halte ich es für wichtig, dass ich mich auch anderen Aspekten menschlicher Erfahrung aussetze und auch die dunklen Seiten zulasse und erlebe – und nicht versuche, ihnen zu entkommen.

MICHAEL MAYER Gerade auf dem Rückflug von irgendwelchen Gigs, wo man – am anderen Ende der Welt, eingequetscht zwischen zwei Resident-DJs, die beide noch dazu totalen Terror-*Sound* aufgelegt haben – gerade mal anderthalb Stunden spielen durfte, denkt man natürlich auch daran, was man sich da wieder alles reingefahren und zugemutet hat. An den Alkohol, den man zu sich genommen hat. Die Zigaretten, die man kistenweise geraucht hat. Auch wie unglaublich viele Kilometer man wieder zurückgelegt hat. Wie unglaublich viele Hektoliter Kerosin man wieder verbraucht hat.

ACID MARIA Ich bin bis vor kurzem oft alleine ans Ende der Welt geflogen. Wegen eines einzigen Gigs. Das mache ich nicht mehr. Mal ganz abgesehen von der Umwelt bist du dann 16 Stunden in die eine Richtung unterwegs. 16 Stunden in die andere. Bist da eventuell nur zwei Tage. Bist total gejetlaggt und megafertig. Und weißt überhaupt nicht, was du da eigentlich gemacht hast.

MICHAEL MAYER Aber dann gibt es wieder Abende wie letzten Samstag in London, wo man mich mal richtig lange hat spielen lassen und ich mich von daher perfekt entfalten konnte. Da fliegt man natürlich mit einem extrem guten Gefühl zurück. Und sagt: »Das hat Sinn gemacht. Ich habe gerade 1000 Leute extrem glücklich gemacht und bin selbst der Glücklichste von den 1000 Leuten.« Dann ist der Kerosinverbrauch auch gerechtfertigt.

ACID MARIA Manchmal kriege ich so ein »Ah-hier-kenne-ich-mich-aus-das-gehört-zu-mir«-Gefühl schon in Frankfurt am Flughafen. Wenn ich unterwegs gewesen bin und mein Auto wartet schon auf mich am Flughafen, ist das oft der erste Schritt zu sagen: »Jetzt bin ich wieder bei mir.«

Und dann gibt es eben bestimmte Sachen, die ich sonntags immer mache, wenn ich wieder hier bin. Megaspießig. Fernseh glotzen. *Tatort* gucken. Den Standardsonntag finde ich super. Das ganze Unterwegssein ist dann ausgeblendet. Und es ist einfach beruhigend, dass es diese Welt noch gibt.

EIN EIGENER KOSMOS – MIT EINEM HAUS DRUM RUM

Panorama Bar

ANDI TEICHMANN Clubs sind ja oft ein öffentlicher Raum, in dem man sich präsentiert und dadurch auch voneinander abgrenzt. Aber in den Clubs, die ich am schönsten finde, ist genau dieses Moment weg. Da ist wirklich was Gemeinsames vorhanden. Das wird ein Ort, wo man sich wirklich begegnen kann. Nicht nur die Grüppchen, die sich eh schon kennen, sondern alle Leute. Zum Beispiel die *Panorama Bar* in Berlin. Die war für fast alle DJs der Lieblingsladen. Das war schon fast nicht mehr normal. Eigentlich waren das nur so alte Industriehallen, nicht weit vom Bahnhof Warschauer Straße, direkt an den Gleisen.

KRISTIAN BEYER Unten war das *Ostgut*. Das war ne Riesenlagerhalle. Das hätte auch aus nem Kinofilm sein können. Alien-Raumschiff. Aber endzeitmäßig abgefuckt halt.

MICHAEL MAYER Die hatten auch eine sehr spezielle Türpolitik. Relativ unberechenbar. Da kamen teilweise sogar Promis nicht rein. Oder selbst wenn du auf der Gästeliste warst: »Nee, du kommst heute nicht rein.« »Wieso? Ich stehe auf der Gästeliste!« »Nein, du kommst nicht rein.« Während dann aber Leute, die keine Kohle hatten, teilweise einfach so reinkamen.

DJ KOZE Unten in der Technohölle, wo du erstmal rein musstest – da bekamst du nen Schock. Da war gleich ne Halle mit der härtesten Endloszeitmusik. Seelentot und kaputt. Das war einfach Armageddonattacke – wo sich so glatzköpfige Raveschwule behämmern ließen.

DIRK MANTEI Der Laden ist ja mit Fickpartys groß geworden. Die haben donnerstags so *Gaypartys* gemacht. Für 2000,

3000 Leute. Wo man prinzipiell nur nackig hinkam. Wo es prinzipiell nur darum ging, nackig abzugehen. Das ging dann teilweise bis Dienstag und länger – und fing dann wieder von vorne an. Ich habe da unten im großen Raum aufgelegt – beim Techno. Da hast du nicht so frei spielen können. Sondern da war ne Bassdrum angesagt. Und Tempo. Da hatte es hart zu sein. Ab drei oder vier Uhr hatte es da soundmäßig fett auf die Fresse zu gehen.

INGA HUMPE Was ich zum Beispiel irrsinnig amüsant fand: Im *Ostgut* gab es ja diese Fraktion von ganz harten Oberkörper-frei-Schwulen, mit den dicken Muskeln, die da mit Ledermützen standen oder mit dem Arsch frei. Aber da hast du teilweise Gespräche gehört, wo der eine zum anderen sagt: »Du, dann hat der mich überhaupt nicht mehr angerufen. Ich hatte nen Kuchen gebacken. Und der ist einfach nicht gekommen.« Das fand ich herrlich.

KRISTIAN BEYER Die *Panorama Bar* war halt der Houseclub, der oben drüber war, aber zum *Ostgut* dazugehört hat. Du bist da ne Stahltreppe hochgegangen. Durch Gänge lang gelaufen. Und da gab's ja tausend *Darkrooms*. Rechts und links waren überall Eingänge. Teilweise mit Tür. Teilweise ohne Tür. Da hast du ständig die Leute irgendwo verschwinden sehen. Wo du gedacht hast: »Ja klar. Ich weiß Bescheid.«

DJ KOZE Überhaupt dieses Rumlaufen. Leicht angestrahlt. Die Treppe. Und sich erstmal durch so Gänge wühlen müssen. Das finde ich schon immer toll. Wenn man erstmal nen Typen fragen muss: »Sag mal, wo geht's denn hier längs?« »Da längs!« »Hä? Wo?« »Ich glaub, *da* muss man längs.« Da kann man sich so fallen lassen. Und sich treiben lassen. Und dann in nen Raum reinzukommen und unvorbereitet in den Wahnsinn zu stoßen, das ist immer gut.

ANDI TEICHMANN Die *Panorama Bar* war ja kein besonders großer Club. Auch mit einer eher kleinen Tanzfläche. Und auf der hat die Party stattgefunden. Während auf den Sitzcouchecken drumherum die schwule Parallelparty stattgefunden hat. In dieser Schwulenszene werden ja immer Räume geschaffen, wo – abgegrenzt und damit unbeäugt von der Außenwelt – alles funktioniert, was man will. Wo niemand dumm schaut.

ACID MARIA In der *Panorama Bar* ging einerseits alles. Andererseits habe ich das nie als Bedrohung erlebt. Ich hatte eher den Eindruck, dass es so ein Miteinander war. Das war fast so ein Protestantismus. Durch das *Ostgut* und die *Panorama Bar* hat eine Reformation des Clublebens stattgefunden. Dass es sich wieder mischt. Dass nicht nach wie vor die Schwulen hier hin gehen und die Heteros dort hin, sondern dass das ein Club ist, wo sich alle treffen können.

INGA HUMPE Das war schon ein Zusammenkommen von anders tickenden Leuten. Und die kommunizierten auf Ebenen wie Sex und Tanzen. Es war ja auch viel zu laut, um sich da richtig zu unterhalten. Aber es war schon ne Kommunikationsebene, die funktionierte. Das hatte ja auch nicht mehr viel mit Sprache zu tun – im Sinne von Landessprachen. Da waren die unterschiedlichsten Nationalitäten. Insofern hatte das was Unwirkliches. Das kann man ja alles nicht nachweisen, aber es entstanden komische Ruhe- und Friedensmomente. Glück. Und das hatte wirklich nicht nur mit Drogen zu tun. Sondern mit Bewusstsein. Dass so ein gleichgeschaltetes Bewusstsein da war. Durch die Musik. Und es war so ein bisschen ein Tanken. Eigentlich war es das Gegenteil von Meditation. Aber im weitesten Sinne hatte es doch was damit zu tun.

MICHAEL MAYER *Panorama Bar* und *Ostgut* waren ein Planet für sich. Das hatte mit der Welt da draußen nichts zu tun. Da konnte man sich teilweise auch für 24 Stunden am Stück aufhalten. Was von vielen Leuten auch exzessiv so betrieben wurde.

ANDI TEICHMANN Das war wie ein eigener Kosmos. Halt nur mit einem Haus drum rum. Aber was da drin passiert ist, hat nichts mit dem Draußen zu tun gehabt. Was ja sowieso eine klassische Clubsache ist. Das ist ja drinnen wie ein rechtsfreier Raum. Wenn du erstmal drin bist, dann bist du drin – und dann funktioniert das definitiv als Raum mit eigenen Gesetzen. Die Verhaltensstandards von draußen zählen drinnen nicht mehr. In der *Panorama Bar* hat man die Nacht gemeinsam verbracht. Da hast du dir nicht überlegt, ob du den Typen neben dir anredest oder dich mit ihm unterhältst. Sondern du unterhältst dich einfach mit dem. Es war klar, dass da keine Berührungsängste zwischen den Leuten vorhanden waren. Genauso wie es innerhalb dieser Schwulenszene keine Tabus gab, war es so, dass sich da jeder mit jedem ganz normal unterhalten hat, tanzen war, Spaß gehabt hat. Es war sehr offen. Es war nicht diese Grüppchenbildung wie sonst: Du gehst zusammen weg – bist zusammen da. Sondern man hat sich da frei und auch einzeln bewegt und ist aufeinander zu gegangen. Was man sich ja sonst immer wünscht. Aber was selten funktioniert.

MICHAEL MAYER Das war wie eine Heizung in einer kalten Stadt. Ein bezaubernd bizarrer Ort. Das war zwar natürlich alles total drogenmäßig, aber als System hat es super funktioniert. Einfach auch, weil es so ne enorme Freiheit gab. So: »Es ist ganz egal, was du hier machst – Hauptsache, der andere mag es auch.« Ansonsten gab es da kein Limit. Manche nennen sowas Sodom und Gomorrha – andere nennen es Paradies. Es gab da nur zwei Möglichkeiten: Entweder man machte mit und ließ sich wirklich treiben. Oder man ging sofort nach Hause. Das war auch das, was den Club ausgemacht hat: dass es keine Beobachter gab. Es gab da keine Leute, die am Rande standen und sich das alles anguckten. Die nicht Teil dessen waren.

DJ KOZE Ich finde das einfach nur gut. Es gibt noch viel zu wenig Räume, die sich dermaßen außerhalb des Normalen befinden. Ich glaube, das hat auch ne reinigende Wirkung. Weil – machen wir uns doch nichts vor – fast die ganze Gesellschaft ist doch auf der Suche nach dem totalen Grenzüberschreitungskickwahnsinn. Fallenlassen. Loslassen. Nicht mehr nachdenken müssen. Keine Angst mehr haben müssen. So gesehen war das ein beseelter Platz. Das ist der einzige Club gewesen, den ich je gesehen habe, der wirklich etwas Großstädtisches hatte. Und trotzdem war das nicht so konstruiert. Das war nicht so ein Gute-Laune-haben-muss-Club. Was man ja auch oft hat. Oft denke ich mir dann: »Ist das langweilig! Eigentlich ist hier gar keine Stimmung. Aber alle tanzen sie auf den Boxen.«

ANDI TEICHMANN Wirklich nett war dieser ganze *Panorama Bar*-Zirkel. Die Leute, die den Laden gemacht haben und auch viele von den *Panorama Bar*-DJs. Das war ne ganz und gar sympathische Schwulenclique. Ich fand das einfach schön, wenn die da irgendwann völlig teeniemäßig knutschend auf den Sofas saßen.

DJ KOZE Einmal habe ich da aufgelegt und musste pinkeln. Aber als ich in den vorderen Teil des Klos kam, standen da schon die Leute Schlange. Ich habe mich total gewundert. Dann bin ich einfach mal an dieser Schlange vorbeigegangen. Die war zehn Meter lang. Ins hintere Teil des Klos rein. Und habe dann erst gemerkt, dass die ganzen Pissoirs ja leer sind. Da war gar keiner am Pinkeln. Und ich so: »Ach so! Ich Idiot. Hätte ich mich gar nicht anstellen brauchen.«

ANDI TEICHMANN Das war auch teilweise nicht unbedingt angenehm, sich um fünf Uhr morgens durch einen Haufen verschwitzter, durchtrainierter Männerkörper durchzwängen zu müssen, wenn man aufs Klo wollte. Von daher waren das – innerhalb dieses Kosmos, in dem es halt gewisse Parallelitäten in der Idee gab – schon wieder zwei getrennte Welten. Aber ich hab mir da auch nicht so viele Gedanken gemacht. Mein Blick war mehr auf das gerichtet, was mir gefallen hat. Weswegen ich da war. Und das hat da stattgefunden.

DJ KOZE Und dann auch der Effekt, dass die Sonne aufging – im Sommer um fünf oder um sechs – und die DJs sich überlegt haben, wie sie auf diesen Moment hin spielen. Da bestanden ja die Wände aus Fenstern. Aber die Jalousien waren halt runtergelassen. Da saßen alle an den abgedunkelten Fenstern. Aber irgendwann merkte man, dass es schon so ein bisschen heller wurde im Raum. Und dann gingen die Jalousien hoch, und der ganze Raum lag im Tageslicht. Und dann kippte dieser ganze Raum nochmal um. Weil eben die Sonne da war und die ganzen Lichter nicht mehr wirkten. Weil es kein Geflacker mehr gab. Sondern nur noch ein einziges Licht.

KRISTIAN BEYER Ich war letzten Dezember noch in der *Panorama Bar*. Und zwar hatte ich vorher selber aufgelegt. In einem Club, wo kaum Drogen konsumiert werden. Einfach so ein schöner, gediegener Club. Und wir sind danach noch in die *Panorama Bar* gefahren. Wir kamen da rein – und das war echt so: »Äh!« Der *ganze* Laden – alle druff! Wenn man mal selber Drogen genommen hat, dann sieht man das den Leuten ja an, ob die jetzt zum Beispiel ne Pille genommen haben oder ob sie Pep gezogen haben. Und *Panorama Bar* war ja nicht so ein Druffi-Laden, wo eher nur bäuerliches Volk unterwegs ist. Sondern das war dann vom *taz*-Journalisten bis zu irgendwelchen MTV-Moderatoren, Freunden von mir, ganz normalen Leuten: alle Oberkörper frei, der Schweiß rinnt ihnen nur so runter. Alle am Schreien. Und das morgens um zehn Uhr. Wir hatten noch nen Amerikaner dabei – King Britt –, der stand zuerst genau wie wir da: »Was ist denn *hier* los?« Aber irgendwann ist der voll darauf eingestiegen. So: »Yeah! I like those German techno kids!«

ANDI TEICHMANN Und dann kamst du da Sonntagmittag oder irgendwann wieder rausgeschwankt und warst zurück von diesem Trip.

MICHAEL MAYER Das war ein totales Drama, als der Club geschlossen hat. Das Gästebuch von *Ostgut* und *Panorama Bar* müsste man eigentlich als Buch rausbringen. Die Leute haben da unglaubliche Sachen gedichtet. Und sich zu Tode geheult, als dieser Laden dichtgemacht hat.

STRASSEN AUS LICHT

Mexiko

ACID MARIA Jedes Jahr im März gibt es in Mexico City ein Festival des historischen Zentrums: »Festival del Centro Histórico«. Die Hauptstadt der Azteken war ja eine schwimmende Stadt. Cortés hatte diesen See trockenlegen und die Gebäude abtragen lassen. Das sind alles aztekische Steine, auf denen man da läuft. Und die pflastern nun einen Riesenplatz: den Zócalo. Das ist der zweitgrößte Platz der Erde. Direkt vor dieser riesigen Kolonialkathedrale. Und auf diesem Platz findet das Festival statt. An einem Abend während des Festivals macht das Goethe-Institut, zusammen mit mexikanischen Veranstaltern, ein Technofestival.
HANS NIESWANDT Als ich beim zweiten Mal dabei war, war das ne hübsche und auch relativ große Clique. Wir waren ein Dutzend DJs und sonstige Elektroniker aus vier, fünf deutschen Städten. Das war extrem genussvoll, zehn Tage lang, noch dazu mit viel Freizeit dazwischen, in diesem Hotel wohnen zu können – mit dieser Wahnsinnseingangshalle mit total viel Patina und Atmosphäre.
Der Aufzug hatte einen Aufzugführer. Keinen Liftboy, sondern eher einen Liftopa. Einen alten Mann, der wahrscheinlich seit 50 Jahren das Tageslicht nicht mehr gesehen hat, weil er immer nur im Aufzug hoch und runter fährt und die Tür auf- und zumacht. Das ist etwas, was bei all diesen Sachen in Lateinamerika stark spürbar ist: der aufgeblähte Dienstleistungssektor im Niedriglohnbereich. Man ist ständig von Leuten umgeben, die einem irgendwas tragen oder Dinge abnehmen wollen, die man genauso gut selber machen könnte, weil sie dafür noch zwei Peseten bekommen.
Mein eigenes Zimmer ging nicht auf den Zócalo hinaus,

sondern auf die Nebenstraße. Eine schmale Straße, die von ohrenbetäubendem Lärm und Gewimmel erfüllt war. Ich habe teilweise ganze Nachmittage damit verbracht, diesem Konzert zu lauschen. Das war wie die tollste Klangcollage. Motorengeräusche ohne Ende. Verkehrspolizisten, die immer nur am Trillern sind. Völlig machtlos. Aber auch beeindruckend, wie sie gegen diesen Verkehrsirrsinn antrillern.

MISS KITTIN Ich hätte die echt umbringen können. Ich war total gejetlagged, weil ich am Amsterdamer Flughafen schon mal vier Stunden in dieser furchtbaren KLM-747 eingepfercht war, weil die Rollfeldmitarbeiter streikten. Und wenn du weißt, dass du noch elf Stunden Flug vor dir hast, sagst du dir natürlich: »Das kann ja heiter werden.« Alle anderen waren schon da. Ich war die Letzte. Und dann eben dieses ständige Getriller. Ununterbrochen. Und das ist ja auch kein angenehmer *Sound*. Für mich war das eher so: die Stimme von Cortés!

HANS NIESWANDT Aus diesem Rauschen und Getöse schälen sich dann immer wieder diese mehrköpfigen Mariachi-Bands heraus. Die ziehen durch die Straßen und sind einfach toll. Die spielen teilweise sehr fetzig. Verrücktes, rasendes Zeugs. Die kommen und gehen. Das ebbt dann wieder ab, weil die eine Band gegangen ist – und schon die nächste kommt.

Ich bin dann oft mit dem Aufzug rauf zum Restaurant gefahren. Da war es auch wieder so: mehr Kellner, als einen überhaupt bedienen können. Alle mit weißer Jacke. Fliege. Ausgebildete Ober. Da gab es, vom Frühstück angefangen, durchgehenden Betrieb. Es wird immer das Gleiche serviert: Bohnenmus, Guacamole, Tortillas. Sehr einheimische Küche. Und durch die Flügeltüren hindurch setzt sich das Restaurant auf die Dachterrasse fort.

MISS KITTIN Die Dachterrasse machte um sechs Uhr auf. Und nachdem ich eben so gejetlagged war, war ich um sechs die Erste, die auf diese Terrasse ging, wo schon alles für das

Frühstück vorbereitet war. Das heißt, außer mir war da nur ein einziger Gast. Und das war Thomas Brinkmann, der in einem Buch las. Und ich erinnere mich, wie wir dann da oben saßen, über diesem Platz mit der Kathedrale, und uns über französische Philosophie unterhielten, während vor uns über dem Regierungsgebäude die Sonne aufging.

HANS NIESWANDT Da oben standen große runde Tische, und man konnte, in seiner ganzen riesigen Pracht, den Zócalo überblicken. Das Hotel war direkt dran. Das sind alles ehemalige Prachtbauten – jetzt nicht mehr ganz so prächtig –, sehr viele Arkaden überall.

MISS KITTIN Unten auf dem Platz sah man immer mehr von diesen Taxis. Grüne VW-Käfer. Und irgendwann fingen diese verrückten Polizisten wieder an zu trillern.

»

DJ HELL Das Interessante in Mexico City waren für mich die *Panels*, die wir da die Woche über gemacht haben. Miezi hat eines über Independentmusik gemacht. Ich eines über *Gigolo Records*. Hab mich da kaum vorbereitet, sondern frei gesprochen. Es war mir wichtig, dass ne Kommunikation mit den Leuten zustande kommt. Das war auch die richtige Entscheidung. Die hatten natürlich Millionen Fragen. Wie mache ich einen Track? Wie presse ich was? Wie vertreibe ich was?

HANS NIESWANDT Vor allem für die mexikanischen DJs und Produzenten war das ganz toll, dass das Goethe-Institut da Leute vor die Tür brachte, mit denen sie sich wahnsinnig gern austauschen wollten. Aber auch untereinander haben wir uns während dieser zehn Tage überhaupt erst mal so richtig kennengelernt. Wir waren ja vorher nie dazu gekommen, uns bei Zimmerlautstärke zu unterhalten. Das tat richtig gut.

MISS KITTIN Der andere unglaubliche Moment – nach jenem auf der Dachterrasse – war für mich, als wir raus zu den Pyramiden fuhren. Mit Miezi und ein paar anderen Leuten.

HANS NIESWANDT Ich war da etwas früher als die anderen – drei oder vier Tage vor diesem Sonnwendfest, zu dem Millionen von Menschen kommen. Aber es waren doch schon viele dieser Sonnenanbeter da. Alle gleich angezogen. Alle mit weißen Sachen an. Weiße Hose, weißes Hemd, ein rotes Halstuch und meistens ein Hut. Die standen mit ausgebreiteten Armen oben auf dem Plateau. Das sind ja keine Spitzpyramiden, sondern Flachpyramiden. Das waren hunderte von Leuten. Das wirkte alles sehr archaisch und tief.

MISS KITTIN An dem Tag, an dem ich mit Miezi und den anderen da war, waren wir alle weiß angezogen. Wegen der guten Vibrationen. Und als wir schließlich auf die Pyramide stiegen – wow! Wir saßen alle ganz still dort oben. Alle waren ganz ergriffen. Auch die weniger spirituell gepolten Leute in der Gruppe. Das fand ich schön zu sehen.

HANS NIESWANDT In solchen Situationen merkt man einfach, dass man nicht alleine so tickt. Die anderen fanden das genauso toll, diese Pyramide hochzuklettern und zu spüren, wie von rundherum ein paar tausend Jahre Geschichte auf einen blicken.

MISS KITTIN Ich weiß noch, wie ich zum *Hacker* meinte: »*Fuck!* Kapierst du das, dass uns echt die Musik hierher führt – an einen Ort, an dem tatsächlich die Zeit stehen geblieben ist?« Das sind Momente, in denen du deine Gefühle kaum in Worte fassen kannst. Und das geht weit darüber hinaus, dass du als Musiker in diesem Land bist. Da geht es auch nicht mehr um Architektur oder so, sondern einfach nur darum, dass du dort oben sitzt, auf diesem Ding, das vor tausenden von Jahren gebaut worden ist, und dich unglaublich klein fühlst. Das ist wahrscheinlich das, was Astronauten fühlen, wenn sie die Erde von oben sehen. Du fühlst dich nicht mehr als Individuum, sondern als Teil von etwas Größerem. Dieses: Wir sind alle eins. Das hat mich sehr berührt. Und da fühlst du auch, dass es um diese ganzen Identitätsdinger, wie zum Beispiel deinen Beruf, oder erst recht die Glorifizierung des DJs, letztlich überhaupt nicht geht.

HANS NIESWANDT Je älter ich werde, desto weiter blicke ich über den normalen Horizont eines DJs hinaus, und umso weniger sehe ich DJ-Kultur als das neue Ding für das neue Jahrtausend. Im Moment kommt es einem zwar neu vor. Aber von den *Basics* her ist es so alt wie die Buschtrommel – und sehr im Zusammenhang mit der ganzen übrigen Welt.

MARK REEDER Als Corvin und ich da waren, sind wir zu einem Freund in die Berge um Mexico City gefahren, und ich habe eine Art Haschkeksbackseminar abgehalten. Ich habe den Leuten gezeigt, wie man Haschkekse backt. Das war in der Nacht. Irgendwann sind wir rauf aufs Dach gestiegen. Ich konnte Mexico City von den Bergen aus angucken. Von diesen Häusern, die an den Bergen liegen. Die Stadt ging, so weit man sehen konnte. Links, rechts und geradeaus. Du konntest den Horizont nicht sehen. Nur die Stadt. Die Stadt ging *forever*! Das war total hypnotisch. Ich hatte den Eindruck, ich höre nur so eine Art millionenfaches Ausatmen: »Ahhhhh!« So ein *cheering* von Millionen von Menschen. Man hatte den Eindruck, dass alle applaudieren und rufen: »Me-ki-koooo!«

CORVIN DALEK In der westlichen Welt ist alles immer vorgeplant. Alles geht nach Terminen. Die westliche Welt lebt in einer Art ständiger Illusion: »Was mache ich morgen? Was mache ich nächstes Jahr?« Die Leute in Lateinamerika leben mehr im Moment. Wir wurden in Mexiko immer in letzter Sekunde abgeholt. Zu viele Leute? Plötzlich war ein zweites Auto da. Oder ein Taxi. Wir kamen immer schön an, ohne zu planen. Nach ein paar Tagen war das so: »*Take it easy*. Wir brauchen keinen Plan mehr.« Auch für uns.

In Lateinamerika findet vieles von vornherein nicht auf der Sprachebene statt. Auch Kommunikation. Zum Beispiel war ich mal auf einer privaten Party am Meer. Nachts. In Cartagena. Das ist die Nordseite von Kolumbien. An der Karibik.

Da waren vielleicht 15 bis 20 Leute. Wenn du in Europa 20 Leute auf einer Party hast, gibt es immer Cliquen von zwei, drei Leuten, die sich unterhalten. Aber dort gibt es immer nur eine einzige Clique. Egal wie viele Leute – sie verteilen sich nicht auf mehrere Cliquen. Mir ist auch aufgefallen, dass sie sich untereinander ganz anders bewegen. Das ist eher wie bei Bienen oder Ameisen oder Vögeln. Als ob das einstudiert wäre – aber ohne irgendwas abzumachen oder zu besprechen. Ich war da als Gast. Vielleicht für die anderen ein besonderer Mensch in diesem Moment. Aber sie haben nicht nur auf mich aufgepasst. Sondern sie vereinigen sich an sich. Und dadurch hatte ich von Anfang an diesen direkten Kontakt mit ihnen. Als ob sie meine Brüder wären. Als ob ich sie schon immer gekannt hätte.

Neulich war meine Freundin mit mir in Kolumbien. Irgendwann meinte sie: »Immer wenn ich rauchen wollte, tauchte plötzlich jemand auf und bot mir eine Zigarette an. Oder wenn ich Feuer brauchte. Oder wenn ich Hunger oder Durst hatte. Plötzlich war etwas da.« Ich glaube, solche Dinge passieren auch hier. Nur achten die meisten Leute nicht darauf, sondern katapultieren sich einfach irgendwo ins Leben. Sie meinen, dass sie ständig etwas tun oder planen müssen. Aber wenn man sich fallen lässt und sich nicht den Stress macht, bekommt man trotzdem, was man will. Auf einem viel relaxteren Weg. Ohne darauf fixiert zu sein.

Und das war eben auch in Mexiko so. Dort werden deine ganzen Regeln auf den Kopf gestellt. Du hast viel Dreck, viele Farben, laute Straßen. Du bist ständig in Gefahr. Wenn du über die Straßen gehen willst, musst du teilweise zehn Minuten warten, bis du rüberkannst. Der Tod ist immer dabei. Deswegen haben die Mexikaner auch weniger Angst davor. Wir hatten darüber ein paar interessante Gespräche unter uns – mit Mexikanern. Und mit den beiden Engländern, die dabei waren.

MARK REEDER Pete und Chris Gawthry. Los Hooliganos!

Die kommen aus Leeds. Wir haben sie so genannt, weil, die waren einfach so. Immer so: »Hey! Fußball!« Die haben gleich am zweiten Tag diesen Namen weg gehabt. Die Freundin des mexikanischen Veranstalters hat das gesagt. Und das ist geblieben.

CORVIN DALEK Die waren lustig, aber sie waren komplett aus einer anderen Welt als die Mexikaner. Ich habe das manchmal genossen, mich zurückzulehnen und ein Gespräch zu verfolgen zwischen Mexikanern und Engländern. Einmal hat einer der beiden gerade von einem Mädchen einen Talisman geschenkt bekommen. Einen Anhänger aus bunten Perlen. Den hatte er um den Hals und hat immer damit herumgespielt. So: »Hey! Voll fett! Handgemacht! Geil!« Und dazu hatte er ein Fußballdress an. Einer der Mexikaner guckte ihn immer wieder an. So: »Was macht er denn da?« Irgendwann meinte er: »Was du da um deinen Hals trägst, wovon du gerade sagst, dass das ein handgemachtes Etwas ist, das ist 10 000 Jahre Evolution. Das symbolisiert unsere ganze Kultur.« Und dann kamen interessante Sachen über Gott heraus. Die Engländer haben sich Gott eher als Mann vorgestellt. Die mexikanische Symbolik hat dagegen fast immer mit der Sonne zu tun. Die Leute in Mexiko sagen: »Liebe ist in allem – aber erst die Sonne hat die Kraft.« Ihre zentrale Energie und Macht ist die Sonne – was uns das Leben überhaupt erst ermöglicht. Und mit Liebe meinen sie nicht nur die Liebe zwischen zwei Menschen – schon gar nicht wie sie sich die katholische Kirche wünscht –, sondern es geht um die Liebe zwischen allem. Zwischen den Bäumen, den Blumen, den Steinen.

»

ACID MARIA Wir haben dann auf dieser Bühne gespielt, die auf dem Platz aufgebaut war. Und der Platz ist echt riesig. Da war so eine Michael-Jackson-mäßig große Bühne. Dort standen zwei Plattenspieler. Mischpult. Und sonst nichts.

Man stand da total verloren. Wobei es im ersten Jahr ja fast noch sozial verträglich war. Da waren ja nur 40 000 Leute.

DJ HELL Im zweiten Jahr sollte das auch wieder am Zócalo stattfinden. Dann war da aber eine Demo von den Zapatisten angesagt. Mexiko stand ja damals kurz vor einer Revolte. Die Veranstalter wollten das Festival schon absagen. Dann wurde aber auf einem anderen Platz ganz spontan eine Bühne aufgebaut. Und da kamen 80 000 Leute.

MISS KITTIN Ich fand das so krass. Erst sitzt du noch auf den Pyramiden und nimmst dich als Nichts wahr – und zwei Tage später spielst du auf einem Rave voll mit total durchgedrehten Leuten, die dich verehren, als wärst du Gott.

ACID MARIA Die belagern da jeden Ein- und Ausgang, und du musst durch diese Masse durch. Du gibst stundenlang Autogramme und lässt dir Geschichten erzählen von der kleinen Schwester, und alle wollen dich immer anfassen.

MISS KITTIN Ich weiß noch, dass der *Hacker* richtig Angst um mich hatte, weil die Leute mich nur noch festhielten und an meinen Klamotten zerrten. Ich war sowas von erschrocken. Ich komme einfach nicht aus einem südlichen Land. Ich kann zwar auf einer verrückten Party spielen. Aber ich brauche so eine Art ruhige Blase um mich herum. Für mich ist Auflegen wie Meditation. Ich kann total in meiner Tätigkeit aufgehen. Es gibt dann keine Vergangenheit und keine Zukunft mehr. Nur hier und jetzt. Aber dafür brauche ich Ruhe. Ich kann nicht spielen, wenn jeder versucht, mich anzufassen. Ich kriege dann Angst. Klar ist es ganz lustig, wenn die Leute an deinen Klamotten zerren. Wir hatten da durchaus unseren Spaß. Aber in erster Linie ist es beängstigend. Im Grunde bin ich doch auch nicht mehr als ein kleines Mädchen.

ACID MARIA Bei mir kam noch mein Name dazu. Es gibt ja diese Virgen de Guadalupe – und das ist ja auch ne Marienfigur. Außerdem haben es die Leute wahrscheinlich als relativ untypisch wahrgenommen, dass sich da auch ein, zwei Frauen hinstellen. Sobald man in Mexiko aus dem Bildungsbürgertum rausgeht, ist das ja noch voll so: Die Kerle rulen. Zumindest, was das öffentliche Leben angeht. Ich hatte den Eindruck, dass es als extrem untypisch wahrgenommen wird, was ich da gerade mache – als derart *mega-outstanding*, dass die Leute einfach hysterisch werden.

MARK REEDER Ein paar Tage, bevor wir in Mexico City waren, hatten wir schon eine ganz tolle Party in San Luis Potosi. Da waren vielleicht 6 000 Leute. Das war superschön. Echt schon diese Richtung: »Was war *das* denn, bitteschön?« Aber dann kommst du nach Mexico City, und es ist das Gleiche hoch zehn oder 20.

PACOU Das Gute war, dass – selbst bei einer solchen Menschenmasse – die Leute so richtig mit der Musik mitgehen. Wenn du hier in Europa oder Australien oder sonstwo solche Riesenmengen hast, tigern die alle nur rum und haben ihren Drogenfilm am Laufen. Aber wenn du in Mexiko verschiedene Platten miteinander mixt, wenn du einen neuen *Sound* oder ein rhythmisches Element reinbringst, kannst du direkt die Reaktion der Leute sehen. Du kannst direkt sehen, wie sich das Bild verändert.

RICHIE HAWTIN Ich denke, das hängt mit der ganzen Art und Weise zusammen, wie die Leute in Lateinamerika leben. Sie können sich selber annehmen, so wie sie sind. Viel mehr als wir. Und auch ihre Gefühle mehr zulassen. Um Musik wirklich genießen zu können, musst du ja erstmal deine Gefühle zulassen können. Egal ob Freude oder was sonst für Gefühle da sind. In Europa sind die Leute viel verschlossener. In Amerika erst recht. Die Amerikaner machen sich ständig Gedanken, wie sie bei den Leuten drumherum rüberkommen. Und das ist in Lateinamerika viel, viel weniger der Fall. Neulich in Chile habe ich zum Beispiel vor 8000 Leuten gespielt. In São Paulo sogar vor 45 000 Leuten. Und ich habe da wirklich die schrägste, verrückteste Musik gespielt. Vor allem in Chile war das so richtig minimaler Kram. Fast schon geistige Musik. Seelenmusik. Wo du dich erstmal einklinken musst. Wo drei Minuten lang vielleicht überhaupt nichts passiert. Aber dann kommt da ein einziges kleines Tönchen – und alle Leute reagieren! In Deutschland kriegst du das vielleicht bei 1000 Leuten gerade noch hin. In Amerika dürfen es schon nicht mehr als 500 sein. Aber in Chile waren es 8- oder 10000! Das konntest du richtig sehen. An einem bestimmten Punkt haben die Leute echt aufgehört zu tanzen und sich einfach nur noch bewegt. Einfach irgendwelche freien Bewegungen.

CORVIN DALEK Durch ihre Kultur, ihre Vergangenheit, verstehen die Leute in Mexiko mehr von Tanzritualen. Ich kenne vor allem hier in Deutschland Clubs, wo die Leute einfach mit einer Flasche Bier dastehen und rumgucken und alles einsortieren. In Berlin herrscht ja sogar noch eine verhältnismäßig große geistige Offenheit. Und trotzdem habe ich dort viele beängstigende Menschen getroffen. In Clubs. Vor irgendetwas haben sie Angst. Etwas neu zu gestalten. Etwas anders zu machen. In Mexiko gehen die Leute viel tiefer in die gesamte Sache rein. Ich hatte jedes Mal beim Auflegen das Gefühl: Es ist eine sehr klare, eindeutige Energieströmung da. Es ist wie eine Vereinigung zwischen Musik und dem DJ. Die Leute kommen zu mir und sagen: »Deine Musik ist so energetisch. Du hast so viel Energie.« Das haben – unabhängig voneinander – 100 Leute zu mir gesagt. In Schottland sagen sie: »Brüll-iant, *man*! Brüll-iant!« In England: »*Amazing*!« In Mexiko geht es eher um die Energie und um Kommunikation auf einer anderen Ebene. Ich habe dort oft das Gefühl, dass ich mit jemandem – 50 Meter entfernt – plötzlich einen Blitzkontakt habe. Ich gucke hin, und derjenige guckt mich an. Wir lachen, und das war's. Irgendwo in der Ferne. Irgendwo im Publikum. Das ist der Fluss. Das ist die Bindung. Das fließt.

MARK REEDER Relativ am Anfang der Veranstaltung sind wir nochmal zum Hotel gelaufen, um unsere Jacken zu holen, weil es sehr kalt war. Da war ein kalter Wind. Es war ja Ende

März. Und schon da waren das wahrscheinlich 100 000 Leute. Unser Hotel war ein paar hundert Meter die Straße runter. Und die Menge ging fast bis zum Hotel! Wir dachten, die hört gar nicht mehr auf. Du konntest sogar beim Hotel noch die Anlage hören. So richtig: Boom-boom-boom! Es war höllisch laut.

ACID MARIA In Mexiko hat man, viel mehr als in Europa, den Eindruck, dass es einen totalen Unterschied macht, ob etwas tagsüber passiert oder nachts. Die Energie ändert sich, sobald es dunkel wird. Man hat massiv den Eindruck, es ist kurz vor dem Umkippen – in so eine Massenhysterie. Aber ich kann nicht sagen, dass ich es nicht mag. Ich hatte auf dieser Bühne den Eindruck, ich könnte jeden Moment von den Leuten überrannt werden. Wenn die Masse es jetzt drauf anlegt, kann keine Security der Welt die davor stoppen, dass du echt niedergetrampelt wirst.

HANS NIESWANDT In dem Jahr, als ich dabei war, hat Miezi direkt nach mir aufgelegt. Ich stand noch ein bisschen daneben. Und auf einmal flog eine Glasflasche total nahe an ihrem Kopf vorbei.

ACID MARIA Das habe ich in diesem Augenblick gar nicht mitbekommen. Ich habe in meinen Platten gewühlt. Und genau da muss es passiert sein – als ich mich gerade umgedreht hatte. Aber es kommt mir so vor, als ob das in Mexiko nicht aus Kritik passiert, sondern dass die halt so euphorisch sind, dass es droht, unkontrolliert zu werden. Das ist eher eine Form von Applaus, eine Flasche zu schmeißen. Das ist denen gar nicht bewusst, dass sie da ein Desaster anrichten können. Das war sozusagen unabsichtlich.

Es hatte auch vorher schon mal jemand was nach mir geworfen. Allerdings absichtlich. Das war auf einer dieser dekadenten Schiffsreisen mit den Münchner Partysanen in den Neunzigern. Eine geöffnete, volle Cola-Dose. Voll Karacho. Weil ihm die Musik nicht zugesagt hat. Das habe ich genauso wenig mitbekommen. Da habe ich mich auch kurz vorher weggeduckt. Ohne irgendwas vorherzusehen. Habe ich also schon *zweimal* Massel gehabt!

Ich hatte auch lange einen immer wiederkehrenden Traum: Ich lege auf – und ein Typ auf der Tanzfläche zieht eine Waffe und schießt auf mich. Und in dem Moment wache ich auf. Ich glaube – so wie ich mir das dann erklärt habe –, dass man versuchen muss, sich unabhängig zu machen von diesem: »Lieben sie dich jetzt oder nicht?« Wenn man es schafft, das auszublenden, dann hören auch solche Träume auf.

HANS NIESWANDT Auf jeden Fall war das da keine aggressive Stimmung. Eher übermütig und leichtsinnig. Sowas habe ich massiv gespürt.

MARK REEDER Diese Masse, wie die sich bewegt hat! Wenn da ein Beat kam – boom-boom-boom – alle am Springen! Es war wie eine Welle. Wie ein See von Menschen. Die bewegten sich alle hoch und runter – so pogomäßig auf der Stelle. Aber eben in einer Masse von 100 000. Ich dachte mir: »Wie halten die Leute in der Mitte das aus?« Die Leute ganz vorne konnte ich sehen. Die waren alle an dieser Sperre total zerquetscht. Wie Comicfiguren. Mit schiefen Gesichtern.

Irgendwann haben sie dann angefangen, Rampen zu bauen, um über diese Sperre zu springen. Menschenrampen. Das waren mehrere Typen, die das gemacht haben. Vielleicht so 30. Immer drei oder vier Leute, die eine Rampe gebildet haben.

CORVIN DALEK Einer ist angelaufen. Über den Zaun gesprungen. Rein in die Anlage. Da waren so Metallgerüste. Einfach voll reingesprungen. Egal wohin. Er fällt und fällt.

MARK REEDER Ein Typ stand zwischen Sperre und Bühne, direkt vor mir. Er war auf jeden Fall mehrmals auf die Fresse gefallen. Sein Gesicht sah aus wie eine Maske. Total blutüberströmt. Gebrochene Nase. So richtig Gesichtsverschiebung. Und er stand vorne, mit seinen Händen nach oben: »Yeeeaaah!«

CORVIN DALEK Der hatte sein ganzes Gesicht zerschmettert – und ging wieder zurück tanzen. Die waren total in Trance. Knallhart.

MARK REEDER Wie man in England sagt: »*If you can't stand the heat, get out of the kitchen.*« Das gehört dazu. Das muss man akzeptieren.

HANS NIESWANDT Je größer die Veranstaltung ist – das ist mir auch bei anderen Gelegenheiten aufgefallen, zum Beispiel in der Ukraine –, desto mehr wollen die Leute rocken, ausrasten, so richtig ausflippen. Im Prinzip sich kathartisch fertigmachen. Hinterher kaputt und erlöst sein.

MARK REEDER Man spürte den Azteken in den Leuten. Das fand ich sehr anziehend. Wie die alle so: »Aaahhh!« So: »Endlich kann ich alles rausschreien.« Die Musik hat die total weggepfiffen.

HANS NIESWANDT Wie die sich dann mit diesen Tüchern hochgeschleudert haben! Das war der Wahnsinn! Plötzlich schoss da einer hoch. Dann da hinten wieder einer. Aber richtig drei, vier Meter. Und Überschläge gemacht. Die haben so große Tücher, um die zehn Mann drumherum stehen. Das scheint ne Art Volkssport zu sein. Dann ist da wieder einer hochgeflogen. Dann ist dort wieder eine riesige Flamme hochgeschossen, weil jemand ne Spraydose angezündet hat ...

MARK REEDER Als sie sich da gegenseitig durch die Gegend geworfen haben – ich habe so ein Bild vor mir, wo nur noch Menschen links und rechts durch die Luft geflogen sind.

CORVIN DALEK Du siehst die Menschen springen wie bei einem Feuerwerk. Ganz krass. Und dann einfach rein in die anderen. Die fallen teilweise einfach auf die anderen drauf. Richtig wild. Und dann rühren sie das zusammen. Die Energie. Irgendwann war nur noch vibrierende Energie da. Durch die Musik. Durch die Technologie. Durch die Menschen. Durch die Sonne, die aufging. Frühmorgens. In unserem Rücken war unmittelbar dieser offene Tempel – dieses Monument. Und wenn man nach vorne über das Publikum hinweg schaute, kamen diese Wolkenkratzer, diese Hochhäuser. Und dazwischen die Straße. Und irgendwann hat man am Ende der Straße, zwischen den Hochhäusern, die Sonnenscheibe gesehen. Die Sonne kam richtig durch die Häuser. Durch das Publikum. Sie schien uns direkt ins Gesicht und dann hinter uns durch das Monument. Sie brannte durch alles durch. Es war ziemlich hell. Ich hatte keine Sonnenbrille. Diese Energie war unglaublich. Dampfendes Publikum. Die Sonnenstrahlen kamen durch die Staubpartikel in der Luft. Es war wie eine Lichtstraße. Eine Sternenstraße. Neben mir stand ein Typ – ein Mexikaner – und sagte: »Komm, komm, komm! Schau, schau, schau! Das ist die *avenue of power*. Das ist die Kraft der Liebe. Bewahre sie dir. Bleib immer auf diesem Strahl.« Das war das Ende von dem Festival.

MARK REEDER Es ging bis eine halbe Stunde nach Sonnenaufgang. Bis sieben oder acht. Irgendwann haben wir einfach ausgemacht und gesagt: »Okay, das war's!« Und die Leute: »Uaaahhh!« So: Horror! Die wären auf keinen Fall von alleine nach Hause gegangen.

»

ACID MARIA Im ersten Jahr waren wir dann auch noch in Monterrey. Da waren Heiko M/S/O, der Hell und ich. Ein Jahr später war noch Miss Kittin da. Die sind dann nach Guadalajara gefahren. Da war ich nicht mit dabei.

MISS KITTIN Das war hart in diesem Flugzeug. Wir wussten echt nicht, ob wir heil ankommen. Ein richtig unruhiger Flug. Hell schaute uns immer an – so ungefähr: »Oh mein Gott!« Aber die anderen Fluggäste waren ganz entspannt. Von daher dachte ich: »Vielleicht ist das normal in Mexiko.« Und als wir ausstiegen – der *Hacker* konnte sich da tagelang nicht mehr einkriegen –, meinte Hell: »In Deutschland würden sie dieses Flugzeug zerstören! Sie würden es einfach zerstören!« Immer wieder: »Sie würden es echt zerstören!« Noch dazu mit seinem bayrischen Englisch. Wir haben uns nur noch weggeschmissen vor Lachen – und diesen Spruch dann immer wieder benutzt. Wenn wir in ein Auto stiegen:

»In Deutschland würden sie dieses Auto zerstören. Einfach nur zerstören.« Das ging die ganze Reise über so.

Über Guadalajara weiß ich noch, dass es eine wahnsinnig große Stadt ist. Wir hätten nie gedacht, dass sie so riesig ist. Wir hatten da eine Pressekonferenz in einer Bar. Und alles war so gut organisiert. Mit unseren Namen vorne auf dem Tisch. Das war so: »*Fuck!* Das ist doch echt unglaublich! Wir sind in dieser Stadt in Mexiko, von der wir noch nie gehört haben. Und wir geben eine *fucking* Pressekonferenz mit Namensschildchen vor uns.« Wir hätten ja vorher nicht mal gedacht, dass uns da überhaupt jemand kennt.

ACID MARIA Im ersten Jahr sind wir auch mal von Mexiko City nach Acapulco gefahren. Mit dem Auto. In dem Jahr war Marusha dabei, ich – und 15 Typen. Und ich kann eben ziemlich gut spanisch. Sprich: Wenn das Fernsehen da ist, dann werden Marusha und ich interviewt. Marusha spricht nur Englisch, der Moderator spricht fast kein Englisch, mit mir kann er spanisch sprechen, also senden sie das Interview mit mir. Dann gibt es, wie gesagt, die Virgen de Guadalupe – die Jungfrau Maria. Und das hat zu einem ganz komischen Hype geführt. Es gab irre viel Presse für das Festival. Und als der Tourismusminister von Guerrero mitkriegte – das ist der Bundesstaat, in dem Acapulco liegt –, dass Acid Maria da war und voll gerockt hat, hat der gesagt: »Oh super, ich will auch so nen Rave.«

Ich habe dann da in so einer Pelotahalle gespielt. Pelota konnte man in *Miami Vice* ab und an sehen. Es ist wie Squash. Aber es gibt keine einzelnen Abteile – sondern nur ein einziges Feld, einen einzigen Raum, in dem viele nebeneinander spielen und gegen so ne Wand dreschen müssen. Und vor diese Wand haben sie das DJ-Pult hingestellt. Ich stand mit dem Rücken zu dieser Wand. Und es gab eben überhaupt keine Tanzfläche. Dieses Spielfeld war nicht allzu tief. Relativ nahe vor mir ging schon so eine Art Graben runter – dann ging es auf der anderen Seite sofort wieder hoch, sodass du da unten auch wiederum nicht tanzen konntest –, und dann fing sofort die Tribüne an. Eine extrem steile Tribüne mit Sitzreihen.

Ich erinnere mich auch noch: Vor dem DJ-Pult waren merkwürdige Kästen angebracht, deren Funktion mir nicht so ganz klar war. Irgendwann stand ich da, hab so in meinen Platten rumgesucht, und auf einmal gab es einen Mordsknall! Wumm! Explosion! Feuerregen – der auf mich und meine Platten niederprasselt. Das war halt so Pyrotechnik. Aber kein Tischfeuerwerk. Sondern *mexican style*, okay? Richtig dicke Rohre. Und das ging ohne Vorwarnung los. Das war echt so: *Fuck!* Ich bin dermaßen erschrocken!

PACOU Das war bei mir noch nicht. Aber bei einigen Partys in Südamerika hatten die Veranstalter ziemlich starke Laser. Bei uns gibt es für sowas ja strikte Sicherheitsbestimmungen – VDE und so –, dass das nicht die Leute trifft, sondern immer über den Köpfen zu bleiben hat. Aber in Südamerika war das einfach so: *Warehouse* – so eine Bodegahalle. *Sound system* reingestellt. Plattenspieler. Und alles, was sonst noch ging. Und dann hat halt jemand diesen Laser aufgebaut. Ein richtig massives Gerät. So einen Industrielaser. Und den einfach voll rein in die Menge strahlen lassen. Ich dachte: »Mann! Sonst werden damit die Autos zusammengeschweißt und jetzt die Raver.«

»

HANS NIESWANDT In Mexiko City gab es dann noch eine Gartenparty, beim Leiter des Goethe-Instituts. Das war in einem feineren Wohnviertel, wo man erstmal an einem Gatter einchecken musste. Als ich gerade beim Auflegen war, wurde mir der deutsche Botschafter vorgestellt. Der stand dann da, mit den Händen auf dem Rücken: »Ach, Sie arbeiten mit Schallplatten? Ich wusste gar nicht, dass es das noch gibt.« Der empfand das zuerst als Retroding – und ließ sich das dann von mir zeigen. »Aha, aha. Herr Nieswandt. So so.

Jetzt machen sie also das. Jetzt drehen sie das hier immer so zurück.« »Ja, hier, diese Platte kommt als Nächstes. Die stelle ich jetzt ein. Hier kann ich die Geschwindigkeit verändern, damit das dann alles passt.« Das kam von ihm auch gar nicht als unangenehme Steifheit rüber. Es ist natürlich klar, dass so ein 60-jähriger Botschafter, der mit Techno weiß Gott nichts am Hut hat, kaum souverän zu einem DJ-Pult hintreten kann, ohne letztlich was Doofes zu sagen.

An diesem Abend haben dann alle möglichen Leute ein bisschen gespielt. Da hat Hell dazugehört. Ich habe dazugehört. Und man hatte auch genügend Zeit, um mal jemandem was zu zeigen. Ich meine auch, mich an die Botschaftertochter zu erinnern ...

DJ HELL Ich habe dann der Tochter vom Botschafter das Auflegen beigebracht. Die war ungefähr zwölf – und kam mit noch einem Mädchen an. Beide mit ganz großen Augen. Und ich habe gesagt: »So, jetzt lernen wir euch das.«

HANS NIESWANDT Alles in allem hatte das was recht Nobles. Da wurde groß aufgefahren. Auch wieder so: Dienstleistungssektor. Ein Dutzend deutsche DJs, die da von vorne bis hinten bedient werden. Denen die halbvollen Drinks aus der Hand genommen werden: »Hier, nehmen sie einen frischen.«

Gerade in einem Land wie Mexiko ist es für Unsereinen natürlich erstmal seltsam und beklemmend, so bedient zu werden. Aber ich neige dazu, mich über solche Dinge immer weniger zu wundern, sondern versuche sie hinzunehmen.

ACID MARIA Ich war jetzt gerade, auf Einladung der deutschen Botschaft, in der Dominikanischen Republik. Die haben da – zusammen mit der *Alliance française* – ein Open-Air-Festival in einem Amphitheater in Santo Domingo gemacht. Ich bin extra einen Tag vorher hingeflogen, weil manche Leute extrem merkwürdige Auffassungen haben, was die technische Ausstattung an so nem DJ-Pult angeht. Es ist schon so oft vorgekommen, dass ich echt durchgedreht bin, weil die

Nadel die ganze Zeit über die Platte gesprungen ist, nur weil wieder jemand seinen klapprigen Campingtisch auf eine Riesenbühne aus wackeligen Elementen gestellt hat.

Das Festival wurde von einer ganzen Reihe deutscher Firmen gesponsert – konkret unsere Party von *Bayer*. Und der Typ von *Bayer* meinte irgendwann so zu mir, nachdem ich das alles mit den Dominikanern klargemacht hatte, wie ich mir das vorstelle: »Das war schon ganz cool, wie du das gemacht hast, aber ein Tipp: Lass lieber einen Mann mit denen reden. Von einer Frau nehmen sie das nicht so gern an.« Ich habe mich dermaßen geärgert! Zu denken, die Dominikaner sind so stumpf drauf, dass sie mit ner Frau, die als internationaler Künstler eingeladen ist und die schon weiß, wie das geht, nichts ausmachen würden. Noch dazu hatte das im Gespräch mit denen alles gut funktioniert. Diese Techniker waren super. Und dann auf so Klischees rumzureiten und zu sagen: »Ja, aber gehobenes Management – das kriegen die nicht auf die Reihe. Mit zeitlicher Einteilung – das kriegen die nicht so hin. Das Zeitverständnis ist hier einfach ein bisschen anders.« Ich finde das eine Unverschämtheit.

Aber ich wollte dann auch nicht anfangen, Grundsatzdiskussionen zu führen. Man darf ja nicht vergessen, dass man meist nur nen ganz kurzen Einblick kriegt. Und dass man allenfalls von diesem kurzen Einblick aus sagen kann: »Ich finde das nicht okay.« Aber es ist schwierig, da irgendwas abschließend zu beurteilen. Ich habe diesem *Bayer*-Typen dann einfach gesagt, dass ich das schon so mache, wie ich das für richtig halte, und dass ich damit bisher überall gut gefahren bin – und hab das weiterhin selbst in die Hand genommen.

MISS KITTIN Ich habe in Mexiko kleine Kinder gesehen – obdachlos –, die unter Brücken wohnen. Sowas bricht mir echt das Herz. Von daher habe ich totale Probleme, in solche Länder zu fahren. Die Leute vor Ort sagen dann teilweise: »Schau einfach nicht hin. Solche Dinge gibt es eben. Da kann man nichts machen.« Aber ich kann das nicht. Genauso neulich in Südafrika. Oder in Brasilien. Das macht mich dermaßen fertig. Gerade in Brasilien waren das teilweise richtig geile Partys. Und frühmorgens kommst du zum Hotel zurück – und siehst Kinder, die direkt vor dem Eingang schlafen. Über sowas kann ich einfach nicht hinwegsehen. Ich muss das ansprechen. Ein paar Brasilianer haben mich echt gehasst deswegen. Die sehen das halt jeden Tag. Aber ich muss ja versuchen, das irgendwie für mich einzusortieren. Ich würde natürlich gerne helfen. Aber so wie die Dinge liegen, brauchen diese Kinder auch gar nicht so sehr Geld, sondern Liebe. Wenn meine Eltern mich nicht so geliebt hätten – trotz all unserer Probleme –, würde ich vielleicht genauso unter der Brücke wohnen. Ich wäre nicht Musikerin geworden. Das ging nur deshalb, weil sie mir genug Vertrauen gegeben haben, um ich selbst sein zu können.

Gerade wenn ich von einer solchen Reise nach Hause komme, wird mir manchmal klar, wie viel Glück ich eigentlich gehabt habe. Eben gerade nicht weil ich mit genügend Geld aufgewachsen bin, sondern weil ich so viel Liebe gekriegt habe. Und trotzdem ist es schwierig, auf diesen Reisen ständig diese emotionale Achterbahnfahrt zu machen. All diese schlimmen Dinge sind ja Teil des Ganzen. Du kommst nach Hause und hast das alles in seiner Gesamtheit in dir. Die vielen tollen Eindrücke genauso wie die unsagbar traurigen. Und auf Dauer verändert das die Art und Weise, wie du die Dinge siehst, ganz schön.

WIE STROM DURCH DIE ADERN

Party!

DJ KOZE Es gibt immer so Punkte, frühmorgens um fünf oder um sechs, wenn ich gerade geweckt worden bin, irgendwo im Hotelzimmer liege – in Berlin oder in irgend ner anderen Stadt, in Ulm oder in Madrid – und die Platten nochmal durchsortiere und wahnsinnig müde bin, weil ich auch die Nacht davor unterwegs war, den ganzen Tag gereist bin, verkatert bin, Angst habe, vor dem Auftritt, vor den Erwartungen. Und dann denke ich manchmal: »Ich kann nicht. Das ist doch der Wahnsinn. Ich kann da doch jetzt nicht um sieben oder acht Uhr morgens meine Platten vorspielen. Das ist doch totaler Irrsinn.« In so einem Moment würde ich meine Gage dafür hergeben, wenn ich bleiben dürfte, wo ich bin.

Aber dann ruft auch schon die Rezeption an. Der Fahrer ist da. Und wenn ich da meine Platten auf meinen kleinen Omawagen hieve und in den Fahrstuhl gehe, gucke ich oft in den Spiegel und denke: »Ich bin völlig fertig. Ich brauche sofort nen Wodka.« Und dann: »Das kann ich keinem erzählen, was jetzt gerade für eine Aufgabe auf mir lastet.« Das kann ich meiner Freundin nicht erzählen. Das ahnt keiner. Wenn ich hinterher wiederkomme, wird wahrscheinlich alles gut gewesen sein. Aber wie schlimm das für mich ist, in meiner Dünnhäutigkeit, jetzt gleich in einem Club mit vielleicht 1 000 rauchenden, zum Übermut neigenden Menschen die Kiste durchzuschleppen. Noch eineinhalb Stunden zu warten …! Ich habe natürlich vor dem Auflegen überhaupt kein Interesse an Kommunikation. Ich bin nur total nervös. Und wenn ich keine Bezugspersonen habe, dann ist es meistens so, dass ich mich da an die Bar setze und zugucke.

LAWRENCE Das ist manchmal tatsächlich so, dass man da

rumsitzt und denkt: »Es sind so schreckliche Leute hier!« Man will mit keinem dieser Menschen was zu tun haben.

DJ KOZE Das ist halt alles immer sehr, sehr in Extremen. Manchmal ist man sehr, sehr einsam. Und dann ist man wieder sehr, sehr unter Leuten. Und das ist natürlich nicht gut, um ruhig, entspannt und ausgeglichen zu sein, wenn man sowieso schon so ein nervöser Typ ist.

MATHIAS SCHAFFHÄUSER Ich habe lange Zeit sowas wie Prüfungsangst beim Auflegen gehabt. Vor der Geschmackspolizei im Publikum. Da gibt es ja immer ganz bestimmte Cliquen, von denen du auf deine Übergänge gecheckt wirst. Die sofort die Nase rümpfen, wenn es irgendwo ein bisschen klappert. Das hab ich mir am Anfang wahnsinnig zu Herzen genommen.

DJ KOZE Das ist ja auch ein total harter Job, sich da hinzustellen, auf eine Bühne, und zu sagen: »So, Leute, schön, dass ihr alle gekommen seid, aber das ist jetzt mein Haus für die nächsten drei Stunden. Ihr seid Gast.« Und dem dann auch standzuhalten.

BIANCA GIRBINGER Ich habe mich anfangs immer nur sicher gefühlt, wenn das Handy neben dem Plattenteller lag. Weil ich dann sehen konnte, wie spät es ist. Ich konnte sehen: »Aha, ich habe schon so und so lange gespielt. Jetzt habe ich das Recht, jemanden zu rufen, dass er mich mal kurz ablöst.« Falls alle Stricke reißen, falls ich plötzlich nur noch Scheiße baue und Fehler mache, kann ich sagen: »Ich habe ja schon was erfüllt. Ich darf jetzt um Hilfe schreien.«

ANDI TEICHMANN Ich habe mich am Anfang sowohl als Landei als auch als Hochstapler gefühlt. »Wieso stehe ich jetzt in diesem Laden, vor mehreren hundert Leuten und darf hier Platten auflegen? Ich bin doch eigentlich ein grottenschlechter DJ! Was finden die Leute eigentlich gut daran, dass ausgerechnet wir auflegen? Und nicht wer anders?« Anfangs bin ich davon ausgegangen, dass das, was dir die Berechtigung gibt, in großen Läden aufzulegen, wahrscheinlich gewisse technische Fertigkeiten sein müssen: super Übergänge, super *flow*. Aber wenn du das lange genug machst, dann klappt das ja auch von alleine.

Ich weiß noch: erster Gig in Berlin – erster Gig im *WMF*. Damals war ich noch in Regensburg. Kannte Berlin auch noch gar nicht. Und musste auf so einem dicken, fetten Abend erstmal funktionieren. Die Leute, die vor oder nach uns spielten, kannte ich entweder gar nicht oder nur über E-Mail. Und dann der Raum … das war ein großer Raum, wo die mit Leinwänden einen kleineren Raum reingezogen hatten. Und diese Leinwände wurden von hinten mit Projektoren 360-Gradmäßig anprojiziert.

Ich hatte klassisches Lampenfieber. Auch weil ich nicht einschätzen konnte, ob unsere Platten überhaupt ankommen. Oder ob da vielleicht ganz andere Musik läuft. Aber das war dann ganz interessant: Ich hätte nicht gedacht, dass die Leute unsere Platten zu Hause hatten. Die hatten sich auf uns gefreut. Die kannten das alles. Das haben wir dann im Lauf des Abends mitgekriegt. Das war gigantisch. Irgendwann war das für mich so: »Wow! Du bist echt da hingekommen. Wie ist denn das jetzt gegangen?« Das war bei mir das erste Mal, dass so eine Art Traum in Erfüllung gegangen ist.

In dieser Zeit habe ich auch gelernt, dass unser *magic moment* ein anderer ist als dieses rein Technische. Dass wir nämlich gerade mit einer ganz unorthodoxen Aus-dem-Bauchraus-Attitüde das alles angehen. Und daraus habe ich letztlich mein Selbstbewusstsein als DJ gezogen, dass ich mir dachte: »Hey, das ist eigentlich genau der Punkt, der es ausmacht: dass es keine vorhersehbare Sache ist.«

Krönung meiner Lampenfieberkarriere war aber lustigerweise erst viel später – auf dem »Sonar« in Barcelona 2001. Bis dahin dachte ich, ich wäre inzwischen eine recht coole Sau. Bis drei Minuten vor dem Auftritt war ich auch wirklich extrem cool. Wir standen ein bisschen in der Gegend herum. Und ich dachte so: »Cool. Alles super. Geile Party.« Ich habe mich extrem gut gefühlt. Aber dann: Erste Platte abgelegt – und von Null auf 100 so einen Schiss gekriegt, so ein Muffensausen, dass ich wirklich gezittert habe und einfach die Nadel nicht mehr auf die Platte gekriegt habe. Irgendwann war das natürlich wieder vorbei. Als sie erstmal oben war und die Leute getanzt haben, war das weg. Aber dieser erste Anflug war Wahnsinn – das war einer der schlimmsten Momente meines Lebens.

RAINER TRÜBY Hin und wieder ist es natürlich auch so, dass man in nen Technoclub gebucht wird, wo den Promotern der Name Rainer Trüby geläufig ist. So: »Ah ja, gut, das ist ein bekannter DJ, den buchen wir mal.« Aber ohne dass die wissen, dass ich eigentlich gar nicht der bin, der die Meute platt macht.

Wobei ich solche Missverständnisse super finde. Der Laurent Garnier – den kenne ich ganz gut – steht ja eher für Techno und auch so richtig für Abfahrt. Aber einmal hat er es auf dem »Sonar« tatsächlich gebracht – da hat er um sechs Uhr morgens sein Set gehabt, auf so ner Terrasse, direkt am Meer. Alle haben sich schon ihre Ecstasys genau getimt eingeworfen und warten da jetzt auf die Fingerwedel-Häuser-bauen-Abfahrt. Und Laurent Garnier spielt ein Reggaeset! Sehr, sehr langsamen Dub und Reggae. Was ich eigentlich super fand. Auch dass er sich sowas traut. Aber viele Raver waren doch etwas enttäuscht.

ANDI TEICHMANN Ich habe da ein ganz bestimmtes Trauma: Geburtstagspartys. Dass Leute, die dich kennen, denen du nahestehst, Geburtstag haben und sagen: »Dein *Sound* ist so super. Magst du auf meinem Geburtstag auflegen?« Mittlerweile lehne ich das kategorisch ab. Weil, das ist die Hölle. Da wirst du in nen Kontext gestellt, wo es nie funktioniert. Weil da die verschiedensten Leute eingeladen sind und nach fünf Minuten schon jemand kommt und **Doors** oder was auch immer hören will. Und dann so: »Was? Das hast du nicht dabei?«

Es wird immer kompliziert, wenn die Leute meinen, du bist so ein namhafter DJ – und dich, aus deinem Kontext heraus, irgendwo anders hinstellen wollen, wo auch Leute sind, die eine völlig andere Vorstellung von dem haben, was ein DJ zu machen hat. Einmal habe ich auf der Party von einem regionalen Fernsehsender gespielt. Die hatten ein neues Sendegebäude bekommen. Und ein paar von den jüngeren Mitarbeitern waren total heiß darauf, dass ich auflege. Die haben sich wirklich auf mich gefreut. Aber das hat in einem totalen Desaster geendet. Ich habe da im Keller gespielt. Und irgendwann kam der Geschäftsführer: »Was machen Sie da für Musik? Da tanzt ja überhaupt keiner! Sehen Sie mal, die Leute!« Da hatte ich aber zum Glück schon ein paar Jährchen aufgelegt und habe gesagt: »Hallo? Wenn ihr mich fragt, ob ich auflege, dann lege ich auf. Wenn ihr einen Kasperltheater-Partyjukebox-DJ haben wollt, dann müsst ihr nach einem Kasperltheater-Partyjukebox-DJ fragen. Aber ich lege hier jetzt auf. Und fertig!«

Aber der Typ war der totale Choleriker. Der ist total ausgeflippt. Hat im Laufe dieser Streiterei drei Leute entlassen. Die meinten: »Hey, da oben ist doch auch noch andere Musik. Und wir wollten hier ...« Und er: »Raus!« Ich habe wirklich selten so ein Arschloch gesehen.

Dann kam auch noch so ein anderer Event-Heiner. Und der sagte: »Wenn ich einem DJ sage, er soll einen Walzer spielen, hat der einen Walzer zu spielen!« Da habe ich gesagt: »Na gut, gebt mir die Kohle, und ich gehe. Dann ist halt überhaupt keine Musik mehr.« »Nein! Sie bleiben! Sie legen andere Musik auf.« Das ist immer weiter eskaliert. Ich habe schließlich einfach aufgehört und gesagt: »Tut mir leid, das ist mir jetzt zu doof.« Das hat aber solche Wellen geschlagen, dass irgendwann ein großer Teil der Belegschaft gemeint hat: »Das war so ein schönes Fest. Dieser Typ! Das ist so ein Choleriker! Wir halten das nicht mehr aus!« Da haben einige Leute echt geheult wegen dem – weil der wieder so abgeht.

Die haben aufgrund dessen eine interne Revolution angezettelt, sind geschlossen zum Vorstand – und der Typ ist entlassen worden.

Ich habe im Lauf der nächsten Jahre noch mit Genugtuung verfolgt, wie er von seinem ganz hohen Ross immer weiter abgestiegen ist. Zuletzt habe ich gelesen, dass er eine Pornoseite in einem Internetauktionshaus betrieben hat und verurteilt worden ist, weil das Ganze für Jugendliche frei zugänglich war. Da dachte ich mir: »Gut! Die Welt ist eine bessere geworden.«

DJ HELL Was es auch öfter gibt, das geht in Richtung *no respect* seitens der Resident-DJs aus dem betreffenden Laden. Letztens habe ich in Berlin gespielt. Für fast kein Geld. Nur um den Veranstaltern einen Gefallen zu tun. Weil die mir monatelang in den Ohren gelegen hatten, dass ich unbedingt bei ihnen spielen soll. Dann durfte ich erst schon mal mit einer Stunde Verspätung anfangen – was ja manchmal einfach passiert –, aber der Resident von dem Club, der nach mir spielen sollte, kam dann auch noch viel zu früh. Und das Erste, was er zur Begrüßung sagt, nachdem er seine Platten genau da hingestellt hatte, wo ich gerade stehe, war: »Willst du noch eine Platte spielen?« Da dachte ich mir: »Moment mal. Ich fang jetzt sogar noch mal ganz von vorne an. Ich spiele nicht nur diese eine Platte, sondern ich spiele sogar noch ein paar Platten mehr.«

ANDI TEICHMANN Man ist natürlich gut erzogen und höflich. Aber man ist vielleicht als Headliner gebucht und fragt ganz freundlich: »Okay, wann sollen wir auflegen? Um zwei oder um drei?« Aber dann steht man um halb vier immer noch da. Sagt: »Hey, wie schaut's denn aus?« Und die lassen sich halt überhaupt nicht beeindrucken.

DJ HELL An dem Abend habe ich noch vier, fünf Platten gespielt. Aber eigentlich war ich so genervt, dass es mich dann doch aus dem Konzept geworfen hat. Worüber ich mich noch zusätzlich geärgert habe – dass mich das jetzt so nervt.

ANDI TEICHMANN Dann gibt es auch die Situation, dass du nach ner halben Stunde merkst: »Das funktioniert nicht richtig. Das springt nicht über.« Da kommt man dann schnell in Zugzwang und denkt: »Wie gehe ich jetzt weiter vor? Ziehe ich jetzt drei Hits raus? Oder ziehe ich die nicht raus? Oder ...«

MICHAEL MAYER Oder die ständige Angst vor Hörsturz. Ich war neulich mit ner Freundin in Lausanne. Wir wollten eigentlich nur essen gehen, was trinken gehen – haben dann aber den letzten Drink in so ner Disco genommen. In so ner Disco-Disco. Wir waren die ersten Gäste. Aber der DJ legt natürlich schon laut fetten House*sound* auf, anstatt am Anfang vielleicht mal ein bisschen ruhigere Musik zu spielen. Ich hab das über mich ergehen lassen und dachte mir: »Wie viele verdammte Stunden habe ich schon im Club zugebracht?« Und habe mit dem Handyrechner so ne Hochrechnung angestellt, wie viele Bassdrums ich schon im Club gehört habe. Wie oft ich diesen Schlag aufs Ohr gekriegt habe. Das war eine astronomische Zahl von 90-Millionen-irgendwas. Und ob das so gut ist, weiß ich nicht.

Wobei – es gibt ja gute Bassdrums und böse Bassdrums. Es gibt Bassdrums, die man hören will. Das ist einfach der Pulsschlag. Den man eigentlich gar nicht wahrnimmt. Sondern der ganz selbstverständlich da ist. Und es gibt welche, die man eben nicht hören will. Die wie Messer- oder Nadelstiche wirken. Oder als würde einem jemand mit dem Baseballschläger auf den Kopf hauen. Und das sind natürlich die gefährlichen. Die auch das Gehirn angreifen. Oder die Seele. Manchmal kommt man in Gegenden – spielt zum ersten Mal in einem bestimmten Club – und wundert sich, warum die Leute sozial so tot sind. Warum so eine unfassbar schlechte Atmosphäre in diesem Club herrscht. Für mich liegt das ganz klar an den bösen Bassdrums. An der schlechten Musik. Dass den Leuten zu selten etwas wirklich Inspiriertes untergekommen ist. Dass sie zu oft von irgendeinem Resident gequält werden. Und gar nicht mehr den Unterschied merken. Dass sie gefangen sind.

MARKUS GÜNTNER Als Markus Kavka letztes Mal hier war und wir zusammen in der *Suite* aufgelegt haben, habe ich den ganzen Abend über keinen Schluck Alkohol getrunken. Kein bisschen. Da stand ich irgendwann – so um drei oder um vier – am DJ-Pult und dachte mir nur so: »Hey, also Leute – ich weiß nicht, ob ihr alle bloß stockbesoffen seid oder ob ihr euch alle einfach nur freut über die Musik oder drogenmäßig total beieinander seid«, aber das war ganz, ganz, ganz schlimm. Die waren alle dermaßen hysterisch. Zum Beispiel gibt es ja extra diese Glasscheibe am DJ-Pult, damit nicht jemand daher kommen und irgendwas machen kann. Aber nee. Die haben ständig die Hände rübergestreckt, gegen das Notebook gehauen ... Bei sowas flippe ich total aus. Weil, dafür ist so eine Grenze doch da. An diesem Abend wurden auch wirklich viele Leute rausgeschmissen.

ACID MARIA Natürlich ist das meistens nicht unangenehm, wenn die Leute deinen Namen rufen und voll hysterisch werden. Natürlich mag man das gerne. Diese Hysterie ist auch ein positiver Aspekt des Ganzen. Aber dass das Ziel einer Party immer sein soll, dass die Leute hysterisch werden, dass es diesen ursächlichen Zusammenhang gibt, irgendwo hinzufahren, damit die Leute einen richtig fetten, geilen Abend haben – an sich ist das ja super –, ich finde nur nicht, dass man alles nach diesem Prinzip gestalten sollte. Das ist langfristig langweilig. Das ist nur eine Seite von den Dingen, die mich interessieren.

HANS NIESWANDT Als DJ entfernt man sich ja generationsmäßig immer weiter von seinem Publikum. Es ist bei mir einfach extrem lange her, dass ich das Gefühl hatte: Man ist auf E und erlebt auf der Tanzfläche eine Intensität, dass man meint, das haut einen weg. Diesem Gefühl würde ich mich heute gar nicht mehr aussetzen wollen. Sowas hat einfach seine bestimmte Zeit im Leben. Da geht es um eine andere

Energie – die stark damit korrespondiert, dass du vielleicht gerade ausgezogen bist, ins Leben startest und überhaupt noch in der Blüte deiner Jugend stehst.

Ich weiß nicht, wie sich das zum Beispiel für Koze darstellt – der ja doch noch stärker als ich mit so ner jugendlichen Energie arbeitet. Auch ist der ja eher ein introvertierter Typ, für den es nicht unbedingt genügt, dass die Leute das toll finden, sondern der muss es selber auch toll finden. Um Energie da rausziehen zu können.

DJ KOZE Ich versuche das immer an Qualität zu koppeln. Vor allem bin ich ein Freund von Auflockerung. Das ist ja überwiegend sehr intensive elektronische Musik, die ich da spiele – die aber immer wieder aufgelockert wird. In die dann Luft reinkommt durch was anderes. Hörspiele oder Anrufe oder Johnny Cash oder irgendwas. Und oft kommen die Leute da nicht mit. Und denken: »Was ist denn jetzt los? Spinnt der?«

ANDI TEICHMANN Ich finde es immer schön, wenn man öfter mal was probiert, was nicht sicher ist. Eine ganz wichtige Sache ist zum Beispiel, dass du auch Fehler machen kannst. Hannes kommt ja eher aus dem Hip-Hop. Wenn es mit dem durchgeht, dann scratcht der sich da einen ab. Und das ist ab und zu total furchtbar, weil einfach nichts mehr stimmt. Aber lieber sowas machen und vielleicht auch dabei versagen, als bei allem auf Nummer sicher zu gehen.

STELLA STELLAIRE Ich finde es faszinierend, wenn man *mit* den Fehlern spielt. Die ja auch ein Ausdruck der ganzen Situation sind. Und der ultimativen Schönheit dieser Situation. Fehler drücken ja sowas wie Lebensfreude aus. Dass man etwas macht. Kopflos. Aus der Hingabe zu diesem Ding heraus. Sich da reinstürzt. Und dann gehen eben auch Sachen schief. Aber man freut sich trotzdem darüber und ist nicht so unlocker und eindimensional. Sondern das lebt dann alles.

ANDI TEICHMANN Der beste Moment ist zum Beispiel oft, wenn die Nadel über die Platte hüpft. Weil das was Unvorhersehbares ist. Da ist das Publikum aus dem Konzept geworfen und du auch. Und dann musst du damit umgehen. Und das kann was ganz Tolles ergeben.

STELLA STELLAIRE Ich habe mal mit dem *T.Raumschmiere* hier in der KTS aufgelegt. Und das ist ja eigentlich so ein richtiges Loch. So ein alter Punkerladen. Technisch gesehen war das ein kleines Desaster. Weil die Platte ständig gesprungen ist. Der Boden hat die ganze Zeit extrem vibriert, wenn die Leute getanzt haben. Wir haben am Anfang noch versucht, das irgendwie hinzukriegen. Das Gewicht vom Tonarm schwerer gemacht und so. Oder teilweise tatsächlich, so völlig umständlich, mit dem Finger einen leichten Druck auf den Griff am Tonarm ausgeübt. Bei laufender Platte! Aber das hat alles nix gebracht, und irgendwann meinte dann Marco: »Ach komm, lass die Platte einfach springen. Ich mix da jetzt drauf.« Und hat angefangen, auf diesen komplett unrhythmischen, holpernden Brei zu mixen. Er hat dem Ganzen einen neuen Rhythmus aufgezwungen, der dann natürlich trotzdem ständig ausgebrochen ist, aber dennoch vorhanden war. Und da habe ich zum ersten Mal die Angst verloren, bei offenem Kanal in die Platte zu fassen. Das ist so ausgeartet, dass wir ständig – eben bei offenen Kanälen – in die Platten gegriffen haben. Einfach nur völlige Anarchie. Nichts war vorhersehbar. Und dieses freie Element, einfach aus dem was zu machen, was gerade da ist: Das war herrlich. Wir hatten Riesenspaß. Es war völliges Chaos. Eine reine Improvisation. Aber es war großartig.

ACID MARIA Ich habe lange darüber nachgedacht, was eigentlich der signifikante Unterschied ist zwischen jemandem, der einfach nur mixen kann, und jemandem, der es wirklich verstanden hat. Und ich glaube, es hat damit zu tun, dass es ganz wichtig ist, sich als Individuum rauszuhalten. Dass du abstrahieren kannst. Dass du es schaffst, dich in dieses Erlebnis, das du jetzt gerade auf der Tanzfläche vermittelst, reinzuversetzen – als würdest du gleichzeitig auflegen, aber auch runtergehen und dich da reinstellen.

HANS NIESWANDT Du musst einfach auch selber Hochgefühle kennen. Du musst erfahren haben, wo dich ein DJ überhaupt hinbringen kann. Damit du weißt, was das ultimative Ziel des Abends sein kann.

ACID MARIA Aber es gibt natürlich auch Leute, die sich selbst nicht so vergessen können und nicht so loslassen können und nicht im Kopf runter auf die Tanzfläche gehen können, sondern die immer als Person an den Reglern bleiben.

MICHAEL MAYER Entscheidend finde ich das Verhältnis zu deinen Platten. Dass du deine Platten kennst. Dass du um ihre Wirkung weißt. Wenn eine Platte gespielt wird, dann entstehen aus dieser Platte heraus ja ganz viele Momente. Und irgendwann erzählt sie ganz viele Geschichten. Die sind dann untrennbar mit ihr verbunden. Und das finde ich das Schöne und das eigentlich Alchemistische am Auflegen. Wie die Platten mit dir zusammenwachsen. Wie sie so ne Geschichte kriegen und ne Persönlichkeit entwickeln. Und das strahlt auch aus. Ich glaube, dass man das hören kann, wie man eine Platte spielt. Ob man ne Platte spielt, die einem wirklich was bedeutet. Oder ob man einfach irgendwas auf den Plattenteller legt.

DJ KOZE Oft spiele ich am Anfang irgendwas, was den Rahmen durchbricht. Wenn die Leute sich schon seit Stunden in so einem Vierviertelrhythmusjoch aufhalten, dann versuche ich dieses Schwimmbad – dieses Becken, dieses Wasser – erstmal einzufärben, in einer Farbe. Ein bisschen ist das so wie Sichkennenlernen. Da schießt man ja auch nicht gleich mit Kanonen auf Spatzen, sondern bietet erstmal was an. Und dann versuche ich einen rauschartigen, groovigen Zustand herzustellen. Der sich in der Chronologie äußert. In einem Faden. Der einen irgendwo hinführt. Man weiß zwar noch nicht wohin, aber man lässt sich darauf ein.

MICHAEL MAYER Beim Auflegen ist für mich die Spontaneität das Wichtigste. Ich muss mich auch selber überraschen. Sonst hätte ich keinen Spaß daran. Wenn ich Spaß dabei habe, haben die Leute auch Spaß dabei. Und wenn ich keinen Spaß habe, dann haben die Leute halt keinen Spaß. Oder dann stimmt zumindest irgendwas nicht.

DJ KOZE Aber ich suche mir da immer meinen eigenen Raum. Manchmal bin ich alleine inmitten der Leute. Ich versuche ja meistens, was reinzuwerfen. In die Situation. Und bin damit dermaßen beschäftigt – wenn ich manchmal Fotos sehe oder Mitschnitte, denke ich mir so: »Oh Mann, ich gucke ja nicht mal hoch.« Ich bin da wie so ein Arbeitstier. Die können mich angucken wie ein Tier im Zoo. Ich bin die ganze Zeit beschäftigt. Ich dreh rum. Ich hab noch einen kleinen Sampler dabei. Und scratche. Und mache. Und durch dieses Gescratche und Gemache versuche ich die Leute halt zu packen. Damit sie merken: »Ach, jetzt läuft nicht nur sechs Minuten lang ein Beat, sondern da arbeitet einer und lockert das auf.« So verstehe ich DJtum. Nämlich nicht so, dass ich mich da abfeiere, sondern dass ich als Person hinter der Musik verschwinde.

Teilweise stehe ich dann völlig in Flammen. Auch wenn Leute mich ankontakten: »Sag mal, hier, wie geht's denn eigentlich?« Sag ich: »Was? Lass mich. Ich kann nicht.« Ich brenne dann halt. Und wenn dann das Hin und Her stimmt, ist es auch ein ganz besonderes, tolles Gemeinschaftsgefühl. Gerade wenn's auf der Kippe steht, ergeben sich ganz besondere soziale Momente. Das ist echt so ein: Hier treffen sich in einem Kellerloch, im Randbezirk einer Stadt, ein paar hundert Leute, die alle das Gleiche wollen und die zu komischen Signalen – eigentlich irrer Musik, die ich mir tagsüber gar nicht anhören würde – tanzen. Aber in diesem Rahmen macht es Sinn. Es gibt dann etwas, was über das normale Ausgehen-und-Tanzen hinausgeht. Es geht dann nur noch um die Musik.

Zum Beispiel im *Robert Johnson* in Offenbach ist das oft so. Da geht es nicht darum, dass man da ist und guckt, wer da kommt. Sondern die Leute kommen rein und hören nur auf den Beat. Und das ist halt schön. Denn in dem Moment ist Techno nicht mehr nur austauschbares Bumm-Bumm. Sondern die einzelnen Teile setzen sich zu so ner Riesenstraße zusammen. Die irgendwo hinführt. Ich meine jetzt nicht nur bei mir selber. Ich hatte da schon Momente: »Wow! Was für Platten spielt der denn vor mir? Ist das geil!« Oder: »Die hab ich ja auch. Aber die habe ich noch nie gespielt, weil, ich dachte, die ist zu *slow*. Aber jetzt, mit dieser Anlage, kommt die ja total super.« Das sind die wirklich magischen Clubs. Im *Robert Johnson* kannst du dich an jeden Punkt stellen – und du bist überall in der Badewanne Bass. Die haben halt die beste Anlage. Mit so einem 5000-Euro-Mixer. Da hast du gar keine Fader mehr. Nur noch Drehregler. Und wenn du das richtig machst, dann perlt die eine Platte in die andere. Das heißt, du drehst den Bass von der einen raus – und dafür den Bass von der anderen rein. Dann hast du schon mal die *bassline* von der anderen Platte. Dann drehst du die Mitten auch noch raus und die Höhen. Und dann verfließt das immer weiter. Das ist halt irre.

ACID MARIA Was an Musik ja auch so spannend ist, ist, dass es etwas Bestimmtes in dir auslöst, was nicht abstrahierbar ist. Was Emotionales, was Gefühlsmäßiges, was schwer eingrenzbar oder bestimmbar ist. Gewisse Sachen hauen einen einfach um. Man ist richtiggehend emotional getroffen und kann sich dessen nicht mehr erwehren. Das trifft irgendwas, was man gehirntechnisch nicht begreifen kann.

DJ KOZE Das Tolle ist auch, dass eigentlich nur der Rhythmus das alles verbindet. Du hast 1000 verschiedene Spielarten. Aber sobald irgendwas gerade durchklöppelt, kann alles drumherum noch so kaputt sein – du kannst trotzdem drauf tanzen. Außerdem gibt es, vielleicht auch nur in dieser Szene, so ein Grundbedürfnis – wie ne frische Dusche – nach Noch-nicht-Gehörtem. Ich muss mir selber meine Stimmung zu der Musik suchen. Während ich sogar bei besserer Indiemusik wie Radiohead die dazugehörige Stimmung im Grunde nur reaktiviere. »Ach, alles klar, jetzt rockt das. Habe ich meine

Stimmung in der Schublade abgespeichert.« Bei technoider Musik – wenn sie gut ist – denke ich mir oft: »Geil, jetzt wird's ein bisschen wärmer, jetzt wird's ein bisschen verdrehter, jetzt geht's kaputt, jetzt fängt es sich wieder.« Ich kann zugucken und beobachten. Aber ich muss mir was ausdenken dazu. Oder es entstehen Bilder. Aber es ist nicht irgendwas Abgespeichertes, sondern die ganze Bandbreite an Stimmungen, die man halt hat, auf dieser Jukebox in seinen Gefühlen.

»

HANS NIESWANDT Schönheit erfreut mein Herz ungemein. Da zu stehen und zu sehen, wie sehr die Leute das genießen, zu dieser Musik zu tanzen – richtig zu tanzen –, das ist ein Hochgenuss. Da gehe ich als DJ ab wie eine Rakete. Weil, es geht ja um uns alle. Wir alle zusammen machen das Erlebnis. Und da kommt es gar nicht darauf an, wie viele Leute da sind. Ich hab's schon erlebt, dass nichts los ist – aus irgendeinem Grund sind nur 20 Leute da –, aber von denen tanzen 19. Und der Zwanzigste hat ein Gipsbein. Sonst würde der auch noch tanzen. Das ist wunderschön. Solche emotionalen Aspekte sind mir in letzter Zeit immer wichtiger geworden. Das Gefühlsleben der Tänzer zu berühren oder zu beeinflussen. Erinnerungen anzutriggern.

DJ KOZE Mich fasziniert immer wieder, dass die Leute wirklich zuhören, was man da macht. Die ganzen Lieder, die man da spielt, kennt ja eben gar keiner. Im Gegensatz zu Indie ist das ja so ne schnelle, wöchentlich sich abwechselnde Musik. Ohne Helden. Die manchmal nur in 500er-Auflagen erscheint. Da sitzt dann der Peter Kersten zu Hause im Schlafanzug vor seinem kleinen Sampler – und schraubt, ganz alleine in seinem Kosmos, so drei oder vier *Sounds* hin, die sich nur immer abwechseln, bringt das auf ner 500er-Platte raus – und wenn das abends aufgelegt wird, wird das abgefeiert, als ob man auf einer Indieparty **Nirvana** spielen würde.

HANS NIESWANDT Die Anerkennung, die man von seinem *Dancefloor* bekommt, wenn es gut läuft – das ist eine Intensität, die ich nirgendwo sonst im Leben sehe. Man macht eine Aktion – und die Anerkennung kommt nicht nur sofort, sondern ist auch noch überwältigend. Sodass sie Gänsehaut erzeugt. Weiche Knie macht. Atemnot. Die Leute so glücklich zu machen, dass sie schreien – und zu dir hinkommen und sagen: »Wow! Wahnsinn!«, das ist ein Gefühl, das man tatsächlich immer wieder erleben will. Und wo man auch sagen kann, dass das etwas Drogenartiges ist.

DJ HELL Das ist ein solcher Euphoriepegel, den man von einer tollen Party bekommt – in gewissen Momenten ist man da unverwundbar.

HANS NIESWANDT Da wird man auch nicht müde. Schon allein durch die Bewegung, die in so einem Laden herrscht. Die Energie. Und dadurch, dass man an dieser Energie angeschlossen ist.

BIANCA GIRBINGER Es hört sich ja immer so doof an, wenn man sagt: »Jetzt fühle ich die Musik. Und eine Steigerung ist kaum mehr möglich, sonst werde ich wahnsinnig.« Aber in Augenblicken, wo es sehr gut läuft, ist es einfach so. Ich habe manchmal das Gefühl, dass die Musik wie Strom durch meine Adern fließt. Ich habe meine Hände auf den Plattentellern und bin total mit dem Gerät verbunden. Aber es ist nichts mehr Äußerliches, sondern es fließt durch mich durch und gibt mir total viel Kraft.

MISS KITTIN Ich hatte einmal eine Erfahrung – das ist wirklich kein Witz: Vor zwei Jahren bei einer *Kompakt*-Party in Köln war ich ziemlich betrunken. Aber ich legte perfekt auf. Ich legte so perfekt auf, dass ich meine Bewegungen nicht mehr kontrollierte. Und auf einmal, für kurze Zeit, sah ich mich von oben. Ich konnte von dort aus beobachten, wie ich mich bewegte und mit den Platten hantierte. Ich schwöre! Und dann – puff! – kam ich wieder zurück. Ich wurde mir erst so richtig darüber klar, als ich aufgehört hatte aufzulegen. Währenddessen war ich zu fokussiert. Aber danach saß ich noch mit Tobias Thomas zusammen. Und ich zu ihm so: »Ich weiß nicht, was da oben passiert ist. Aber das war nicht ich!« Und ich hatte das Gefühl, Tobias wusste genau, was ich meine. Er dachte vielleicht: »Sie ist ein bisschen betrunken und ein bisschen durch den Wind« – aber wenn du so tief mit einer Sache beschäftigt bist, dann ist alles nur noch eine Frage der Konzentration. Wenn du voll auf das fokussiert bist, was du tust, kannst du ganz andere Bewusstseinszustände erreichen. Es gibt Mönche, die tun das die ganze Zeit.

BIANCA GIRBINGER Ich habe über solche Dinge auch schon mit Miezi geredet, im Auto. Wir wussten: Wir machen eine Party an dem Abend. Und vorher haben wir bei dem Veranstalter im Garten gegrillt. Es hat geregnet, und wir sind noch Platten holen gefahren. Und dann sind wir plötzlich auf dieses Thema gekommen. Und nachdem sich der Antrieb, aus dem heraus Menschen sich mit Musik beschäftigen, ja oft ähnelt, wollte ich einfach wissen, ob es bei ihr genauso ist. Und sie so: »Ja, ich weiß, was du meinst.«

Ich würde das jetzt auch nicht überbewerten. Sondern es gehört einfach dazu und findet halt ab und zu statt. Es ist auch nicht so, dass ich es darauf anlege. Sondern das passiert einfach. Es gibt Situationen, durch die ich weiß, dass es sich lohnt, dranzubleiben oder sich damit zu beschäftigen. Aber es geht nicht um die *Thrills*. Ich bin schon manchmal dankbar – wenn ich mir manche Sachen anhöre –, dass ich das jetzt überhaupt hören darf. Dass ich das überhaupt entdecken darf. Ich freue mich darüber. Und genieße das.

ACID MARIA Bis vor einiger Zeit habe ich im *Ultraschall* in München meine eigenen Abende gemacht. Und ne Zeitlang war es da so, dass es auch darum ging, wer es schafft, so aufzulegen, dass niemand nach Hause geht. Und an manchen Abenden, an denen irgendwie alles super ineinander gegriffen hat, an denen auch das ganze Konzept gestimmt hat, war es so, dass die Leute wirklich nicht mehr nach Hause gegangen sind. Die sind einfach geblieben.

Normalerweise hat sich ab sieben das Feld gelichtet. Und an manchen Abenden war's um halb neun noch total voll. Ich hab dann gern mal den Regler runtergezogen und in den vollen Laden reingeschrien: »Geht jetzt nach Hause!« Und die haben alle nur den Kopf geschüttelt: »Nein, wir bleiben!« Das war natürlich total toll. Und dann hat man wieder irgend eine Platte rausgezogen, die man noch mehr oder weniger im hintersten Teil seiner Plattenkiste gefunden hat, und sich gedacht hat: »Oh, cool! Die passt jetzt genau! Die spiele ich!« Und dann sind nochmal alle durchgedreht. Es war so ein Gefühl einer Bande, die man mit denjenigen gebildet hat, die noch anwesend waren. So ein totales Verbundenheitsgefühl. Ich hab eigentlich nur noch gemacht, was der *vibe* der Gruppe von mir verlangt hat. Ich hab's in die Tat umgesetzt. Und am besten war's immer, wenn es sich schlafwandlerisch angefühlt hat. Dass ich das Gefühl hatte: Es fließt. Es geht wie automatisch. Dass ich nicht mehr darüber nachdenke.

HANS NIESWANDT Wenn ich am Ende der Nacht das Gefühl habe, die Leute haben das echt richtig genossen, haben das total verstanden, waren superoffen, haben sich auf alles eingelassen, was ich da so angeboten habe, und sind für ihre Offenheit auch belohnt worden, weil sie dadurch eine wesentlich reichere Erfahrung machen konnten, dann bekomme ich echte Dankbarkeit. Wenn Leute mir hinterher die Hand geben. Klatschnass geschwitzt. Und einfach glücklich sind. Dann sage ich: »Ich habe das gerne gemacht.«

ANDI TEICHMANN Wir legen ja meistens richtig lange auf. In Berlin immer elf, zwölf Stunden. Bis Mittag. Wenn du da die Musik ausschaltest, bist du einfach total fertig. Oft gehen dann ja noch alle woanders hin. Frühstücken oder so. Bei mir geht da überhaupt nichts mehr. Ich kann weder mit irgendjemandem reden noch irgendwas machen. Ich sitze auf meiner Plattenkiste und: Puh!

DJ KOZE Oft denke ich danach einfach: »Ich kann nicht mehr!« Aber ich muss ja dann auch noch meine Sachen im

Auge behalten. Und die Abrechnung machen. Das holt einen ja auch wahnsinnig auf die Erde zurück. Wenn man da in so einem neonerleuchteten Hinterzimmer steht, mit so einem 40 Jahre alten Barmanager. Und der so: »Pass auf, wir hatten vereinbart: Provision und ...« »Gib her! Schnell!«

DJ HELL Wo ich inzwischen so gut wie gar nicht mehr dabei bin, das sind diese *After-Hour*-Partys. Dieses endlose Weiterfeiern in Hotelzimmern oder auch privat. Ich schleiche mich da immer davon. Ich sage: »Ich komme später.« Aber ich komme natürlich nie. Weil ich ja weiß, wie es da ist. Da liegen dann alle. Und sind völlig überdreht. Mir ist das zu anstrengend. Ich gehe lieber in mein Zimmer, bade und schlafe in aller Ruhe.

MATHIAS SCHAFFHÄUSER Ich schlafe dann eher schlecht. Meistens komme ich ja um eine Zeit ins Hotel – morgens um sechs oder sieben –, wenn das Hotel eigentlich gerade wach wird. Du hörst die Duschen. Die Fahrstühle. Die Leute fangen an zu labern. Machen den Fernseher an. Und ich bin dann halt auch sehr sensibilisiert. Am liebsten würde ich dann in nen schalldichten Raum gehen. Das wäre die größte Erholung. Weil, das hallt alles noch so nach. Es ist noch so eine Geschwindigkeit in mir drin. So ein Aufgedrehtsein. So ein Rumoren. Das muss aber runtergefahren sein, damit ich Schlaf finde. Und wenn dann drumherum alles Mögliche abgeht, ist da kaum ne Chance. Ich habe mich jetzt daran gewöhnt, mit Ohropax zu schlafen. Aber das hilft auch nicht immer.

DJ KOZE Manchmal geht das mit dem Schlafen danach. Aber manchmal auch nicht. Manchmal verpasse ich diesen Punkt und liege wach im Hotel. Es ist schon neun. Und werde immer unruhiger. Irgendwann denke ich: »Das kann nicht wahr sein. Jetzt muss ich gleich wieder aufstehen.« Dann höre ich den Rhythmus noch. Irgendwelche Geschichten. Lichter flackern.

Letztes Jahr habe ich ein halbes Jahr keinen Alkohol getrunken. Um zu sehen, wie das ist. Das ist auch gut. Man ist konzentrierter – und noch mehr bei der Sache. Aber das Einschlafen ist noch schwieriger. Wirklich richtig schwierig. Du bist komplett aufgezwiebelt und liegst dann da. Zeitweise habe ich es mit Schlaftabletten versucht. Und du spürst einfach überhaupt keine Müdigkeit ...

DJ-JETSETTING

Geld und Erfolg

ANDI TEICHMANN Ich gehöre natürlich nicht zu dieser DJ-Generation der ersten Stunde, die sich inzwischen hier eine Villa hinstellt und da eine. Aber wir kriegen trotzdem Gagen pro Abend, für die andere teilweise zwei, drei Wochen arbeiten müssen. Es ist allerdings auch relativ kompliziert, ein normales Leben aufrechtzuerhalten, wenn man so viel unterwegs ist. Ich kriege es in den seltensten Fällen geregelt, etwas einzukaufen und mir was zu kochen, sondern gehe bestimmt fünf bis sechs Mal die Woche Essen und Frühstücken. Für manche Leute aus meinem Umfeld ist das schon ein bisschen abgehoben. Weil das für die finanziell gar nicht drin ist.

ACID MARIA Ich hatte noch nie eine Beziehung, in der der Mann viel mehr Geld hatte als ich. Mein letzter Freund hat sich viel Mühe gegeben, Geschenke zu machen. Und auch große Geschenke zu machen. Aber sowas ist doch gar nicht so wichtig. Ein Gänseblümchen ist doch viel cooler, als wenn du genau die richtigen Schuhe geschenkt bekommst. Er hat sich einfach völlig falsche Vorstellungen davon gemacht, wie wichtig mir teure Geschenke sind. Bei uns war es eben so: Seine Mutter kommt aus Florenz – und in der Nähe gibt es verschiedene *Outlets*. Gucci. Prada. Giorgio Armani. Wir sind einmal im Jahr nach Florenz gefahren – und da war immer ein Tag für den Ausflug in die *Outlets* reserviert. Seine Erwartung dabei war, dass ich ganz viel kaufe, weil ich ja viel verdiene. Aber wenn ich gesagt habe: »Ich will das jetzt nicht kaufen«, wurde das so ausgelegt, als würde ich Shopping generell kritisieren. Als würde ich mich gleich so eines Antibohemientums verdächtig machen und wäre schon ans Establishment verloren, weil ich in seinen Augen Geld horte, anstatt es mit vollen Händen auszugeben – weil ja ständig welches nachkommt.

Wir haben uns irgendwann nochmal getroffen, da habe ich in München gespielt. Da war er alleine da. Im Nachhinein hat sich rausgestellt, dass er schon ne halbe Stunde da war und mich quasi beobachtet hat. Und dann schaut er dich nur von oben bis unten an: »Geiles Kleid! Geile Schuhe!« Und ich: »Mann!« Das ist so seltsam, dass er nach einer so langen Zeit der Trennung immer noch davon ausging, dass es mir um solche Sachen geht. Ich glaube, dass er dieses Acid-Maria-Auftritt-Ding viel zu wichtig genommen hat. Diese Blase, die man auch als Schutz um sich rum macht. Ich hatte den Eindruck, dass er mit dem Bild, das in seiner Vorstellung von mir existiert, besser klarkam als mit mir als tatsächlicher Person.

RAINER TRÜBY Es gibt in Italien so einen *Nu Jazz*-König, so einen Jazz-Don, der heißt Nicola Conte – der hat mich mal eingeladen, nach Bari in Süditalien, wo er immer sein Jazzfestival macht. Der lebt den Jazz. Seine Heroen sind *Blue Note*, sechziger Jahre – hat auch immer so Sixties-Designeranzüge an. Bei dem stimmt einfach alles. Auf jeden Fall hat er mich abgeholt, am Flughafen in Bari. Wir haben uns bis dato nur übers Telefon gekannt. Und ich bin halt eher dieser Jeans-und-Sneakers-Typ. Aber als er mich so sieht: »Rainärrr, are you a skaterrr? Rainärrr, if you're a Jazz-DJ, you're supposed to wear a suuut.«

DJ HELL Irgendeine Art von typischem DJ-Outfit hatte ich eigentlich nie. Dem wollte ich immer entgegenwirken. Das war für viele Leute ein Schock, als ich damals, Mitte der Neunziger, zum ersten Mal mit Anzug und Krawatte aufgetreten bin. Oder sogar im Dreiteiler. Das war so dermaßen weit weg von den Themen, die damals aktuell waren. Speziell von dieser ganzen Military-Geschichte.

ACID MARIA Bei dieser *Gigolo*-US-Tour war das auch so, dass der Helli in jeder Stadt dringend zu Gucci wollte. Wir sind in den großen Städten – also in San Francisco, New York und Chicago – zuallererst in die Gucci-Läden gegangen. Das war die Zeit, als Tom Ford zu Gucci ging und Gucci sein ganzes Image verändert hat. Nicht mehr diese blöden Taschen mit den Bambusdingern, wofür ja Gucci vorher immer nur stand.

DJ HELL In Chicago habe ich mir einen grünen Anzug gekauft. Das war so ein ganz eigenwilliges, helles, stechendes Grün, das ich damals ganz toll fand. Für so einen Anzug habe ich schon mal meine DJ-Gage geopfert, vom Abend vorher. Aber ich habe nicht, so wie andere Leute, bei Gucci alles leer gekauft. Damals war ja so ein Gucci-Fieber. Das war ein Statussymbol. Da wurde richtig investiert. Da gab es *Artists* und DJs, die haben sowas von zugeschlagen! Das war fast schon hysterisch! Die kamen in Gucci-Schuhen, Gucci-Socken, Gucci-T-Shirt und Gucci-Mütze. Natürlich auch oft in solchen Sachen, wo dieses Zeichen zu sehen war. Das war mir eher suspekt. Sowas würde ich nicht machen.

HANS NIESWANDT Für mich ist Hell wie so ein Dandy der Jahrhundertwende. Der könnte auch im Frack auflegen. Das würde genauso passen. Für mich selbst fand ich es eher immer gut, dass man als DJ auch irgendwelche Malerhosen tragen kann oder gerade vom Gartenumgraben kommen kann. Damit kann man stilistisch natürlich spielen. Es gibt Tage, da fühle ich mich auch selbst nach Anzug-DJ – und ziehe dann einen Anzug an. Man spielt dann auch ein bisschen eleganter. Oder: »Ich fühle mich heute gerade deswegen nach Anzug-DJ, weil ich in diesem trüben Loch von Fabrikruine spiele.«

MARKUS GÜNTNER Meine *Mum* hat am Anfang zu mir gesagt: »Du willst dir einen Anzug kaufen? Du hast ja den totalen Schlag!« Inzwischen habe ich neun Anzüge im Schrank hängen. Anzug ist für mich einfach Eleganz. Und es ist nicht das, was die 16-jährigen Hip-Hop-Kiddies anziehen würden. Wer geht schon freitags in den Club und trägt nen Anzug? Jetzt hatte ich mal einen weißen Seidenanzug an. Weiße Anzugschuhe dazu. Einer hat an dem Abend gemeint, ich hätte eigentlich mit einem Lamborghini vorfahren und ein Konzert auf einem verchromten Klavier geben müssen. Und das Geilste war: Dieses ganze Outfit hat mich zehn Euro gekostet. Weil der Anzug fünf Euro gekostet hat. Und die Schuhe auch. Der ist einfach vom Flohmarkt.

DJ HELL Ich suche mir zurzeit vor allem kleine No-Name-Labels. Das müssen aber keine Anzüge sein. Das ist einfach ein Image, das ich inzwischen weghabe. Man erwartet von mir, dass ich einen Gucci-Anzug anhabe. Aber für mich ist es dann doch eher die Kombination aus verschiedensten Sachen. Ich mag zum Beispiel gerne gewisse Militarysachen. Bundeswehrmütze, Parka, Tarnjacke – und das dann eben teilweise mit teuren Sachen kombiniert. Das sieht man aber nicht. Auch wenn ich so ne halblang geschnittene amerikanische Tarnjacke anhabe – das sind für mich *Basics*. Sowas hat man einfach im Schrank. Ich habe inzwischen wahrscheinlich von fast allen Armeen dieser Welt eine Kollektion zu Hause. Da kriege ich in Japan zum Beispiel eine deutsche Marinejacke mit Reißverschluss, die ich hier noch nie gesehen habe. Und das dann kombiniert mit ner Dirk-Schönberger-Hose ...

Inzwischen bin ich auch in Kooperation mit diesen ganzen *Fashion-Shows* getreten. Es gab mal einen Punkt, da wollten alle gleichzeitig nur noch Musik von *Gigolo* haben. Jetzt war ich gerade in Paris, mit Dirk Schönberger. Der hatte die Idee einer musikalischen Umsetzung von punkigen Sachen wie **Cramps** und **Suicide**. Sowas ist für mich natürlich ne Herausforderung. Weil ich dann Sachen suche, die ähnlich funktionieren. So wie **Fat Truckers**, die ja auch auf *Gigolo* sind. Das sind so Jungs aus Sheffield. Musikalisch waren die mit das Interessanteste in letzter Zeit. Aber wirkliche Punks sind das nicht. Ich hatte ne Diskussion mit denen, wo ich gesagt habe: »Jungs, ihr kommt hier an, habt zwei Tage lang die gleichen Klamotten an – ob das beim Abendessen ist, beim Soundcheck, beim Schlafen, oder auf der Bühne. Ihr müsst euch was überlegen.« Das war für mich ein Schock. Ich wäre Ende der Siebziger oder Anfang der Achtziger nie darauf gekommen, ungestylt aus dem Haus zu gehen. Das gab's nicht. Man hat sich ja schließlich vorbereitet.

HANS NIESWANDT Ich glaube, dass Hell auch Wert darauf legt, mit blitzblank geputzten Schuhen aufzulegen. Auch wenn niemand seine Schuhe sieht, weil er den ganzen Abend lang in der Box steht. Aber bei ihm hat das auch damit zu tun, dass sein ganzes Ding unheimlich stark von Details lebt. So wie Mode. So wie *große* Mode. Sich bei jedem Auftritt vertraglich den Champagnerkühler neben das Pult stellen zu lassen, das hat auch einfach was.

DJ HELL Ich trinke halt gerne Champagner. Aber ich trinke den ja auch nicht alleine – sondern treffe meist Leute und lade die dazu ein. Das muss keine 500-Dollar-Flasche sein. Aber das ist inzwischen auch wieder so ein Image von mir.

Oder zum Beispiel bin ich jetzt »GQ-Man-of-the-Year«. Mit Titelcover nächsten Monat. Meine Überlegung ist dann: Warum wollen die mich als »Man of the Year«? Das ist doch eine ganz andere Zielgruppe. Ich kann das nicht ernst nehmen. Aber zum Beispiel meine Eltern, die können, durch dieses ganze Mediending um mich herum, inzwischen zumindest akzeptieren, was ich mache. Oder ein anderes Beispiel: Ich bin jetzt Sponsor von meinem Heimatfußballverein. Vorher war das ein Baumarkt: Baustoffe Parzinger. Und jetzt steht da vorne auf dem Dress: *DJ Hell*. Und das ist da unten auf dem Land natürlich eine große Nummer, wenn man den eigenen Club sponsert.

ACID MARIA Wo bei mir der Geldbeutel immer so komisch locker sitzt: Ich habe so eine Angewohnheit, mich ausgiebig an den Duty-free-Shops aufzuhalten und irgendwelche Cremes – Hard-Day-Relief-Cremes oder irgendwelche Augenmasken und so einen Scheiß – zu kaufen. Das kann man eigentlich nur machen, wenn man einen Job hat wie ein DJ, wo du für relativ kurze Zeit doch einen relativ hohen Stundenlohn ausbezahlt bekommst. Und das immer in Cash. Das ist dann immer so: »150 Euro? Scheiß drauf!« Und das sind dann zwei Lidschatten und eine Creme.

»

ACID MARIA Was mir, speziell im Partybereich, total auf den Senkel geht, das sind diese ganzen Leute, die ihre Partys vorher mit Hilfe von Sponsoring so durchfinanzieren, dass alles vollgeknallt ist mit Logos und Werbebannern und Ich-weiß-nicht-was.

DIRK MANTEI Sowas haben wir nie gemacht. Das fand ich immer extrem ... nicht gut. Wir hatten nie Sponsoren. Es gab nie irgendwelche Flyer, wo die Industrie drauf war. Auch weil es dem Gedanken von *Alternative-Independent-Techno* nicht entspricht. Ich habe natürlich sehr wohl festgestellt, dass da jede Menge Geld geht – das dadurch an mir vorbei wandert. Aber wenn du 20 000 Euro einnehmen musst, nur um dem DJ seinen Erste-Klasse-Flug bezahlen zu können – da weiß ich nicht, ob das die Lösung ist.

KRISTIAN BEYER Ich selber wurde schon von *Carhartt* gesponsert. Weil, da arbeiten Leute, die sich für die Musik interessieren. Barcelona zum Beispiel – »Sonar«-Festival – war von *Carhartt* gesponsert. Unsere Flüge. Alles. Warum soll ich das nicht annehmen? Ich bin halt dafür, dass gute Musik publik wird. Und solange die nix als Gegenleistung wollen ... Wenn man sich mit Firmen einlässt, ist es ja oft so, dass die was von dir wollen. Aber *Carhartt* will gar nichts. Nur, dass ich die Klamotten trage. Wir haben dann ja auch noch Klamotten gekriegt ...

ANDI TEICHMANN Wir waren ein paar Mal bei diesen *Marlboro*-Housepartys dabei. Das war für uns zuerst eine ganz komplizierte Sache. Wir haben lange überlegt, ob wir das machen sollen oder nicht. Die sind an einen Freund von mir rangetreten und wollten einen Song produziert haben. So ein minimales deutsches Houseding mit Westernelementen.

Ein Jahr später sind sie wieder wegen der Tour an ihn rangetreten. Und er rief bei mir an und meinte: »Hallo, ich habe da einen superdicken Fisch an der Angel.«

Wir haben uns dann vorab mal mit diesen Leuten getroffen. Wobei wir meistens mit der Werbeagentur zu tun hatten. Die haben uns gleich gesagt: »Wir wissen genau, dass euch das alles nicht interessiert. Alles, was wir euch geben können und womit wir euch wahrscheinlich beeindrucken können, ist Geld.« Und wir so: »Geld? Hört sich irgendwie nicht verkehrt an.«

Aber das Konzept, das die für diese Tour gemacht haben, war eigentlich völlig bescheuert. Einfach eine megaaufwändige, abwegige Idee. Man holt sich, mehr oder minder wahllos, irgendwelche Leute, die man als die neuen deutschen Allstars aus dem Elektronikbereich darstellt. Steckt irrsinnig viel Geld rein. Und sagt: »Macht mal irgendwas, was ein bisschen *Marlboro-Country*-mäßig mit House gepaart ist.« Der Aufwand steht in keinem Verhältnis zum Ergebnis. Ich habe des Öfteren versucht rauszubekommen, was für die der Kern der Sache ist. Und der einzige Punkt, auf den ich gekommen bin, ist, dass die – durch die mittlerweile erschwerten Bedingungen für Zigarettenwerbung – über diesen Umweg die Möglichkeit haben, ganze Kleinstädte von oben bis unten mit Plakaten zu tapezieren. Die Veranstaltung selber ist eigentlich nur ein Alibi dafür.

Wir sind dann auch alle zusammen ins Studio gegangen und haben Stücke für die Promo-CDs gemacht. Und es gab für jeden Scheiß – für jeden Tag, den du in Berlin sein musstest, für jede Fahrt – neben der Gage noch Aufwandsentschädigungen. Irgendwelche Gelder. Ich habe in der Zeit wirklich den Überblick verloren, wo überall das Geld hergekommen ist. Das war für den Zeitraum von einem halben Jahr so, dass du zum Beispiel am Dienstag in der Hosentasche gekramt hast und eine dicke Rolle Geld dringehabt hast. Und wenn du sie verloren hättest, wäre dir das wahrscheinlich überhaupt nicht aufgefallen.

Das war dann in erster Linie Deutschland, Schweiz – und da fliegst du eben Businessclass, wirst in Fünf-Sterne-Hotels gebracht, mit S-Klasse-Benz abgeholt, wirst unglaublich hofiert, musst dich um nichts mehr kümmern, hast rund um die Uhr Betreuung. Wir waren da zu fünft. Plus beim ersten Mal die Amerikaner. Da waren Detroiter DJs und Houselegenden dabei. Und da war es völlig wurscht, ob die Gagen über den Eintritt wieder reinkommen. Da konnte dann auch so komisches Zeug passieren wie in der Schweiz, wo nur 500 Leute in einer 3000-Mann-Halle waren. Jeder normale Veranstalter würde da entweder durchbrennen oder sich die Kugel geben. Aber in dem Rahmen ist das alles egal.

Und das Komplizierte daran ist, dass die das so verpacken, dass es zwar schon irgendwie *Marlboro* ist, aber eben nicht so plakativ. Das hat nach außen nicht den Anschein, als ob die das komplette Ding machen würden – erst recht nicht, was die Auswahl der Künstler betrifft –, sondern es wirkt mehr so, als ob das nur gesponsert oder präsentiert wird.

Die Abende an sich sind entsprechend oft für'n Arsch gewesen. Der Auftritt selber hat sich bald zur Nebensächlichkeit entwickelt. Man ist da halt hingegangen. Und hat ansonsten diese Dekadenz ausgenützt, die da vorgeherrscht hat. Ich glaube auch, dass die Leute, die das veranstalten, oder die wichtigen Leute von dieser Agentur ständig in so einer Welt leben. Einer hatte schon fünf Porsches. Und dann erzählt er, dass er sich jetzt noch einen in Silber gekauft hat. Zuerst denkst du dir noch: »In was für einer Welt leben die?« Aber wenn du das ein paar Monate machst, dann tickst du auch selber ein bisschen aus. Ich habe meine anerzogene Bescheidenheit zeitweise echt über den Haufen geworfen und gesagt: »Okay, wir fliegen jetzt wirklich nur noch Businessclass. Ob das nötig ist oder nicht – scheißegal.« Einfach um zu sehen, wie weit die gehen. Oder: »Wir brauchen jetzt vor jedem Auftritt eine Kiste Champagner.« Und dann mussten irgendwelche Helfer abends noch losfahren und schauen, dass sie das auftreiben. Bei Clubs würde ich sowas nie machen. Weil ich da einen Bezug habe und die Leute mag. Aber auf dieser Tour war es allen irgendwann einfach zu doof. Und wenn du diesen Punkt erreicht hast – wo es dir egal ist, was diese Werbetypen zu deinem Verhalten sagen, weil es dir auch egal ist, ob sie dich rauswerfen –, dann tickst du schon mal durch. Da schnackelt ein Schalter um, und der Wahnsinn kommt durch. Man scheißt sich um nichts mehr. Wir haben dann echt auch mal Hotelzimmer kleingemacht. Eiswürfelschlachten gemacht. Uns gegenseitig Weißwein über die Rübe geschüttet. Oder Fußball im Backstageraum gespielt, wo dann einiges zu Bruch ging. Aber es kam nie was. Nie Ärger bekommen. Oder ne Rechnung. Oder irgendwas.

LAWRENCE Ich habe natürlich auch meine Berührungspunkte mit der Industrie. Neulich habe ich zum Beispiel einen Remix für Martin Gore gemacht. Das war gleich ne ganz andere Abwicklung, als wenn Andi Teichmann zu mir sagt: »Wollen wir nicht Remixe tauschen?« Da war es schon so mit: Rechnung schreiben und sehr viel Geld bekommen.

Ich habe industrielle Lebensmodelle auch mal quasi studiert, als ich zwei Jahre lang studentische Aushilfe bei *Universal* war. Einer der Abteilungsleiter fand mich irgendwie cool. Ich konnte da als Letzter kommen und als Erster gehen und stand manchmal den ganzen Tag am Farbkopierer und habe irgendwelche Plattencover kopiert, für mich selbst und meine Freunde. Und dadurch hatte ich viel Zeit gehabt, das Ganze zu beobachten.

Ich bin ja der Auffassung, dass man sich immer nur in der Horizontalen entwickelt – und nie in der Vertikalen. Aber in der Arbeitswelt werden Hierarchien vertikal gedacht. Deshalb geht es da oft nur um so einen Profilierungskick. Letztlich um so eine ganz schnöde, businessbezogene Anerkennung. Eine Freundin von mir hat da auch gejobbt. Das heißt, das war eigentlich keine wahnsinnig enge Freundin – dort gibt es auch kaum wirkliche Freundschaften –, aber ich war für sie halt ein enger Freund, weil sie einfach nicht so viele Freunde außerhalb der Arbeit hatte. Und die ist – so klischeehaft sich das anhört – wahnsinnig geworden. Die ist in ne geschlossene Anstalt gekommen. Eben wegen: Stress, Drogen, immenser Druck. Die hat irgendwann gar nicht mehr geschlafen. Dann habe ich sie einmal in der Klapse besucht, in Ochsenzoll. Da hatte sie so einen weißen Plüschtiger im Arm. Und dann so: »Hallooo!« Die war total umgekippt – und irgendwann total auf Prozac.

Das war auch kein Ausnahmefall. Dort wurden sehr viele Menschen körperlich und auch psychisch dermaßen geschändet. Was dadurch, dass man bei *Universal* einen sehr sektenhaften Ansatz pflegt, noch verschärft wurde. Ständig E-Mails von Tim Renner: »Denn ihr wisst, es geht um Musik – egal um welche.« Das ist für mich der absolute Widerspruch! Ich fand das total bitter, dass Menschen sich dermaßen zur Verantwortung ziehen lassen, sodass sie überhaupt nicht mehr wahrnehmen, wie sie den ganzen Tag über mehr oder weniger abstrakte Tätigkeiten wahrnehmen, aber dabei das Gefühl haben: »Ich habe heute 20 Journalisten angerufen – und es war ungeheuer wichtig.« Die total den Abstand verlieren.

Und das Bitterste war, dass Menschen, denen gekündigt wurde oder die ihren Job aus gesundheitlichen Gründen nicht mehr machen konnten, auf nichts zurückblicken konnten. Es blieb nichts übrig. Diese Frau nimmt auch heute noch Antidepressiva. Jetzt hat sie gerade wieder angefangen aufzulegen. Aber für sie hat sich dieser Karrieregedanke – dass eine Entwicklung am Arbeitsplatz in die Höhe geht – in sein Gegenteil verkehrt.

RENAISSANCE DER TRÄUME

Realität und Utopien

ANDI TEICHMANN Spannend an dieser ganzen Club- oder DJ-Geschichte ist ja, dass die Leute aus allen möglichen Ecken und Richtungen kommen. Da treffen sich ganz verschiedene Personengruppen. Mit ganz unterschiedlichen Ansichten. Aber gerade deshalb darf man nicht so naiv sein zu glauben, dass die alle gepolt sind wie man selber – oder alle ähnliche politische Meinungen haben. Das ist echt ein schwieriges Thema, weil im Vordergrund der ganzen Sache ja dieses Gemeinschaftliche steht. Ich bin auf diese Frage überhaupt erst gekommen, als Haider in Österreich an der Regierung beteiligt wurde. Da hat FM4 in Wien vor den Clubs ne Umfrage gemacht. Und es gab einen frustrierenden Prozentsatz von Clubgängern, die gesagt haben: »Haider? Super!«

INGA HUMPE Wenn ich sowas höre, nehme ich mir auf jeden Fall die Zeit, um mit den Leuten zu sprechen. Mir hat neulich einer erzählt, alle coolen Frauen würden CDU wählen. Da konnte ich echt nur sagen: »Tut mir leid, da kriege ich einen Kotzkrampf. Das ist einfach nicht wahr. Wie kann man nur so einen Scheiß erzählen?« Manche dieser Szene-Intellektuellen haben einen derartigen Krampf, dass sie meinen, um acht Ecken denken zu müssen. Er wollte mir dann auch noch erklären, was eine coole Frau ist. Ich hab dann gesagt: »Lass es. Vergiss es.«

ANDI TEICHMANN Mir geht's auf der Party immer mehr um Inhalte. Man braucht die Inhalte auch, weil, es ist ja immer eine Gratwanderung: Auf der einen Seite hast du dieses künstlerisch anspruchsvolle Moment. Auf der anderen hast du dieses Ding: Freitagabend – Disco – viele Leute sollen da reingehen und Spaß haben und viele Getränke trinken. Aber das darf nicht dazu führen, dass es einfach nur zur Abendunterhaltung wird. Das ist zu wenig.

CORVIN DALEK Bei uns in Osteuropa wurde immer sehr viel selbst hergestellt. Wenn du früher in Tschechien auf Housepartys gegangen bist, hast du fast nur Leute mit selbstgemachten Klamotten gesehen. Vor allem die Mädchen. Viele dieser Sachen wirken für Westler auf den ersten Blick vielleicht ein bisschen primitiv. Aber sie sind ein Ausdruck der Kreativität der Menschen. Not macht erfinderisch. Und das macht diesen Teil der Welt schön.

Manche Leute hier im Westen wollen das nicht sehen. Wenn ich unterwegs bin und sage, dass ich aus Ungarn bin und lange in Prag gewohnt habe, dann sagen die: »Ach, ich war schon mal dort – ist alles so billig.« Und damit ist das erledigt. Und ich denke nur so: »Aha. Alles billig. Kann man also alles kaufen. Voll geil.« Alles findet hier auf dieser Basis statt. Sehr oberflächlich. Sehr materialistisch. Der Gott der westlichen Welt ist das *fucking* Geld. Das ist das, was die Menschen führt. Dieser Glaube: Wenn man ein Haus hat, wenn man ein Auto hat, wenn man materielle Dinge um sich hat, dann ist man sicher. Letztes Jahr war ich zum ersten Mal in Amerika. Die Welt, die ich da gesehen habe, ist so seelenlos. Da ist alles hergestellt. Hingestellt zur Fütterung.

MISS KITTIN Besonders deutlich wird die Vorherrschaft der so genannten entwickelten Länder – diese kulturelle Kolonialisierung der restlichen Welt durch Medien und so weiter – in Ländern wie Mexiko. Die haben dieses großamerikanische Reich direkt über ihren Köpfen und werden da völlig zugeschissen. Mit der Folge, dass ein großer Teil der jungen Generation so langsam den Bezug zu den eigenen Wurzeln verliert. Denn wenn du kaum Aussicht auf Bildung hast und nicht wirklich fest in deinen Traditionen verwurzelt bist, glaubst du natürlich irgendwann selber, dass du nur durch materielle Dinge existierst. Du lebst im Konflikt zwischen deinen Wurzeln und den Verlockungen des Westens, der dir im Fernsehen vor Augen führt, was angeblich gerade der heiße Scheiß ist.

HANS NIESWANDT Was mich echt wütend macht und was für meine Begriffe auch eine Art globales Zeitgefühl repräsentiert, ist vor allem Hip-Hop und R&B aus Amerika mit seinen ganzen verdammten Frauenbildern und Männerbildern, die die Köpfe und Herzen und Seelen der Kids verseuchen. Die Christina Aguileras und Britney Spears' für die Mädchen – die 50 Cents und Eminems oder Puff Daddys für die Jungs. Materialismus von vorne bis hinten. Grauenhaft!

BIANCA GIRBINGER Womit wir uns im Umfeld der *Plattentasche* beschäftigen, das ist zum Glück alles gar nicht auf so ne glatte Oberfläche angelegt. Viele Anforderungen, denen diese ganzen Medienmenschen gerecht werden müssen, die werden hier gar nicht gestellt. Aber mit 14, da dachte ich mir bei diesen ganzen Musikvideos natürlich schon: »Oh, die sehen so toll aus.« Oder: »Ich werde niemals so lange Beine haben, wenn ich aus der Pubertät rauskomme.«

ANDI TEICHMANN Inzwischen beeindruckt es mich zum Glück nicht mehr, wenn ich in irgendwelchen Zeitschriften diese ganzen tollen Menschen sehe. Gerade was diese *Superstar*-Geschichten angeht. Da weiß ich einfach, wie es zu dem Foto gekommen ist. Wie man ein Pressefoto mit Photoshop bearbeitet. Oder wie sowas überhaupt abläuft – hinter den Kulissen. Aber wer da nicht so den Einblick hat ... Mir haben bei *Deutschland sucht den Superstar* viele Leute gesagt: »Mensch, solche Idioten! Da müsstet ihr doch eigentlich hin. Das müsstet ihr doch werden. Ihr hättet das verdient.« Und ich sage: »Mensch, das ist doch überhaupt nicht mein Ding. Und das ist auch überhaupt kein Spaß, wenn du plötzlich einer von denen bist.«

MARK REEDER Die Leute, die jetzt anfangen auszugehen – die wollen einfach alles testen. In China war das sehr deutlich zu sehen. Da hast du in den Clubs alles gesehen: Punks, Hippies, Rockers, Sid Vicious', Beatles, James Deans ohne Ende, *rebels without causes*. Und alle im selben Club. Alle zusammen am Feiern. Aber die gucken einfach nur in irgendwelche Magazine und sagen: »Geil! Das zieh ich mir an. Dann bin ich ein Ted.« Die dazugehörige Musik kennen sie gar nicht. So: »Elvis Presley? Das ist doch der, der immer so ›A-Hubba-Hubba‹ ...!«

KRISTIAN BEYER Dass es direkt was mit der Musik zu tun hat, das ist nicht mehr so wie früher. Wenn ich Anfang der Neunziger durch Mannheim gelaufen bin, da hast du sofort sagen können: »Der hört Techno. Der hört Gitarrenmusik.« Heute ist das abgekoppelt von der Musik – und sehr uniform. Gerade in Berlin finde ich das ganz extrem. Da laufen jetzt alle in diesem Gossenlook rum. Alle irgendwie mit Bart und Achtziger-Klamotten. Alles sehr *basic*. Aber schon immer so, dass man sieht: »Hey, das ist kein *secondhand*. Das ist nur auf billig gemacht.« Und eben einer wie der andere. So: Wenn Sven Väth gerade soundso rumläuft, dann kannst du davon ausgehen, dass die Hälfte der Leute auf seiner Party auch so aussieht. Und die andere Hälfte sieht aus, wie er letztes Jahr ausgesehen hat. Weil sie's noch nicht mitgekriegt haben, wie er jetzt aussieht.

BIANCA GIRBINGER Ich bin an einen Punkt gekommen, wo ich denke: Für mich persönlich brauche ich diesen ganzen Konsum gar nicht so sehr, und das interessiert mich auch gar nicht. Aber man ist total darauf angewiesen, weil darüber ja die Kommunikation stattfindet. Und ich weiß genau, dass man in einem ganz normalen, nicht so teuren Outfit schlicht und einfach übersehen wird. Das ist auch bei den Künstlern heute so. Da ist jetzt halt Prada angesagt. Es geht zwar schon um das eigene Ding, aber das muss dann eben Prada sein.

Dabei geht das auch anders. Einen Sommer habe ich mir mal zehn T-Shirts auf dem Flohmarkt gekauft. Für fast kein Geld. Die hatten die aus irgendeinem Lager aus den siebziger Jahren rausgeholt. Die waren noch original verpackt. Mit Folie. Und zugeklebt mit Tesa. Da habe ich mir einen ganzen

Packen geholt. Und ich war den ganzen Sommer lang immer wieder glücklich, weil, ich konnte jeden Tag in der Woche ein neues geiles T-Shirt anziehen. Da hat man so ein ganz leichtes Lebensgefühl – wenn man morgens aus dem Haus geht und denkt: »Ach, ich fühle mich heute so gut. Und es ist alles total bunt. Und die Farben leuchten. Und die Sonne scheint. Und jetzt fahre ich auf dem Fahrrad. Werde vielleicht sogar noch ein bisschen braun.« Dieses Gefühl vermisse ich.

RICHIE HAWTIN Ich bin immer beschäftigt. Ich renne die ganze Zeit durch die Gegend. Von meinen chilenischen Freunden habe ich gelernt, das wenigstens mal ein bisschen einzuschränken. Mich auch innerhalb des ganzen Wahnsinns mal zu entspannen. Spaß zu haben. Und überhaupt mehr in Verbindung mit mir zu sein.

Das hat natürlich wieder viel mit der Kultur zu tun, in der du aufwächst. In den lateinamerikanischen Ländern gibt es ja dieses Konzept der Siesta. Einfach gewisse Pausen zu haben. Die Zeit zu genießen. Es gibt auch eine gewisse Lockerheit im Umgang mit Arbeit an sich. Die Leute arbeiten auf eher natürliche Weise. Sie nehmen sich auch mal Zeit, um zwischendurch mit Freunden essen zu gehen. Auf mich wirkt das so, als hätten sie sich da echt etwas bewahrt. Und ganz auf der anderen Seite hast du die nordamerikanische Kultur – und ein bisschen abgeschwächt die europäische –, wo es hauptsächlich um Arbeit geht. Wo es kaum noch Zeit gibt für sowas wie Familie. Wo du deine Kinder in Kindertagesstätten packst. Um so viel Geld wie möglich zu verdienen. Um dir damit Sachen zu kaufen, für die dir die Zeit fehlt, sie zu genießen.

DIRK MANTEI Vor wenigen Jahren sah es ja noch so aus, als stünde unsere Wirtschaft vor dem Problem: »Was machen wir mit der ganzen Freizeit?« Es ging uns total gut. Da ging's dann schon um Fragen wie: »Was kann man den Leuten an Entertainment bieten? Was können wir tun, dass die sich nicht völlig langweilen?« Die Vorstellung war, alle hätten die

Taschen voller Geld und endlos Zeit. Die Maschinen würden unsere Arbeit machen.

HANS NIESWANDT Ich bin in eine Sozialdemokratenfamilie reingeboren – und habe immer gedacht, dass alles immer besser wird. Weil die Menschen aus ihren Fehlern lernen. Spätestens seit Srebrenica hat man aber das Gefühl bekommen, dass es noch gar nicht so lange her ist, dass Frauen als Hexen verbrannt wurden. Oder sonst irgendein barbarischer Wahnsinn passiert ist. Noch dazu rückt einem das durch die Medien nun so nahe.

MATHIAS SCHAFFHÄUSER Ich glaube, dass keiner von uns dazu gemacht ist, sich tagaus, tagein mit den weltweiten Gräueltaten zu beschäftigen. Das überfordert komplett die Psyche. Man ist ja nicht so weit entfernt vom Höhlenmenschen. Die Ausstattung, die man hat, von der Psyche her gesehen, hat sich seitdem ja nicht so stark entwickelt. Aber die Technik sehr wohl. Und von daher ist die ganze Grundausstattung des Menschen total überfordert. Ich bin einfach nicht dafür gemacht. Mein Opa ist im Ersten Weltkrieg noch mit seinem Pferd vorneweg geritten – vor seinen Truppen.

HANS NIESWANDT Der Vater meines Vaters war vor dem Krieg Postkutscher. Und im Winter hatten sie einen Schlitten. Das Posthorn hing über dem Kamin. Das hört sich alles total weit weg an. Aber im Grunde ist es nur ein paar Jährchen her.

BIANCA GIRBINGER Ich denke, dass man inzwischen echt seine Mühe damit hat, dass es – auf vielen Ebenen – immer besser wird. Wir können eigentlich gar nicht mehr an den Fortschritt glauben oder darauf hoffen. Sondern wir sind verdammt dazu. Das ist ja gerade das Problem: dass alles immer schneller und besser wird. Und vielleicht noch billiger. Der Fortschritt hat uns schon längst eingeholt und überrollt.

MICHAEL MAYER Die Zukunft gibt es gar nicht mehr. Seit ein paar Jahren stellt sich eher immer mehr das Bewusstsein ein, dass vieles von dem, was man immer für die Zukunft gehalten hat, mittlerweile ja schon um einen herum ist. Aber die damit verbundenen Glücksversprechen haben sich nicht eingestellt. Und das ist etwas, was die Menschheit gerade ziemlich deprimiert, dass es diesen Fluchtpunkt nicht mehr gibt. Dieses Morgen. Wir sind, glaube ich, die Ersten, die das so erleben.

BIANCA GIRBINGER Man merkt jetzt: Die Sache, in die alle ihre Hoffnungen reingesetzt haben, die ist es eigentlich gar nicht. Das ist so, als ob man auf einmal erkennen würde: Das Paradies ist eigentlich gar nicht paradiesisch.

LAWRENCE An sowas wie Fortschritt habe ich in einem technischen Zusammenhang sowieso niemals geglaubt. Ich sehe die kapitalistische Ideologie, jetzt mal ganz platt gesagt, immer nur fortschrittlich im Sinne der Quantität. Aber die Qualität wird einfach schlechter. Auch gewisse Lebensqualitäten. Es gibt selten mal eine Innovation, die wirklich besser ist. Zumindest was den Mainstream betrifft. Der Underground nutzt natürlich gewisse quantitative Verfügbarkeiten, um im Kleinen – halt nicht so gerichtet auf dieses Immer-Mehr – agieren zu können. Jeder kann heute Musik rausbringen. Egal wer. Das ist natürlich schon ein Fortschritt ...

MICHAEL MAYER Für mich persönlich fühlt sich die Situation auf jeden Fall nicht schlimm an. Für mich bedeutet sie eher, dass es da etwas zu gestalten gilt. Dass man wieder eine Vision basteln muss – und viel freier in seiner Entscheidungswahl ist denn je. Weil man nun nicht mehr von falschen Vorstellungen behindert wird, wie denn Fortschritt nun eigentlich auszusehen hat. Jetzt ist wieder alles möglich.

Ich habe in diesem Zusammenhang auch ein ganz starkes Wir-Gefühl. Wirklich mit den Leuten, die man überall so trifft. Gerade im Musikbereich. Ich entdecke da viel Übereinstimmung. Ob das jetzt Japaner, Amerikaner oder Europäer sind. Man ist sich über viele Dinge einig. Aber ich kann auch ein »Wir« mit dem Taxifahrer entwickeln. Es tritt allgemein die Menschlichkeit wieder mehr in den Vordergrund. Dadurch dass es keine Ideologien mehr gibt, die einen führen, orientiert man sich wieder mehr nach innen. Das sind natürlich alles nur Körnchen. Aber ich interessiere mich immer mehr für die Körnchen. Weil in den Körnchen neue Sachen entstehen und Dinge vorangedacht werden.

CORVIN DALEK Was ich an der Technologie wichtig finde, ist, dass es jetzt möglich ist, eine Art von Musik zu schaffen, die interessanterweise für die ganze Erde, für den ganzen Planeten gleich interpretiert wird. Man kann in Europa sein oder in Südamerika. Oder in China. Egal. Diese Art von Sprache wird überall gleichermaßen verstanden. Das ist für mich eine Ausdrucksform von natürlicher Globalisierung der Menschheit.

RICHIE HAWTIN Wenn ich, mit Hilfe der Technologie, nicht in Verbindung mit meinen Freunden und meiner Familie bleiben könnte, dann würde ich diesen Job nicht machen. Ich könnte auch meine Firma in Detroit nicht hier von Berlin aus führen. Das geht alles total Hand in Hand. Als wir 1990 die Firma anfingen, kauften wir uns gleich ein Faxgerät. Das war so: »Wow!« Ein paar Jahre später kamen die Handys. Frühe Handys. Ohne Handys wäre ich in all den Jahren echt vereinsamt.

Aber natürlich ist es trotzdem eine seltsame Situation. Meine sozialen Beziehungen entwickeln sich zeitlich und räumlich nicht dicht beieinander, so wie üblich, sondern weit auseinandergezogen. Es geht bei mir nicht um tägliche, sondern teilweise schon um jährliche Interaktion. Aber das ist nicht nur bei mir so. Mehr und mehr Leute arbeiten nicht mehr auf lokaler, sondern auf globaler Ebene. Eine gute Freundin von mir arbeitet für Colgate in New York und reist ebenfalls ständig durch die Welt. Ich sehe sie mal hier, mal da. Wir setzen unsere Gespräche nicht mit täglichem Abstand fort, sondern mit mehrmonatlichem Abstand.

Wenn ich nun, bei dieser Art der Interaktion, an die Zeit dazwischen denken würde: Ich würde durchdrehen! Aber ich denke an die Zeit, die wir zusammen verbringen – in irgendeiner Form. Und was mir hilft, diese Zeit zu gestalten, ist Technologie. Ich benutze jetzt oft diese neue Apple-iSight-Kamera. Damit kann ich Videoverbindung mit meinen Eltern haben. Manchmal spreche ich mit meiner *Mum*. Manchmal mit meinem *Dad*. Manchmal sind beide zusammen da. Und nachdem meine Katze bei ihnen lebt, haben sie manchmal auch noch meine Katze dabei. Das ist dann immer so richtig: »Hey!«

Jetzt fliege ich mal wieder rüber. Am Montag essen wir zusammen zu Abend. Wenn du Leuten, die mit sowas nicht so viel zu tun haben, von so einem Leben erzählst – die halten dich für verrückt. Aber für mich ist das normal. Zum Glück ist mein *Dad* genauso technikbegeistert wie ich. Er meint immer so: »Ich rufe dich am iSight an!« Sogar wenn er eigentlich gar nichts zu sagen hat. Aber er findet es toll, dass wir uns sehen können.

Als ich neulich in Bogotá war, musste ich übers Internet eine Pressekonferenz geben, wegen einer **Plastikman**-Show in Montreal. Und ich sitze so am Computer und erzähle den Leuten: »Okay, in sechs Wochen präsentieren wir nun also **Plastikman** zum ersten Mal live.« Und der Veranstalter aus Bogotá steht hinter mir und meint so: »Was zum Teufel ist das?« Er war richtig von den Socken. Dem ging's wie mir. Als ich das erste Mal diese Kamera benutzte, dachte ich: »Wow, das ist genau das, was die Leute meinten, wenn sie mir früher als Kind erzählten, dass die Zukunft cool wird.«

STELLA STELLAIRE Es gab mal einen französischen Film, in dem eine Frau in einem Glaskasten auf dem Dach eines Hauses in Paris gewohnt hat. Ich fand das genial. Man konnte nicht reinsehen, weil es ganz oben über den Dächern war. Das war einfach nur ein Glaskasten auf einem Hochhaus. Fast wie so eine Art Gewächshaus. So ein typischer Siebziger-Designerbau.

Und dieses ganze elektronische Element, dieses Kristallklare und Offene, war für mich eben lange Zeit eine Metapher für diese Art von Modernität. Das hat in den Neunzigern die Zeit für mich am besten ausgedrückt. Ich wollte mich mit etwas auseinandersetzen, was etwas aussagt über mein Leben. Und zwar das Leben, das wir jetzt gerade leben. Und nicht das, worauf sich die Punker oder alle anderen Jugendkulturen, die zu der Zeit dran waren, bezogen. Techno war für mich befreit von allen Inhalten, die sich auf die Vergangenheit beziehen. Ultravisionär.

Ich finde auch die Ästhetik von Computerspielen total schön. Als Kind hatte ich mal so nen Traum. Da habe ich geträumt: Ich komme in nen Raum rein. Das ist ein geschlossener Raum wie ein Zimmer – aber da ist ein Wald drin. Das hat mich aus irgendeinem Grund fasziniert. Es gab auch früher so Kinderfilme, wo man durch Spiegel in ne künstliche Welt steigt. Und bei Computerspielen ist das ja im Grunde auch so. Dass du einen beschränkten Raum hast. Aber in dem öffnet sich eine unendliche, neue Welt.

»

HANS NIESWANDT Ich bin natürlich einerseits glücklich, dass ich das alles so machen kann. Andererseits hätte ich manchmal gerne einen Chef, der sagt: »Sie machen jetzt Urlaub.« Oder: »Sie hören jetzt auf zu arbeiten. Das reicht für heute.« Ich habe mal mit Andy Weatherall geredet. Und der meinte, das Schlimme ist: Früher hatte er einfach Scheißjobs. Fabrikarbeiter oder Hafenarbeiter. Und die Musik war seine Rettung. Das Ausgehen oder Auflegen am Wochenende hat dem Ganzen einen Sinn gegeben – weshalb es nicht alles total für'n Arsch war. Und jetzt ist Musik seine Arbeit. Mit allem, was ein Berufsleben ausmacht. Abgabetermine. Budgets. Er hat nicht mehr das Ding, das ihn rettet. Das kann ich nachvollziehen.

BIANCA GIRBINGER Wichtig ist, dass man es sich überhaupt leisten kann, sich mit Dingen zu beschäftigen, die einen wirklich interessieren. So eine gewisse Angst, mal als Penner zu enden oder auch nur als Kassiererin im Supermarkt, hat wahrscheinlich jeder. Aber ich finde, dass man sich überhaupt zu wenig Gedanken macht, wie Arbeit und Beschäftigung tatsächlich noch aussehen könnten. Die gängigen Vorstellungen sind einfach unrealistisch und paradox. Diese radikale Trennung zwischen Arbeit und Arbeitslosigkeit. Auch dass man in der Politik immer noch das Ziel der Vollbeschäftigung verfolgt. Das wird man auf keinen Fall schaffen. Man sollte alternative Lösungen finden. Damit Menschen nicht das Selbstwertgefühl total über Bord schmeißen müssen, nur weil sie keine Arbeit im üblichen Sinn haben, sondern damit sie auch dann noch was leisten können, was gesellschaftlich anerkannt ist. Ich meine hier nicht dieses staatliche Kleinere-Jobs-Schaffen. Sondern dass man neue Berufe findet, unabhängig davon, wie viel man damit verdient. Dass man zum Beispiel soziale Dienste leistet. Tauschgeschäftmäßig. Dass man dafür in einer günstigeren Wohnung leben darf, weil man ja diesen Dienst an der Gemeinschaft tut. Und dass man sich überhaupt neue Fähigkeiten aneignen kann, um das eigene Überleben immer wieder garantieren zu können. Es geht um eine andere Auffassung von Arbeit und Beschäftigung überhaupt. Dass diese Aufgabenverteilung zum Beispiel auch ganz konfus sein kann – aber trotzdem funktionieren kann.

KRISTIAN BEYER Ich habe natürlich einen anderen Lebensentwurf als die meisten Leute. Ich studiere immer noch Bauingenieurwesen. Das will ich auch noch fertig machen. Ansonsten mache ich den Plattenladen. Ich produziere. Ich lege auf. Das ist nicht so fokussiert auf eine einzige Sache. Sondern ich mache mehrere Sachen, die aber alle mit einem bestimmten Thema zu tun haben. Eher so das amerikanische Modell.

MICHAEL MAYER Viele Leute betreiben ja heutzutage irgendwas Künstlerisches – was sie aber nicht ernähren kann. Und dann jobbt man eben hier noch und macht da noch ne

Beraterfunktion für irgendwas anderes. Die Leute lassen sich mehr auf Experimente ein. So: »Okay. Ich mache es auf meine Art. Weil, ich glaube nicht daran, dass das System mich tragen kann. Ich glaube nicht an letztliche Sicherheiten.«

LAWRENCE Wo tatsächlich was bewegt wird, das ist dieser gegenindustrielle Entwurf. Diese tausende von Kleinstlabels, die mit dem Internet und illegalen Downloads und gecrackten Musikprogrammen ganz anders umgehen als die Industrie. Das ist total spannend. Dass es Internetlabels gibt, die keine Musik verkaufen, sondern nur verschenken. Und die trotzdem davon leben können. Weil diese Leute dann eben auch auftreten. Oder als DJs unterwegs sind. Es gibt da einen Entwurf von Industrie, der nicht in erster Linie auf Kommerzialität aus ist, sondern es höchstens als positiven Nebeneffekt sieht, dass man vielleicht zwischendurch mal eine Platte ganz okay verkauft.

ANDI TEICHMANN Was speziell an Berlin auch toll ist – jetzt im Vergleich zu Regensburg oder anderen mittelgroßen Städten –, das ist, dass da nicht so viel auf Konkurrenz basiert, sondern dass man sich hilft, kennt, zusammenarbeitet. Es kommen oft Mails von Leuten – zum Beispiel neulich aus Peru: »Hey, wir finden den *Sound* so geil. Aber bei uns gibt's das nirgends zu kaufen. Könnt ihr nicht mal ein paar Promos schicken?« Und dann telefonierst du halt mit *BPitch Control* oder *WMF* und machst zusammen ein Paket.

MICHAEL MAYER Ich finde es immer wieder äußerst erfreulich, wie Deutschland im Ausland bewertet wird. Das ist extrem positiv. Die Leute gucken auf Deutschland. Wie wir das hier machen. Wie wir zusammenarbeiten. Und wie wir unsere Geschäfte stricken. »Ach so! Alles klar! Man muss sich gegenseitig helfen!« Auf jeder Ebene. Egal ob auf Clubebene, Labelebene, beim Vertrieb oder auch bei der Presse. Dass man kooperiert und sich in den Dienst der Sache stellt. Während in anderen Ländern jeder vor sich hinkämpft. So: »Die anderen sind ja eh scheiße.« Der Wirtschaftsstandort Techno-

Deutschland ist extrem gesund. Und das hat da seine Gründe. Weil, das Klima ist extrem freundlich und kooperativ.

ANDI TEICHMANN Was wir versuchen zu verwirklichen, das ist dieser ganze Netzwerkgedanke. Beispielsweise DJs aus Sarajevo nach Berlin zu holen. Das beruht dann auch auf Gegenseitigkeit. Dass man einfach schaut: Wo kann man einander helfen – damit man weiterkommt.

ACID MARIA Man kann auf jeden Fall versuchen, Sachen zu fördern, die man besonders findet. Das ist ja auch eine gute Möglichkeit, um selber mit dieser ganzen Unbill klarzukommen, der man sich im *everyday life* oft gegenüber sieht. Dass du sagst: »Okay, bestimmte Sachen muss ich akzeptieren. Aber andere Sachen kann ich so gestalten, wie ich das für richtig halte.«

MICHAEL MAYER Ich sehe vor allem einen neuen Bedarf an familiären Strukturen. Auch im Geschäftlichen. Dass wieder die kleinen Netzwerke interessanter werden. Zusammenschlüsse von Menschen. Anstatt gleich zu sagen: »Wir stampfen jetzt hier die Firma aus dem Boden.« Dieser ganze New-Economy-Wahnsinn. Es wird überall versucht, den Stress rauszunehmen. Nicht mehr von Erfolg getrieben zu sein. Sondern sich möglichst wieder nah zu sein. Nah an das ranzukommen, was man eigentlich mal machen wollte. So eine »Renaissance der Träume«.

Ich leite eine mit Sicherheit kapitalistische Firma – die aber unter anderen Vorzeichen fungiert. Das ist vielleicht auch der Beweis, dass Kapitalismus nicht automatisch blöd sein muss. Dass man das auch ganz schön gerecht hinkriegen kann. Dass so eine Firma aufzumachen eine wahnsinnig sinnvolle Sache sein kann. Weil mittlerweile schon eine Unmenge von Menschen von der Arbeit dieser Firma leben – oder ihre Musik durch diese Firma zugänglich machen können. Das hat einfach nen Sinn. Wir haben einfach mal angefangen damit. Mit einem kleinen Plattenladen. Planlos. Ohne Ausbildung. Und sind jetzt hier gelandet. Ich nehme das als Beispiel, dass es funktionieren kann. Wenn man ne Idee hat, davon überzeugt ist, sich mit den richtigen Leuten zusammentut, und Freundschaft die Basis ist, dann kann man echt viel erreichen. Dann kann man auch kleine Träume verwirklichen. Ich wünsche mir manchmal, dass die Leute mutiger wären. Mutiger und entschlossener. Und wenn man das nicht sein kann – wenn man kein Selbstvertrauen hat –, dann sich mit jemandem zusammentun, der das Selbstvertrauen hat. Teams bilden. Das ist für mich ganz klar das Rezept.

DAS GANZE LEBEN LANG ZU ALT UND HÄSSLICH
Leben und Tod

ANDI TEICHMANN Künstler sind ja oft eher zurückhaltende, schüchterne, unsichere Charaktere. Aber nach außen vermitteln sie natürlich ein anderes Bild. Von daher war ich am Anfang meiner Musikkarriere doch etwas überrascht. Aber mit der Zeit entdeckst du das fast als ne Gemeinsamkeit. Ich bin vom Typ her auch immer der eher Introvertierte gewesen und habe nach Anerkennung gesucht. Immer so: »Hallo, hier, ich bin der Andi!« Da hat sich in den letzten Jahren, allein schon durch dieses Herumreisen und Viel-auf-sich-selber-gestellt-sein, sehr viel verändert. Man kann einfach mit gewissen Sachen umgehen. Man findet sich mit anderen Orten, Sprachen, Personenkreisen schnell zurecht. Ich habe inzwischen ein okayes Selbstbewusstsein. Da hat durchaus ein gewisser Reifeprozess stattgefunden.

ACID MARIA Ich bin eher jemand, der schnell zu deprimieren ist. Teilweise sicherlich von meiner Anlage her. Teilweise aber auch, weil es immer heißt: »Die macht das schon!« Was man ja aber gar nicht die ganze Zeit will – oder kann. Nach der Trennung von meinem letzten Freund habe ich echt ne Zeitlang gedacht, ich kriege nichts mehr gebacken. Ich habe gedacht, ich bin für jeden nur noch eine Belastung, und wenn ich jedem erzähle, wie schlecht ich schon wieder drauf bin, nerve ich nur alle damit. Ich bin dann ne Zeitlang zu so ner Psychotante gerannt. Das Komische ist: Die hat eigentlich gar nicht viel gemacht. Aber ich habe da überhaupt erstmal wieder kapiert, dass man dem einen oder anderen Menschen auch mal gewisse Dinge erzählen darf. Und dass das denjenigen auch nicht nervt. Mir hat das unglaublich geholfen. Seitdem ich da war, habe ich auch nicht mehr diesen Druck, dass ich immer für alle funktionieren muss und gut drauf sein muss und sie zu entertainen habe.

INGA HUMPE Ich lebe, glaube ich, zurzeit aus meinen Reserven. Ich hatte Jahre, da weiß ich im Nachhinein gar nicht, was ich eigentlich gemacht habe. Anscheinend habe ich nur gesammelt und zusammengetragen. Und jetzt habe ich halt irrsinnig viel Output – und muss so langsam wieder anfangen, meine Vorräte zu füllen. Gerade arbeite ich zum Beispiel wieder an Texten und neuen Themen. Und ich merke, dass ich während dieser Zeit unheimlich ruhebedürftig bin. Ich muss mich wahnsinnig zurückziehen und das wirklich in meinem Kopf und in meinem Herzen hin und her bewegen. Wirklich so: jedes einzelne Wort. Sowas wie Alltag stört mich dann regelrecht. Ich merke, wie weit man da reingehen kann. Ewig weit! Das ist natürlich auch ne Faszination in dieser Arbeit. Diesen Sachen so viel Raum und Zeit zu geben. Aber ich muss mir das immer wieder erkämpfen – in meinem eigenen Ablauf und Alltag. Leider bin ich da jemand, der oft nicht merkt, wenn die Energie zur Neige geht. Ich gehe oft über ne Grenze. Und merk's erst hinterher. Oder ich merk's so ganz haarscharf in dem Moment. Das ist auf jeden Fall veränderungswürdig. Das habe ich mir vorgenommen, da ausgleichender mit mir selbst zu sein und mich nicht so auszubeuten, wie ich das gerade mache.

DJ HELL Mein Problem ist im Endeffekt die Zeit. Ich habe für nichts mehr Zeit. Was gefährlich ist, weil ich auch für wichtige Sachen im Geschäft, auf die ich mehr Augenmerk richten müsste, keine Zeit mehr habe. Und dann passieren natürlich Fehler. Ich versuche halt, immer alles zu überblicken. Von der *Gigolo*-DVD, die jetzt gerade rauskommt, über das Klopapier, das wir gerade designen, bis hin zum *tracklisting* vom neuen Album von dem und dem Künstler.

Seit Jahren mache ich zweimal im Jahr einen Break. Im Januar und im August. Wo ich völlig austrete aus dem ganzen

Wahnsinn. Und meistens ins Ausland gehe. Nach Afrika oder Südamerika – und da Urlaub mache und mich zurückziehe. Gerade habe ich zum ersten Mal eine Ayurvedakur gemacht. In Bad Nauheim. Da gibt es so ein altes Schloss von Kaiser Wilhelm II. Das wurde umgebaut zur Ayurvedaklinik. Und da bist du dann einquartiert. Zwei Wochen. Und kriegst einen 24-Stunden-Rundum-Service mit Essen und Hotelzimmer und allem. Du kannst auch freiwillig diese ganzen Yogasachen und Meditationsgeschichten machen. Was mit Ayurveda ja Hand in Hand geht. Mir hat das viel gebracht. Das war für mich so richtig wie Batterieaufladen. Es geht da ja darum zu entschlacken. Und Gifte aus dem Körper zu bringen. Das Gleichgewicht wiederzufinden. Ich kann das nur empfehlen. Auch wenn es manchmal nicht leicht ist. Es gibt da die so genannten Abführtage. Und das ist halt schon ne intensive Erfahrung.

INGA HUMPE Ich mache ja schon ewig Yoga. Und das ganz intensiv. Zwischendurch versuche ich auch zu meditieren, um einfach den Geist zu beruhigen. Es geht ja um die Beruhigung der Gedanken. Zum Beispiel, mal von diesem ständigen Zweifeln abzukommen. Das habe ich ganz lange gemacht – und finde das mittlerweile ziemlich blöd, vor allen Dingen auch dumm. Zweifeln führt zu keinen guten Ideen. Und nicht wirklich zu ner Veränderung. Eigentlich schwächt man sich mit diesem klassischen deutschen Zweifel ja nur selbst. Stattdessen versuche ich, auch mal Sachen abzusagen. Zeit für mich selber zu nehmen. Das plane ich inzwischen richtiggehend – und bin darin auch ganz diszipliniert. Oder ich versuche zumindest, in meinem eigenen ruhigeren Kurs zu bleiben.

HANS NIESWANDT Als Ausdrucksmittel und als sinnliche Sache, die ich total liebe, möchte ich niemals aufhören aufzulegen. Aber ich möchte gucken, dass ich mehr produziere als reproduziere. Auflegen ist zwar ein total kreativer Akt, aber man erzeugt ja nur einen flüchtigen Moment nach dem anderen. Und es gibt eben viele Sachen, die ich gerne machen würde. Aber diese DJayerei zerhackt ja das Leben auf gnadenlose Weise. Auch den Biorhythmus. Es ist wirklich anstrengend, wenn man älter wird.

INGA HUMPE Seit vielleicht zehn Jahren habe ich auch vermehrt so ein Bewusstsein dafür, dass man nur kurze Zeit hier sein kann. Und eben nur in dieser Zeit die ganzen Ideen umsetzen kann. Was ist denn der Sinn des Lebens? Einfach sich selber im Leben zu spüren. Das ist mir auch durch die Erfahrung – dieses Spüren – von Liebe bewusst geworden. Dieser Wert des Seins. Dass es natürlich gar nicht um so etwas wie Unverwundbarkeit geht. Man lernt ja blöderweise in unserer Gesellschaft ... als Kind will man ja unverwundbar sein. Weil man so abhängig ist und sich den Erwachsenen gegenüber so verletzbar fühlt. Ich sehe das gerade bei meinem Neffen. Der ist elf. Und der denkt, Erwachsensein heißt: Man ist unverwundbar.

Und später strebt man diese Unverwundbarkeit, so ganz klassisch-männlich-perfektionistisch, natürlich an. Um irgendwann zu merken, dass das eigentlich nicht der Weg ist. Ich wollte in der Teenagerzeit vor allem nicht verletzt werden. Ich wollte in der Liebe nicht verletzt werden. Ich wollte von anderen Menschen nicht verletzt werden. Ich wollte dieses Risiko soweit wie möglich reduzieren. Aber dadurch reduziert sich halt auch die eigene Empfindungsfähigkeit. Die kannst du ja nicht nur an einer einzigen Stelle reduzieren. Sondern die reduziert sich insgesamt.

Ich weiß auch nicht, wie früh man das lernen kann. Ob man das zum Beispiel Kindern beibringen kann, dass sie das nicht unbedingt machen müssen. Vielleicht kann man das durch offenes oder ehrliches Verhalten fördern. Man kann ja selber nur immer wieder zeigen: »Auch wenn du mich verletzt – und auch wenn du es vielleicht sogar mit Absicht gemacht hast –, gibt es in erster Linie mal die Möglichkeit, das zu erkennen. Und dann kann ich dir auch verzeihen.« Dieses Risiko kann man nur immer wieder eingehen.

Jugend bedeutet ja einfach, dass man kein Bewusstsein fürs Alter hat. Dass einem das egal ist. Weil man sich selbst gar nicht als alten Menschen vorstellen kann und deswegen auch nicht übers Sterben nachdenkt und auch keine Angst davor hat. Das ist ein sicheres Signal, dass jemand jung ist. Als ich 20 war, habe ich mich auch nicht dafür interessiert, wie alt andere Leute waren. Das war mir völlig egal. Ob die 40 waren – oder 21 oder 33. Ich habe erst angefangen, mich dafür zu interessieren, als ich selbst über 30 war. Und das sind auch heutzutage die Leute, die nach dem Alter fragen. Das sind immer die blöden Zwischen-30-und-40-Jährigen. Weil die eben selber die Krise haben. Wenn man die 40 überschritten hat, ist das Thema wieder uninteressant. Weil man sowieso nicht mehr zu den Jugendlichen gehört. Der Kontakt ist dann wieder ein anderer – weil er eher über die Sache geht – und nicht übers Alter. Wenn wir auftreten, sind ja oft ganz junge Leute da. Die interessieren sich nicht dafür, wie alt man ist. Für die ist 28 genauso weit weg wie 38. Wenn du sagst: 48 – sind sie vielleicht supergeschockt. Weil, ihre Mutter ist ja gerade mal 41.

MATHIAS SCHAFFHÄUSER Das gibt es manchmal natürlich schon, dass Leute sagen: »Ach, wie geil! Dabei bist du ja schon ein bisschen älter, oder?« Aber das wird dann total nett gesagt. Oder am Flughafen, wenn ich abgeholt werde: »Ach du bist das? Das hätte ich jetzt gerade nicht gedacht.« Sag ich: »Ja, ich weiß. Ich hab jetzt noch meine Brille auf. Da sehe ich noch ein bisschen älter aus.« Auf den Fotos hab ich die nämlich nicht. Da hab ich Kontaktlinsen drin.

INGA HUMPE Ich finde, Alter ist immer ne relative Geschichte. Ich kann mich erinnern – da war ich 21 –, kurz bevor ich bei den **Neonbabies** anfing. Da meinte der Gitarrist: »Wie? Du bist noch nie aufgetreten? Da wird's aber Zeit!« In diesem Moment hatte ich das erste Mal das Gefühl: Ich bin zu alt. Und das sehe ich auch heute wieder – bei Mädchen, die mit 26 sagen, sie sind zu alt, die mit 31 sagen, sie sind zu alt. Und auch die 16-jährige Tochter meiner Freundin, die noch keinen Sex hat, findet, sie ist schon zu alt dafür, dass sie noch keinen Sex hatte. »Zu alt« ist genau das Gleiche wie »nicht schön genug«. Man findet sich auch mit 26 oder 16 nie schön genug. Im jeweiligen Umfeld. Oder wenn du dich mit irgendwelchen Geschichten vergleichst, die du auf Plakaten oder in Zeitschriften siehst. Man ist immer zu alt und zu hässlich. Fast das ganze Leben lang. Das heißt, *wenn* man die Welt so sieht.

ANDI TEICHMANN Ich habe wahrscheinlich für mein Alter überdurchschnittlich viele Erfahrungen mit dem Tod gemacht. Gerade mit Anfang 20. Da sind einige Leute aus meinem Umfeld gestorben. Da gab's ein paar Selbstmorde. Und auch einen Unfalltod. Ein Freund von uns, der auch aufgelegt hat, ist sehr überraschend gestorben. Das war eigentlich der totale Partytod. Er war Asthmatiker und ist quasi beim Kiffen alleine zu Hause erstickt. Da ist der Krankenwagen zu spät gekommen. Asthmatischen Anfall gehabt. Eine Woche im Koma gelegen. Und ist dann gestorben. Das Komische war: Es war schon monatelang ein großes Fest geplant. Und das war dann der Tag seiner Beerdigung. Da war unser ganzes damaliges Umfeld. Das war sehr emotional, mit vielen Tränen und schon nicht so einfach. Abends sind dann alle da eingelaufen, und man hat gemeinsam gefeiert. Nicht so ausgelassen wie sonst. Aber ich hatte den Eindruck, dass das ne runde Sache war. Dieses Abschiednehmen. Das ist echt was Schönes. Wie gesagt – so ein Fest bedeutet ja nicht nur, total auf die Kacke zu hauen, sondern dass man auch was Gemeinsames erlebt.

DIRK MANTEI Was ich im Zusammenhang mit dem Tod von meinem Vater interessant fand: Früher, wenn irgendwelche Fremden gestorben sind, fand ich immer, dass das so floskelmäßig rüberkommt, wenn man sagt: »Herzliches Beileid.« Du sagst irgendein Wort des Bedauerns und denkst: »Dem anderen geht das doch am Arsch vorbei.« Aber das fand ich interessant für mich, dass ich es doch als ehrlich annehmen konnte. Und danke sagen konnte. Obwohl es ja nur Floskeln sind. Die jeder kennt. Die jeder sagt. Aber dass es doch was nutzt. Auf jeden Fall.

INGA HUMPE Neulich ist ein Freund von uns gestorben. Das war zwar nicht das erste Mal, dass ich mit Tod in Berührung gekommen bin, aber es war trotzdem besonders schockierend für mich. Auch weil es sehr nah war. Weil es der Mann von unserer Freundin im Haus war. Und es gibt da auch Kinder. Ich habe zum ersten Mal dieses Wegsein eines Menschen als unheimlichen, riesigen Krater empfunden. Wie so ne Bombe, die einen Krater hinterlässt. Mitten in der Landschaft. Und man empfindet es auch erstmal als schrecklich, dass danach alles so weitergeht. Aber dadurch, dass ich seine Kinder sehr oft gesehen habe, bemerke ich, dass doch alles anders ist. Die Kinder reagieren anders. Die Freunde. Man kam auf ne schlimme und gleichzeitig schöne Art zusammen. Und diese Intensität von Unverständnis und Trauer und Unvermögen – das ist ja ganz intensiv –, aber alle teilen das miteinander. Das war schon ein Erlebnis, wo ich wieder gemerkt habe: Es geht nicht um gute oder schlechte Gefühle, sondern es geht um Gefühle überhaupt. Dass man nicht anfängt, sich irgendwas zu verbieten, indem man sagt: »Das ist ein schlechtes Gefühl. Das will ich nicht haben.« Sondern dass man anfängt zu verstehen, dass das dazugehört. Dass es ganz wichtig ist, sowas zu erleben, und sich nicht die ganze Zeit stumpf zu machen für diese Art von Gefühl. Bei mir hat das auch ausgelöst, dass ich in ein buddhistisches Wochenende gegangen bin. Wo es auch darum ging, was Sterben ist. Und was Leben ist.

»

MARKUS GÜNTNER Am Anfang haben ja viele mein Musikmachen als Spinnerei abgetan. Viele haben das belächelt. So: »Lass ihn einfach mal ein paar Jahre rumspinnen mit seiner Musik.« Wenn ich jetzt die Leute sehe, die damals mit mir in der Schule waren und die jetzt anfangen wegzugehen, weil sie ja noch bis Was-weiß-ich-wie-lange ihre Schule gemacht haben – die sehen mich dann am DJ-Pult stehen und sind ganz verdutzt. So: »Hey Markus, was geht'n?« Oder: »Du, ich hab deine Plakate gesehen. Du machst das ja jetzt echt schon lange.« Ich merke dann schon so ne Haltung: »Ich hätte nie gedacht, dass das bei dir was wird.« Und deswegen, wenn alle immer sagen: »Schule, tolle Zeit – dann habe ich die und die Ausbildung gemacht – mein Leben ist *safe*«, denk ich mir: »Nichts ist *safe*!« Und ich bin echt so dermaßen glücklich mit dem, was ich mache ...

DIRK MANTEI Dass man mit Techno, mit dem ganzen Ding, in das man sich anfangs reingestürzt hat, Geld verdienen kann, dass da berufsmäßig was geht, das war ja damals gar nicht abzusehen. Ich konnte mich nur dadurch, dass ich immer das *backing* von meinen Eltern hatte, überhaupt erst auf dieses Abenteuer einlassen. Da bin ich ihnen echt dankbar. Wenn ich diese Sicherheit nicht gehabt hätte, hätte ich vielleicht viel früher das Handtuch geworfen.

Ich habe dann ja nochmal versucht, einen Club aufzubauen: das *Lagerhaus*. Da hatte ich die Idee, ich müsste das endlich mal legalisieren. Und groß durchstarten. Und das richtig seriös. Ich hatte die Nase voll von dieser Randexistenz. Und das war auch gleich der Fehler. Weil, wenn du in die Legalität trittst, mit so einem Club, dann sind deine Fragen nicht mehr künstlerisch. Es kommt stattdessen die Polente wegen Graffiti und Notausgängen und Sperrzeitverkürzung. Und die Steuer und die GEMA. Da hast du Unsummen von Kosten. Und Probleme, die alle gar nichts mehr mit dem zu tun haben, weshalb du eigentlich angetreten bist.

Ich hab mir da echt den Hintern aufgerissen. 20, teilweise 24 Stunden in diesem Laden geblieben. Alles selber gemacht. Inklusive Putzen. Fettes Programm gemacht. Das war wirklich interessante Arbeit. Aber es war leider nicht nachhaltig erfolgreich. Wir haben da endlos Kohle verschoben. Sowohl als Gage als auch als Umsatz. Aber am Ende, nach vier Jahren, kam ich raus und hatte 50 000 Euro Schulden. Das ging alles so in die Hose, dass ich heute noch bei der Staatsanwaltschaft vorsprechen muss.

Jetzt kriege ich halt Arbeitslosenhilfe – und arbeite sozusagen nebenbei beim *Carsharing*. Das ist mehr so ein Tauschhandel. Ich putz denen ihre Autos und bekomme dafür Mobilität. Und zu Weihnachten habe ich Weihnachtsbäume verkauft. Was ein ganz schlimmes Business ist. Ich habe die Schichten Anfang Dezember gehabt. Da verkauft man noch gar keine Weihnachtsbäume. Das wird erst so um den 20. mehr. Ansonsten stehst du den ganzen Tag da und verkaufst nichts.

Was ich mir vorwerfe, ist sicherlich mangelnder Ehrgeiz. Zu nem gewissen *extent* habe ich das durchaus alles ausprobiert. Rumreisen. Deejayen. Aber sowas wie Clubtournee, DJ-Jetsetting hat im Endeffekt doch nicht geklappt. Andererseits: Es gibt viele DJs, die viel arbeiten, die auch echt gute Musik machen und nahe am Geschehen dran sind – aber davon ne Familie zu ernähren oder überhaupt wieder was von der Reise mit nach Hause zu bringen, klappt nur selten. Ich seh das bei meinen *homies*. Die fahren teilweise immer noch viel weg. Dann sag ich: »Na, Jungs? Wie war's in Hamburg?« Sagen die: »Oje! Da waren nur 60 Leute.« Sag ich: »Und was hat's gegeben, an Geld und so?« »Oje!«

MISS KITTIN Eine meiner ältesten Freundinnen verkauft Wurst auf dem Markt, in den Bergen, da wo wir herkommen. Unsere Mütter waren zusammen schwanger, und wir sind sozusagen zusammen aufgewachsen. Ich bin Patentante von ihrem Kind. Das war ihr wichtig, weil ich dieses angeblich so außergewöhnliche Leben führe – und das hoffentlich irgendwie ihrem Kind vermitteln kann. Aber im Endeffekt haben wir nicht viel Kontakt. Auch wenn ich sie wirklich liebe und sie natürlich überhaupt nicht an dem messe, was sie tut. Es wäre auch sicherlich ganz toll, wenn ich sie besuchen würde.

Wir hätten uns sicherlich eine Menge zu erzählen. Aber irgendwie klappt es nie, weil wir einfach so weit voneinander entfernt leben und auch weil das alles nun schon so lange her ist.

Eine andere Freundin von mir ist Chemikerin. Wenn ich nach Bordeaux komme, um aufzulegen, rufe ich sie an und treffe sie. Ich war auch auf ihrer Hochzeit. Sie hat einen Chemiker geheiratet. Und obwohl ich da echt meinen Spaß hatte – ich kam mir in diesem Raum trotzdem vor wie ein Alien. Chemiker! An allen Tischen saßen diese Chemiker – die sich wahrscheinlich genauso fremd gefühlt hätten, wenn sie mich in Berlin besucht hätten und wir da gesessen hätten: drei DJs, vier Journalisten, meine Managerin – weil das nun mal mein Freundeskreis ist. Unsere Gesellschaft ist so wahnsinnig fragmentiert. Und da ist es oft schwer, die jeweiligen Grenzen zu durchbrechen. Und Chemiker sind ja sogar noch kreative Menschen. Wissenschaftler und Künstler haben da viel gemeinsam. Aber so wie Chemiker über Chemie sprechen, sprechen sie eben auch über andere Dinge. Man könnte das berufliche Verzerrung nennen. Und ich habe das genauso.

DIRK MANTEI Ich kriege hin und wieder Reaktionen von Leuten, die gar nicht verstehen können, dass ich jetzt Kinder habe. Die dann total geschockt sind und meinen: »Ey, das kannst du doch nicht bringen. Du kannst doch nicht hier ankommen, unter der Woche, mit Kinderwagen, unrasiert.« Das ist genau diese Illusion, du würdest den ganzen Tag nur Techno-Jetsetten. Dabei war das doch gerade das Geile an dieser ursprünglichen Idee von Techno – und ist es ja auch immer noch: dass du das einfach machen kannst. Egal wie. Egal, wie du aussiehst. Dass es eben diese Platten gibt, wo nicht deine Fratze vorne drauf sein muss. Und nicht dein tatsächlicher Name draufstehen muss. Sondern wo du einfach irgendeinen Stempel drauf hast – und die trotzdem funktionieren können. Aber klar, bei mir ist das ja auch so: Wenn ich auflege, dann dusche ich vorher und ziehe mir ein frisches

T-Shirt an, wo vorne was Technomäßiges draufsteht. Für die Acid Maria hatte ich mir neulich extra mein Röyksopp-T-Shirt angezogen. Sie gleich so: »Super Band.« Und ich: »Ja.«

THE DJ IS STILL ALIVE

Fast zehn Jahre später

DIRK MANTEI Als wir damals die Gespräche geführt haben, war ich gerade mit dem *Lagerhaus* pleite gegangen. Deswegen war ich vielleicht manchmal nicht ganz so optimistisch gestimmt. Momentan sind meine Aussichten großartig. Ich habe vier Kinder. Ich bin immer noch begeisterter Mannheimer. Und deejaye auch immer noch. Mache auch immer noch nen Club. Bin der Sache immer noch verbunden.
KRISTIAN BEYER Ich fand's lustig, das im Rückblick zu lesen. Bei mir hat sich in der Zwischenzeit viel verändert. Ich bin Vater. Ich bin verheiratet. Ich bin ein anderer Mensch – und stehe auch in der Musikszene ganz woanders. Die Karriere hat einen Riesensprung gemacht. Mittlerweile bin ich etwa auf dem Niveau von dem Michael Mayer. *Kompakt* hatte ja den großen Durchbruch zur Jahrtausendwende. Da ging's bei denen so richtig international los. Und wir hatten halt 2005 eine Platte, die sich keine-Ahnung-wie-oft verkauft hat. Die heißt *Rej*. Die war zum Beispiel in Spanien Nummer Drei in den Singlecharts. Obwohl's ein Instrumentalstück ist. Und daraufhin ging's so richtig los. Obwohl das ja eigentlich nie mein Plan war. Ich hätte das nie gedacht, dass sowas passiert. Sowas kann man auch nicht erzwingen. Das scheint einfach der Weg zu sein, der mir bestimmt ist.
Irgendwann hatte auch mein Vater mitbekommen, dass ich den Plattenladen mache. Wahrscheinlich hat er's irgendwo gelesen. Und hat dann mal ganz nebenbei gesagt: »Also, du hast ja auch irgendwie nen Plattenladen oder so.« Dann hab ich gemeint: »Ja, aber ich hab nicht mehr die Zeit, da so viel zu arbeiten.« Ich bin auch wirklich jedes Wochenende unterwegs gewesen. Kam am Montag nach Hause. Musste dann

im Studio arbeiten. Anfangs habe ich noch versucht, möglichst viel in der *Plattentasche* zu sein, aber das hat mich total ausgelaugt. Am Schluss habe ich noch den Einkauf gemacht, so gut ich konnte. Aber körperlich war ich da nicht mehr anwesend. Ich habe auch mein Studium nicht beendet. Obwohl ich nur noch die Diplomarbeit und ne mündliche Prüfung hätte machen müssen. Aber es ging zeitlich nicht mehr. Und ich hätte sowieso nie als Ingenieur gearbeitet. Das ist einfach zu weit von allem entfernt, was mich heute interessiert. Was wahrscheinlich die viel größere Katastrophe für meinen Vater war. Oder auch nicht. Er hat dann doch gesehen: Der steht auf seinen eigenen Beinen – und das ist schon irgendwie okay.

BIANCA GIRBINGER Ich konnte beim Lesen vor allem die Spontaneität nachvollziehen, mit der ich mich damals in die Musik und dann auch ins Auflegen gestürzt habe – und diese große Begeisterung, die das in mir entfacht hat. Ich glaube, das passiert nicht oft, dass man sich dermaßen spontan in eine Sache stürzt. Das hatte mich als Person ganz und gar erfasst. Und das hatte gar nichts mit dem Ego zu tun, sondern dass ich damals, simpel gesagt, nur Musik im Kopf hatte. Auch, welchen Stellenwert das Organ Ohr gespielt hat! Es gibt so eine Welt des reinen Hörens. Die Ohr-Seite des Lebens. Das ist ja auch ein sehr sinnliches Erlebnis, plötzlich diese Welt der Töne so massiv vor sich zu haben.

Und dadurch, dass ich in der Musik einen ganz neuen Sinn gefunden hatte, konnte ich bestimmte Sachen ausblenden. Auch die Frage: Wie geht jetzt das Studium weiter? Musik ist ja sehr erfüllend. Sie macht einfach glücklich. So schlicht das klingt. Und dann wendet man sich natürlich der Sache zu, die dieses Glücksversprechen auch wirklich spontan einlösen kann. Für mich hat das einen Großteil der Attraktivität ausgemacht.

Abgesehen davon habe ich Menschen kennengelernt, die sehr lebensfroh waren. Das spielt natürlich auch ne Rolle.

Der soziale Kontext. Das gemeinsame Genießen. Man stellt sofort Gemeinsamkeit her. Man steht zusammen im Plattenladen, zieht ne Platte heraus – und auch wenn man die schon öfter gehört hat –, wenn dann jemand danebensteht und sagt: »Ja, die finde ich auch richtig gut, die Platte!«, das stellt sofort ne gemeinsame emotionale Ebene her. Und das ist natürlich schön. Weil man eine Möglichkeit bekommt, etwas zu teilen.

Das hing aber auch viel mit der *Plattentasche* zusammen. Das war ja ein Ort jenseits von Raum und Zeit – den ich in anderen Städten auch nie so erlebt habe. Man ist da reingegangen. Und plötzlich waren vier Stunden um. Oder auch mal ein Tag. Und man hat immer sehr sinnvolle Dinge getan – sinnvoll insofern, weil sie einen glücklich gemacht haben –, so dass man zufrieden nach Hause gegangen ist.

Durch die kleinen Zirkel, in denen sich das in Karlsruhe abgespielt hat, war es für mich auch sehr persönlich. Natürlich war es sehr hedonistisch und genussorientiert. Aber von den Personen her war das in meiner Wahrnehmung nicht oberflächlich. Ich habe mich integriert gefühlt. Man wusste genau, wer wo Party macht. Und dann geht man da hin. Oder auch diese Form der Gastgeberschaft oder des Gastseins. Auf Partys ist ja Gastfreundschaft wichtig. So ne Grundhaltung, mit der man ne Party macht oder auch besucht. So einen kleinen Ethos gibt's da doch. Das ist kein unzivilisiertes Runterrocken. Ich fand das schon Teil der Sache.

ACID MARIA Ich fand, dass in meinen eigenen Aussagen die Freude an der Musik ein bisschen zu kurz kam. Darüber hätte ich gerne mehr gesagt. Von daher habe ich mich über die Stelle gefreut, wo Bianca erzählt, wie ich in die *Plattentasche* reinkomme und da gleich voll die Musik aufdrehe ...

BIANCA GIRBINGER Da musste ich auch lachen. Aber das war wirklich so. Das hat immer großen Spaß gemacht. Das war einfach schön. Die Jungs gehen da oft kühler ran. Und Anki ist reingekommen und hat sich einfach über die Situation gefreut. Einfach nur da zu sein. »Jetzt bin ich hier, und jetzt höre ich mir mal laut meine Platten an! Das macht mir Spaß!« Und das hat man ihr nicht nur angemerkt, sondern das hat mich genauso mitgerissen. Es war natürlich auch so, dass sie dann am Mischpult die Regler anders verstellt hat oder sich das so eingestellt hat, wie sie sich das dachte: »So soll sich die Platte oder das Stück anhören!« Das hat dann so nen speziellen *Sound* erzeugt. Sie hat sich Platten anders angehört als herkömmliche Käufer – sich nicht nur da hingestellt und die Platte draufgelegt, sondern sie fing sofort an zu arbeiten. Das war sehr markant.

Aber das lag nicht nur daran, dass sie DJ ist. Es gab da noch ein paar andere Kandidaten. Ein sehr guter Freund von uns, Sinan Yilmaz, ist ein großer Disco- und Rare-Groove-Fan. Und wenn der da war, habe ich auch immer sehr gerne zugehört, weil es was ganz Besonderes war, wenn er dastand und sich – über die Lautsprecherboxen – die Platten angehört hat. Der war da immer in so nem zufrieden-seligen Zustand.

Dieses Mithören bei jemandem – das war im Plattenladen ein ganz starker Eindruck. Und da war's bei manchen unangenehm – und bei manchen sehr, sehr angenehm. Das liegt an der Person. Je nachdem wer sich die Platten anhört, erzeugt das eine spezifische Atmosphäre. Über das Hören wird ja Freude verströmt. Und das ergibt dann ein stimmiges Gesamtbild von: Wir sind alle in diesem Raum.

ACID MARIA Für mich waren gewisse Gefühlslagen beim Auflegen auch deshalb so wichtig, weil sie ein gutes Mittel waren, um mit dieser ständigen Kämpferei aufhören zu können. Ich war als junge Frau in einem Feld unterwegs, das eindeutig und ganz objektiv männlich dominiert war. Und ich fand einfach, dass das nicht sein musste. Vor allem, weil das in anderen gesellschaftlichen Bereichen ja schon Jahrzehnte vorher diskutiert worden war. Ich fand mich da auch nicht verbissen. Sondern ich habe reagiert. Auf meine Art. Ich habe mich irgendwann fast automatisch gefragt: »Hey, wie ist denn das eigentlich? Will ich da mitmachen?« Oder: »Wie störrisch verhalte ich mich?«

Früher oder später wird das einfach zu einer persönlichen Sache. Vor allem, wenn du merkst, dass du deine Projekte nicht so gut in die Tat umsetzen kannst, weil du dauernd irritiert wirst. Wenn du dir beim Auflegen immer wieder Dinge anhören musst wie: »Kann ich mal ein Bier haben?« Sowas hat mich oft total aus dem Konzept gebracht. Weil ich dann viel mehr darüber nachgedacht habe: »Was kann ich jetzt diesem Arsch an den Kopf schmeißen?« Aber eigentlich war ich ja wegen etwas anderem da.

Ich hab auch nicht eingesehen, dass ich mich darüber freuen soll, wenn manche Leute gesagt haben, dass ja schon alles viel besser ist als früher. Was hab ich denn da gewonnen, wenn es nicht zwei Monate, sondern zwei Jahre her ist, dass das letzte Mal jemand zu mir gesagt hat: »Hat dir dein Freund die Platten rausgesucht?« Das ist einfach ne Anmaßung.

Und zusätzlich war's immer noch so, dass Frauen als DJs gebucht wurden, damit man den Schnitt verbessert oder die Statistik oder dass man damit beweist, dass man auch wirklich ein heterogenes *booking* macht. Und all sowas. Das fand ich halt nervig. Weil ich das Gefühl hatte, dass ich deutlich weniger übers Projekt sprechen durfte als über Sekundärtugenden – wie das so ist, als Frau in so einem Beruf.

INGA HUMPE Ich hab das auch nochmal gelesen, was die Acid Maria gesagt hat – wie sie da ihren Platz verteidigen musste. Da sieht man, dass die Frauenbewegung doch noch ganz schön was zu tun hat. Ich fand das alles so nachvollziehbar. Auch wie sie dann sagte: »... die Haare abschneiden, damit man anerkannt wird«. Da sind diese ganzen DJ-Kreise nicht unbedingt progressiv.

ACID MARIA Ich habe beim Lesen des Öfteren gedacht: »Das ist echt so gnadenlos manchmal.« Ich finde, dass die Neunziger auf jeden Fall das Jahrzehnt waren, in dem wir alle nicht gut mit uns umgegangen sind. Weder mit unseren

Körpern noch mit unseren Dispositionen. Und auch all sowas wie: »Ohne Rücksicht auf Verluste! Rock 'n' Roll! Punkrock!« Diese ganzen Schlagwörter. »Keine Kompromisse!« Alles nur so: schneller, weiter und größer. Eigentlich bin ich froh, dass dieses Jahrzehnt vorbei ist. Ich würde mir auch wahnsinnig wünschen, dass das in Zukunft nicht mehr so stattfinden müsste. Meine Tochter und die meisten Kinder in meinem Bekanntenkreis sind noch sehr klein. Da kann man noch nicht sagen, wie's im Teenie-Alter sein wird. Aber irgendwas wird's da wohl leider auch geben, was gnadenlos behandelt wird.

ANDI TEICHMANN Ich habe beim Lesen gemerkt, in was für einer krassen Grübelphase ich damals war. Dass so viel unklar war. Wie's weitergeht. Was ich will. Was ich nicht will. Wie ich überhaupt meinen Platz finden kann. Das war damals das Gefühl von so nem abgeschlossenen Zirkel – wo du mitmachen darfst oder nicht. Was sicher auch damit zu tun hatte, dass wir relativ neu in dieser Szene waren. Das Ganze ist ja viel vielfältiger, als man anfangs denkt. Und irgendwann muss man sich halt mit den Leuten und Musikern und Labels und Clubs umgeben, bei denen man sich wirklich zu Hause fühlt. Das war für mich der eigentliche Prozess. Wir haben jetzt einen eigenen Platz.

Was den *Sound* betrifft, der hat heute, zumindest in der kommerziellen Techno- oder Housemusik, weitgehend ne andere Intention. Das ist alles sehr fluffig, sehr wollig, hat viel weniger Kanten, sondern geht eher so dahin. Und das ist was ganz anderes als das, was wir machen. Ich mag eher *roughness* und direkte, analoge Sounds. Das ist fast schon ne Generationenfrage. Vor kurzem kam nach dem Auftritt ein junges Mädchen zu mir und meinte: »Deine Musik hat mir sehr, sehr gut gefallen. Leider kann man nicht dazu tanzen.« Das fand ich richtig süß.

KRISTIAN BEYER Mittlerweile hat sich wirklich die ganze Musikszene verändert. Vielleicht ist es für Außenstehende immer noch das Gleiche. Aber früher hat es sich ja in House und Techno unterteilt. Und heute hat sich das sehr angenähert. Es ist alles eher so ein schwammiges Gebilde.

ANDI TEICHMANN Dieser alte Techno läuft nach wie vor im *Tresor*. Manchmal. Wenn man da in den Keller geht – das ist, als ob sich in der ganzen Zeit nichts verändert hätte. Aber ich find's trotzdem immer noch faszinierend, weil das einfach Antimusik ist. Gegen Harmonien und gegen alles. Verglichen mit dem, was da an Radikalität dahintersteckt, ist Punk Evangelischer Kirchentag! Gitarrenbegleitung mit Gesang! Auch wenn ich in dem Sinn kein Techno-DJ bin oder nur selten mal so ne Musik auflege, aber das ist einfach geil!

DIRK MANTEI Ich bin dieses Jahr noch zum Auflegen im *Berghain* – in der *Panorama Bar*. Damals war ich nur mal im *Ostgut* gewesen, aber die alte *Panorama Bar* habe ich gar nicht gekannt.

ANDI TEICHMANN An der Stelle der alten *Panorama Bar* steht ja jetzt die O_2 *World*. Und die neue *Panorama Bar*, die es nun auch schon seit erstaunlichen sieben oder acht Jahren gibt, ist inzwischen zu ihrer eigenen Legende geworden. Ich bin selber nicht mehr so oft da. Wenn ich da war, hat es mir immer Spaß gemacht. Aber es gibt ne ganze Menge Leute, für die das ein heiliger Ort ist. Die ohne gar nicht leben und feiern können. Ich habe tatsächlich Freunde, die müssen immer da hin. Jedes Wochenende, wenn sie ausgehen können. Deswegen waren die noch nie bei irgend ner anderen Party von uns. Das wird dann auch so gesagt: »Ich kann doch nicht in nen anderen Club gehen. Ich muss doch …!« Es ist im Prinzip auch ganz ähnlich wie der alte Club. Die haben die *Panorama Bar* fast eins zu eins, nur doppelt so groß, wieder hingebaut.

Das ist überhaupt etwas, was sich in Berlin ziemlich verändert hat. Der Plattenmarkt ist ja darnieder gegangen. Aber das Clubleben hat genau die gegenteilige Entwicklung genommen. Es ist stetig gewachsen. Und hat inzwischen einen globalen Legendärstatus. Seit einigen Jahren hat man das

Phänomen, dass jedes Wochenende mehrere 10 000 Einfach-nur-Party-Touristen in Berlin sind, nur um dieses Nachtleben zu erleben.

KRISTIAN BEYER Mein Lebensmittelpunkt ist ja jetzt auch Berlin. Obwohl ich der Stadt gegenüber immer sehr kritisch gewesen bin. Ich hab sie zuerst halt immer nur aus der Sicht des Technokonsumenten kennengelernt – oder dadurch, dass ich hier war und aufgelegt habe. Ich war in dieser *techno bubble*. Und hab von Berlin alles das gesehen, was mir *nicht* gefallen hat. Aber es gibt auch ein ganz anderes Berlin. Und das gefällt mir total. Ich suche vor allem nach diesem Achtziger-Jahre-Berlin. Die ganzen *Spots*, wo die alle waren – Bowie und so. Das ist das Berlin, das ich super finde. Oder Wilmersdorf, Charlottenburg – da gibt's Ecken, da denkt man: »Geil! Was ist denn das hier für ein Universum?« Das kriegen diese ganzen Technotouristen gar nicht mit. Aber gerade das finde ich ganz, ganz toll.

Ich hab hier auch viel gelernt. Vor allem, dass ich ein echtes Kind der BRD bin. Was mir nie so richtig bewusst war. Ich finde diese ganze Nachkriegsarchitektur total faszinierend. Viele sagen ja: »Das ist technisch und scheiße.« Natürlich gibt's da auch blöde Sachen, aber ich mag dieses: Man sieht die Geschichte der Stadt. Man sieht die Spuren der Zeit. Die Löcher, die's geschlagen hat. Ich habe diese Stadt ins Herz geschlossen. Aber es ist ne harte Stadt. Die macht's einem nicht leicht.

INGA HUMPE Ich war jetzt schon ewig nicht aus, aber es gibt ja *Massen* von Leuten, die wieder ausgehen. Oder immer noch ausgehen. Da gibt es jetzt Clubs – in Lichtenberg, also richtig rein in den Osten –, wo nachts um drei noch 200 Leute vor der Tür stehen und warten, dass sie reinkommen. Und ich glaube, ein Riesenwunsch dabei ist, dass man mal diesen extremen Druck vergisst, den heute fast jeder hat oder sich selber macht. Es herrscht Druck! Druck! Druck! Und wenn du dann im Club stehst, und die Musik ist laut, und du kannst tanzen – das ist so ein Moment, wo der Druck nachlässt. Wo der weg ist. Das war damals so. Und das sehe ich auch heute ganz stark.

»

ANDI TEICHMANN Ich habe ja schon damals ein wenig über dieses verbindende Element von Musik erzählt – vor allem über unsere Reisen nach Bosnien. Vieles, was mein Bruder und ich in dieser Richtung seitdem gemacht haben, kommt aus dieser Erfahrung, dort die jungen Leute, die DJs und Musiker kennenzulernen. Und irgendwann auch die Geschichten zu hören, wie das so war, während der Belagerung von Sarajevo – und dass sie trotzdem versucht haben, Partys und Konzerte zu machen. Das war für uns ein Initialerlebnis. Dass wir gedacht haben: »Die Wirtschaft und die Politik sind immer sofort da. Aber da müssen auch die Künstler hin.«

Das hat in den letzten Jahren dazu geführt, dass wir viele Projekte mit initiiert haben und in vielen Ländern waren und derzeit regelmäßig mit dem Goethe-Institut interkulturelle Projekte machen. Dieses Jahr haben wir eine Musikerresidenz in Sri Lanka initiiert. Mit Teilnehmern aus Deutschland, Sri Lanka, Indien, Bangladesch, Pakistan und Afghanistan. Das war spannend. Letztes Jahr waren wir selber in Kabul, um Musiker kennenzulernen, und haben dort einen Workshop gegeben. Da gibt's eine krasse Geschichte! Als wir gelandet sind, haben wir den Fahrer nicht gefunden. Also haben wir ein paar Leute gefragt, wo es hingeht. Die meinten dann: »Da fährt der Bus. Der fährt aus dem Flughafenareal raus. Und dann warten die Taxis.« Das war wie im Wilden Westen! Da war nichts mehr. Außer Schlamm, Nacht, alte Taxis und ein Geldwechsler. Und es hat sich rausgestellt, dass es Parkplätze mit verschiedenen Sicherheitsstufen direkt neben dem Terminal gibt. Da, wo wir waren, war der Parkplatz fürs afghanische Fußvolk. Also nicht der für internationale Besucher.

Dann standen wir da wie die Deppen mit unseren Rollköfferchen und haben gemerkt, dass wir wieder aufs Flughafengelände müssen. Irgendwann haben die Wachtposten Mitleid gehabt. Als wir dann zu Fuß zurückgegangen sind, wären wir fast noch von diesen berüchtigten Toyota-Pick-ups mit den schwarz maskierten Panzerfaustleuten drauf über den Haufen gefahren worden. Es gibt in Afghanistan ja private Sicherheitsarmeen, die man engagieren kann. Und wir waren eben gerade im Dunklen unterwegs – so ne Piste lang, in Richtung Flughafen, der da in der Ferne wieder aufgeleuchtet hat –, und auf einmal kamen von hinten diese Lichtkegel, und wir mussten schnell zur Seite springen. Das war echt *spooky*.

Nach Afghanistan gab es dann einen Punkt, an dem wir vieles in Frage gestellt haben. Wenn einem bewusst wird, dass man, im Gegensatz zu den Menschen dort, immer ein Rückflugticket hat …! Aber ich bin natürlich total froh, dass wir nicht auf so Marlboro-artigen Touren gelandet sind. Auch wenn ich unser damaliges Abenteuer gar nicht mehr so schlimm oder komisch finde. Ich weiß jetzt: Das ist der Alltag einer Agentur, dass die dauernd irgendwelche komischen Ideen brauchen, die irgendwie *funky* und jugendlich sind, um ihre Kunden zu überzeugen, da Geld reinzustecken. Aber ich find's gut, dass ich's erlebt habe. Durch diese Tour konnte ich einen Einblick in diesen Bereich kriegen. Und das rundet wiederum ein relativ weit gefasstes Bild ab, das ich mir in den letzten Jahren von der Welt machen durfte. Auf der anderen Seite hast du nämlich Erlebnisse wie in Kenia. Mit das Schönste, was wir überhaupt erleben durften, war so ne Guerillaparty – mit Generator – im Slum in Kibera. Die Party sollte tagsüber sein, damit es sicherer ist. Binnen kurzer Zeit waren wir von tanzenden Kindern umgeben. Zwei von ihnen fragten, ob sie mal rappen dürfen. Die beiden sind nun auch mit auf der Platte, die zu diesem Projekt entstanden ist.

Und das finde ich im Nachhinein super – selber erkannt zu haben, dass wir in nem rein kommerziellen Kontext nicht glücklich geworden wären. Sondern dass es doch eher darum geht, die eigenen Ideen oder Wünsche zu orten und zu bearbeiten. Als wir die Interviews geführt haben – das war ja noch der *peak* von diesem ganzen DJ-Jetset-Zirkus. Und durch mp3 und so weiter ist das wenig später alles zusammengeklappt. Du kannst heute nicht mehr sagen: »Ich hab nen tollen Agenten, und der besorgt mir ganz viele Auftritte.« Sondern es zählt wieder viel mehr das, was auch in den Anfangsjahren wichtig war – woraus diese professionellen Businessstrukturen überhaupt erst entstanden sind: nämlich dass du dich einbringst, dass du dich persönlich vernetzt, dass da ein Austausch passiert. Darauf basiert im Grunde alles, was wir machen. Auf diesem Vernetzen. Und dem freundschaftlichen Aspekt.

MICHAEL MAYER Diese andere Art des Geschäftsgebarens ist nach wie vor der Treibstoff, mit dem unsere Firma hier läuft. Das hat sich in keinster Weise als falsch erwiesen, sondern ich würde das nach wie vor als eine unserer großen Stärken hervorheben. Dieses familiäre Miteinander. Die weichen Hierarchien. Dieses Gemeinsam-was-auf-die-Beine-stellen. Und in gewisser Weise auch Einen-Traum-Verwirklichen. Das leben wir hier immer noch. Und wenn ich alleine draußen bin – beim Auflegen –, bin ich eben der Botschafter dieser Familie. Das sichtbarste Mitglied, wenn man so will. Aber ich spüre die Verantwortung für das Ganze jederzeit.

ANDI TEICHMANN Wir machen alle zwei Monate einen Labelabend, zu dem wir verschiedenste Leute einladen. Und da kann man zum Beispiel auch mal asiatische Musiker oder DJs unterbringen, die unter einem kommerziellen Clubgesichtspunkt total uninteressant wären, aber von denen ich weiß, dass die gut sind. Und das kann man auch so promoten, dass die Leute sich dafür interessieren. Weil ne Geschichte dahintersteckt. Weil es vielleicht dieses Projekt in Kenia gab, wo Leute von dort und Leute aus Berlin zusammen Musik gemacht haben. Kein Mensch kennt hier die kenianischen Musiker. Aber unsere Erfahrung ist, dass man trotzdem die Bude damit voll kriegen kann.

Das ist mir mittlerweile immer wichtiger: dass da wirklich ne Idee oder ne Story dahinter ist. Und dass wir das alles sozusagen familiär machen. Ein angenehmer Nebeneffekt davon ist ja, dass man sogar einen persönlichen Nutzen davon hat. Je mehr Leute du in das, was du machst, mit reinholst, desto weiter verbreitest du das. Das trägt dich ja auch selber weiter. Weil sich das letztendlich in beide Richtungen fortsetzt. Wenn ich ne Platte rausbringe, dann brauche ich ja auch wieder Leute, die sich dafür interessieren. Und das sind natürlich mehr, wenn ich in einem regen Austausch und Dialog und gegenseitigem Sichhelfen mit vielen Leuten stehe, als wenn ich mich eigenbrötlerisch verschanze.

DIRK MANTEI Was ich bei den ganzen Leuten im Buch interessant finde, ist, dass da ein hohes Maß an *dedication* vorhanden ist. Gerade in Städten wie Mannheim – wenn da interessantes Entertainment sein soll, dann muss man das selber machen. Weil ansonsten nur dieser Mainstream-Funktions-Techno passiert. Den hast du ja überall. Aber den Underground, auch von jungen Leuten in Mannheim oder anderen DJs, die man sonst noch findet – das macht einfach Spaß, das zu featuren. Ich kann auch gar nicht anders. Das geht vielen Leuten so. Ein klassischer Fall sind die Typen, bei denen ich gerade meine Veranstaltungen mache. Die hatten vorher das *Zimmer*. Einen kleinen Innenstadtclub in den Mannheimer Quadraten. Und ich hab wiederum nen eigenen Club da drin gemacht. Aber dann sind die pleite gegangen – und haben sich geschworen: »Nie mehr im Leben ne Disco.« Aber als die nächste Disco frei war, haben sie alle Vorsätze über Bord geworfen und den gleichen Fehler nochmal gemacht. Haben wieder ne Disco aufgezogen. Und haben glücklicherweise wieder mich gefragt, ob ich da ein Programm gestalten will.

Und das mach ich natürlich mit großer Freude. Soviel zu dem Thema, ob man da Bock drauf hat und ob es da ne innere Berufung gibt.

ANDI TEICHMANN Inzwischen treten wir in diesem klassischen Jetset-Lifestyle-DJ-Kosmos gar nicht mehr auf. Wichtig ist wirklich genau dasselbe wie ganz am Anfang: dieses Selbergemachte. Eigentlich also das, was im Punk auch schon interessant war. Dieser Do-it-yourself-Gedanke. Dass man sich nicht zwingend von so genannten Fachleuten sagen lassen muss, wie man was macht, sondern sich traut, das selber anzugehen. Und dann eben dieses Verbindende. Dadurch dass wir so viel gereist sind – in Länder, die nicht so auf dieser westlichen Landkarte zu finden sind –, habe ich mich auch als Musiker wahnsinnig verändert. Einfach durch den Austausch und Dialog mit anderen Leuten, wodurch du ja irre viel Input kriegst. Und wenn ich jetzt auflege, dann spiegelt sich das auch wieder. Mir macht es unglaublich viel Spaß aufzulegen. Weil ich Musik zeigen will.

KRISTIAN BEYER Ich umreise den Globus inzwischen einige Male im Jahr – bin wirklich jedes Wochenende unterwegs. Überallhin. Von daher kann ich persönlich gar nicht mehr in nen Club gehen, wenn ich da nicht selber auflege. Das macht mir gar keinen Spaß mehr. Nicht nur, dass es da nichts mehr gibt, was mich noch reizen würde, sondern auch, weil ich dann immer gleich am Checken bin: »Was macht der DJ? Wie viele Leute sind da? Und wie ist das Licht?« Aber den Spaß am Selberauflegen habe ich mir erhalten. Als diese eine Platte rauskam, hat die uns natürlich einige Türen geöffnet – auch in kommerziellere Bereiche. Aber wir sind durch keine dieser Türen gegangen, sondern haben uns die Clubs, in denen wir gespielt haben, sorgfältig ausgesucht. Weil, ich glaube, wenn man die Lust verliert, dann ist es vorbei.

ACID MARIA Früher hatte ich ne Frequenz von acht bis zehn Gigs pro Monat. Und das war, allein von dieser Frequenz her, einfach ultraanstrengend. Ich hab gedacht, ich dreh durch! Irgendwann hab ich mich gefühlt wie so ein Staubsaugervertreter. Ich konnte auch den Spaß an diesem andauernden Switchen von Kontexten nicht mehr als befreiend empfinden, sondern nur noch als Schlinge.

Jetzt habe ich ne Frequenz von zwei bis drei Gigs pro Monat. Und damit kann ich super leben. Wenn ich hin und wieder mal einige Wochen am Stück nicht gespielt habe, tritt es manchmal so richtig in den Hintergrund, dass ich das fast 20 Jahre lang hauptberuflich getan habe. Aber dann gibt es wieder Abende – neulich habe ich im *Pudel* in Hamburg mit Pelle Buys gespielt. Und das war einfach so lustig und so großartig. Vom Essen mit Pelle und seiner Frau vorher bis hin zu den Obstlern, die er mir später am Abend immer wieder vorbeigebracht hat und von denen ich höchstens jeden Dritten wirklich getrunken habe. Es war perfekt. Ich fand auch, dass jede Platte, die ich gespielt habe, ihren Platz hatte und ihr Umfeld. Dass alles genau ineinandergriff, so wie ich das musikalisch empfinde und beabsichtige und idealerweise umsetzen möchte. Es war wie ein sonniger Tag – und irgendwo draußen am Meer gewesen. Ich war einfach zutiefst zufrieden. Und wenn so ein Abend stattgefunden hat, dann will ich wieder mehr davon. Das kann man gar nicht anders beschreiben. Das sind glückselige Momente.

DJ KOZE Man muss einfach aufpassen, dass man sich die Liebe bewahrt. Und dass man das Schöne immer wieder neu zusammenpuzzeln kann. Das wird dann auch, durch die Abarbeitung mit dieser Musikrichtung über die Jahre, immer mehr zu einer sehr persönlichen Sache. Ich kann nach wie vor keine einzige Nummer spielen, die ich nicht fühle. Selbst wenn ich weiß, dass es jetzt total gut ankommen würde, weil bestimmte Instinkte befriedigt werden oder Signale abgefeuert werden, die einfach irgendwann ne Wirkung haben *müssen*. Ich habe eher sogar das Gefühl: Je länger ich dabei bin, desto mehr genervt bin ich von dieser ganzen formatierten Formelmusik.

ACID MARIA Der DJ Koze spielt ja schon seit Ewigkeiten mit den Hörerwartungen der Leute. Also auch mit dem Element der Überraschung, oder sagen wir: des persönlichen Risikos. Weil er sich total einbringt. Und das war auch schon immer mein Ansinnen. Etwas Bestimmtes zu etablieren – und dann zu überraschen. Wenn ich an nem Abend aufgelegt habe und es geschafft habe, genau zum richtigen Moment das Falsche zu spielen – und alle sind mitgegangen und konnten meine Gründe irgendwie intuitiv nachvollziehen –, das beglückt mich wahnsinnig!

DJ KOZE Ich bin auch vor Auftritten oft noch genauso nervös. Aber das ist das Los eines jeden Künstlers. Die tigern ja alle wie im Käfig. Von rechts nach links. Und sind unsicher. Die Besten auf jeden Fall. Aber an sich habe ich das Gefühl, vielleicht sogar noch etwas durchlässiger geworden zu sein. Ich versuche einfach, mich allem zu öffnen. Das Einzige, wo ich noch nen Bogen rum mache, ist das Auflegen mit dem Computer. Da habe ich irgendwie keine Lust zu. Ich genieße das, dass ich mal ein, zwei Stunden am Tag ein Handwerk verrichte, bei dem ich nicht auf nen Bildschirm gucken muss.

KRISTIAN BEYER Das ist natürlich eine der Hauptdiskussionen, die in unserer Szene geführt werden: Welches Medium benutze ich? Ich sammle immer noch ganz viel Vinyl. Aber Clubmusik spiele ich nur noch von CDs. Die hab ich selbst beschriftet. Die sind in nem *case* drin. Da hab ich immer noch dieses Blättern, als ob du durch die Schallplattenkiste gehst. Du blätterst so durch, siehst ein Cover und denkst: »Ah ja. Genau. Die nehm ich jetzt.« Wenn ich nur einen Screen mit irgendwelchen Ordnern hätte – das geht nicht! Und ich meine auch, das bei all jenen beobachtet zu haben, die auf Laptop umgestiegen sind, dass sie weniger kreativ auflegen.

Das Lustige ist, dass die Technik dir ja eigentlich ermöglichen würde, viel zu machen. Du hast am Laptop ja vieles schon vorgefertigt – du könntest da live in die Musik eingreifen. Du könntest live Sachen schneiden. Oder du merkst, während das Stück läuft: »Der Part ist richtig gut!« Zack – gibt's nen Loop-Button – hast du nen Loop, zu dem du sogar live noch was spielen könntest. Aber das macht keiner. Es ist wie bei jeder technischen Neuerung: Die Leute nützen nur den Punkt aus, dass es einfacher ist. Aber sie nützen die eingesparte Zeit nicht, um was Kreatives zu machen. Jetzt mal ungenannter Weise: Ein deutscher Techno-DJ, den ich früher sehr geschätzt habe, der mit vier Plattenspielern gleichzeitig aufgelegt hat, der echt ein *wizard* war und heute eben mit Laptop auflegt, sagt neulich zu mir: »Ich hab wieder mit'm Rauchen angefangen, weil ich nicht weiß, was ich sonst tun soll. Das ist ja so: Da lässt man das so laufen – und dann hab ich nix zu tun.« Da dachte ich mir so: »Tja! Dann solltest du dir mal Gedanken machen, was du sonst noch tun könntest, anstatt zu rauchen.«

ACID MARIA Ich habe in diesen vergangenen zehn Jahren immer mal versucht, aufs digitale Auflegen umzusteigen. Oder habe zumindest damit experimentiert – komme dann aber immer wieder, wie so ein Dinosaurier, wie so ne störrische Elefantendame, auf die Vinyls zurück. Und versuche dann auch Argumente zu finden warum. Aber eigentlich gibt's gar keine Argumente, sondern es ist so ein rein subjektives Mag-ich-halt-gerne-Machen.

KRISTIAN BEYER Durch den technischen Fortschritt stehen in den Clubs auch fast keine Plattenspieler mehr. Und wenn welche da stehen, dann werden die stiefmütterlich behandelt. Die sind nicht mehr richtig gefedert. Da sind keine guten Systeme mehr drauf. Weil sie halt keiner mehr braucht. Die Technics-Plattenspieler werden auch gar nicht mehr hergestellt. Was kaum jemand weiß. Das hat mir letztens jemand gesagt, so ganz nebenbei – dass der Clubplattenspieler gestorben ist.

BIANCA GIRBINGER Ich höre mir ja auch manchmal Sachen im Netz an. Aber die Vorstellung, dass man sich am Freitagabend im Internet Musik anhört, finde ich echt trostlos. Das kann ich mir einfach nicht antun. Das Schöne am Plattenladen ist ja – ähnlich wie auf ner Party –, dass das Erleben der Musik immer wieder an Freundschaften oder Bekanntschaften oder an irgendwelche Ereignisse gebunden ist. Im Plattenladen wird Musik sichtbar und erlebbar. Und erst über diese Emotionen entstehen Erinnerungen. Erst dadurch kann sich etwas in unserer Seele und vielleicht auch in unserer Geschichte ablagern.

KRISTIAN BEYER Wir haben ja 2006 ein eigenes Label gegründet – *Innervisions*. Und das Lustige ist, dass ich durch unsere Angestellten und Praktikanten, die alle noch sehr jung sind, gesehen habe, wie die Generation nach uns tickt. Vielleicht ist es inzwischen sogar schon die zweite Generation nach uns. Die ticken natürlich *ganz* anders.

HANS NIESWANDT Nicht zuletzt durch Sachen wie *YouTube* beobachte ich, dass die musikalische Vergangenheit für die nachwachsende Generation immer nur einen Mausklick entfernt ist. Und zwar *jeder* Punkt in der Vergangenheit. Die Reihenfolge dieser Vergangenheit ist gar nicht so wichtig. Man kann jederzeit zwischen Motown und New Wave oder auch zwischen Ländern und Kontinenten, zwischen Afrika und Frankreich, hin- und herpitchen und seinen eigenen Cocktail daraus machen.

ACID MARIA 2003, 2004, als wir die Gespräche geführt haben, wussten wir ja noch nix von *Social-Networking*. Und heute ist es so: Wenn man im Netz nicht präsent ist, ist man auch ansonsten weitgehend unsichtbar. Als Musiker in diesem Bereich kann man sich aus Netzwerken wie *Soundcloud* und *Facebook* unmöglich heraushalten. Sonst existierst du nicht mehr. Nur ist es in meinem persönlichen Fall wieder schwierig – ich mache ja ganz unterschiedliche Dinge – und weiß manchmal gar nicht, wie ich das im Netz darstellen soll. Oder wie ich darstellen soll, was das miteinander zu tun hat. Und das ist dann so komisch, weil, man betreibt eben die Dinge, die einen interessieren – und hat hinterher das Gefühl, dass man es in so ne Schublade reinbekommen muss, die einen *in the first place* ja überhaupt nicht interessiert hat.

»

MICHAEL MAYER Ich würde den Gesundheitszustand von Techno-Deutschland auch nach wie vor als in Ordnung beschreiben. Aber es hat sich natürlich viel verändert. Zu Zeiten der Interviews ist der DJ noch in den Plattenladen gegangen, hat sich die Platte gekauft, hat die Platte aufgelegt, wurde dafür bezahlt und hat das Geld dann wieder in den Plattenladen getragen. Auf diese Weise gab es immer nen Kreislauf – der sich durch diese Illegale-Download-Sache und überhaupt die ganze digitale Revolution komplett aufgelöst hat. Jetzt ist es so, dass die meisten DJs sich von Promo-MP3s ernähren, die sie umsonst zugeschickt kriegen. Die spielen sie wiederum im Club. Aber die Gage dafür wird eben nicht wieder in den Kreislauf getragen, sondern sonstwo hin.

MATHIAS SCHAFFHÄUSER Zu der Zeit, als wir miteinander gesprochen haben, hat mein Label *Ware* gut funktioniert. Aber inzwischen sind die Verkäufe doch sehr in die Knie gegangen. Was durch Digitalverkäufe in keinster Weise aufgefangen worden ist. Ich habe auch keine Idee, wie man das lösen könnte. Und ehrlich gesagt: Keiner hat sie. Vielleicht gibt es auch schlicht und ergreifend keine. Ich sag das oft zu Kollegen: »Was meinst du, was die Leute, die früher vom Notendruck gelebt haben, geweint haben, als sich Tonträger durchgesetzt hatten.« Eine Zeitlang war ja der Notendruck das Hauptverwertungselement für Musiker. Und das hat viel, viel länger existiert als die Tonträgerperiode. Ich glaube, man muss sich das so langsam eingestehen: Die Epoche der Wertschöpfung durch Tonträger ist nur eine sehr, sehr kurze gewesen. Die ist vorbei. Aber immerhin: *The DJ is still alive!*

MICHAEL MAYER Ich habe als DJ einen sehr gut gefüllten Terminkalender und bin nach wie vor weltweit unterwegs.

Mir kommt da zugute, dass ich immer so ein bisschen neben dem Hype stand. Nicht mitten drin. Ich bin ja nun schon recht lange dabei. Im Grunde genommen, seit es House und Techno in dieser Form gibt. Und das ist etwas, was ich früh angefangen habe, bewusst zu steuern: dass ich von irgendwelchen Hypes nicht vereinnahmt werde. Gerade wenn England irgendwas Neues aufruft, kann man sich sicher sein, dass ein Jahr später das Gegenteil gilt – und die Karriere damit hinüber ist. Und da habe ich mich nicht einfangen lassen. An der Stelle ist mir das Deejayen auch zu wichtig, als dass ich es kurz mal instrumentalisiere, um kurzfristig Erfolg zu haben. Ich habe immer eher die Kontinuität geschätzt. Und die langsamen Schritte.

MARKUS GÜNTNER Ich habe das Ganze noch lange Zeit sehr intensiv verfolgt. War viel unterwegs, viel beim Auflegen, habe ganz viel produziert. Aber ab 2007 habe ich gemerkt: Die Musikindustrie ändert sich – dieses ganze Business, wie etwas veröffentlicht wird. Ich habe gemerkt: Wenn du was Neues fertig hast, und du schickst ein Demo irgendwo hin, dann heißt es: »Hör dir doch mal das und das an. Das verkauft sich gut.« Und das war ja nie mein Hintergrund, dass ich etwas produzieren und veröffentlichen wollte, damit es sich gut verkauft.

Dann habe ich mich da so ein bisschen zurückgezogen, habe schon noch weiter vor mich hin gewurschtelt. Aber es haben sich lustigerweise ganz andere Sachen ergeben. Jetzt nicht mal in diesem Technoclubbereich, sondern das ging erstmal alles recht nett in die Kunstrichtung. Was mich überhaupt nicht gestört hat, weil man da wieder mehr machen konnte, was man will. Ich habe auf vielen Ausstellungseröffnungen aufgelegt. War in Amerika für so ein paar Medienkunstprojekte. Da gibt es eine lustige Geschichte: *Kompakt* hatte mich, etwa um diese Zeit, mal gefragt, ob ich nicht in Detroit auf dem »Electronic Music Festival« spielen will. Und da habe ich jemanden kennengelernt, der mir schon ein Jahr vorher geschrieben hatte, dass er meine Musik total gerne mag und seine Frau ist jetzt schwanger und sie hören sich immer meine Platten an, weil die so entspannend sind. Die beiden kommen aus Windsor, das ist direkt gegenüber von Detroit, über den Fluss. Und als ich dort gespielt habe, waren sie beide auf dem Festival – mit den inzwischen geborenen Zwillingen. Und er stellt sie mir so vor: »Hey, und das sind unsere Kleinen. Das hier ist August und ... Markus!« Ich so: »Hm, guter Name, oder?« Und er so: »Ja wirklich. Wir haben uns gedacht, wir haben die ganze Zeit deine Musik gehört und deswegen haben wir ...« Das war total abgefahren. Ich bin auch nach wie vor in sehr gutem Kontakt mit den beiden. Da hat sich was sehr Nettes aufgetan.

Aber so richtig reingekniet habe ich mich in diesen ganzen Bereich nicht mehr. Mitte 2008 hatte ich gerade ein neues Album fertig. Und nachdem ein guter Bekannter von mir ne Grafikagentur hat und ich zu der Zeit nicht so viel zu tun hatte, hab ich gesagt: »Hey, wenn ich dir mal irgendwas helfen kann, dann sag Bescheid.« Ich hatte bis da hin halt hin und wieder ein Cover für ne Platte von mir gemacht. Und dann bin ich ab und zu mit ihm im Büro gesessen, und das hat auch recht viel Spaß gemacht, und ich habe innerhalb kürzester Zeit wahnsinnig viel gelernt. Und jetzt sind wir seit eineinhalb Jahren eine GbR! Ich betreue jetzt zum Beispiel komplett *Ware*. Der Mathias Schaffhäuser ist jetzt echt Kunde bei mir. Auf einmal bin ich also auch noch Grafiker. Und total quer eingestiegen! Aber ich finde es sehr, sehr gut. Natürlich habe ich ein bisschen weniger Zeit für Musik. Aber andererseits bin ich froh, mich nur noch auf genau die Musik und genau die Gigs konzentrieren zu können, die ich machen will, und nicht ständig denken zu müssen: »Wo kriege ich meine Kohle her? Scheiße, dann spiele ich halt doch für 200 Euro in München.«

HANS NIESWANDT Manchmal kommen mir diese vielen unterschiedlichen Dinge, die ich tue – Musik produzieren, Radiosendungen machen, Kolumnen schreiben, Bücher schreiben, Remixe produzieren mit **Whirlpool Productions** oder alleine neue Sachen komponieren –, wie ein endloser Zopf vor. Wie eine jahrelange Jongliernummer. Und natürlich gibt es da immer wieder Momente, wo man sich gerne mal über Monate auf einen einzigen dieser vielen Bälle konzentrieren würde. Aber das geht nicht. Man nimmt sogar eher noch nen zusätzlichen Ball mit in diese Nummer und muss sich dann teilweise schon arg konzentrieren, dass einem da keiner runterfällt. Aber im Grunde genommen macht mir das ja alles Freude. Ich bin froh, dass ich mich in meinem Leben und meinem Arbeitsleben – was für mich mehr oder weniger identisch ist – mit Dingen befassen kann, die mir gut gefallen. Das trägt ja auch dazu bei, dass ich *gut* arbeite. Es sollte eigentlich wirklich jedem Menschen auf der Welt so gehen, dass er auf diese Weise arbeiten kann.

DJ KOZE Ich mag dieses unruhige Leben zu einem gewissen Teil immer noch. Aber nur mit rigoros durchgesetzten Auszeiten. Ich hab so ein kleines Exil in Spanien, wo ich mich quasi in so ner Eremitenhöhle verkrieche. Und dann merke ich, wie das Gesumme so langsam leiser wird. Und nach ein, zwei Wochen in so ner ganz simplen, entschleunigten Welt – das ist ein kleines Dorf, also das totale Gegenteil von allem anderen –, da kommt dann die Kreativität. Und die Muse und die Inspiration besuchen mich wieder. Und ich spüre es wieder kribbeln.

MATHIAS SCHAFFHÄUSER Es gibt ja nach wie vor echt tolle Platten. Und wenn ich darauf stoße, bin ich immer wieder total happy und in der Lage, morgens um zehn Uhr von meinem Stuhl aufzuspringen und die Hände in die Luft zu recken und rumzuhüpfen. Das Fansein und diese Begeisterung sind immer mein Antrieb gewesen – und natürlich auch nach wie vor der große Spaß beim *Machen* von Musik. Es gibt fast nichts, was mir so viel Freude macht, wie meine eigene Musik zu produzieren. Das ist nach wie vor das Beste für meine Seele.

INGA HUMPE Ich hatte ja damals schon gemerkt, dass ich aus meinen Reserven lebe. Und ich hab die noch richtig, richtig schön ausgebeutet. Und mich dabei natürlich vor allem selber ausgebeutet. Und war dann mal ein, zwei Jahre auf nem *low energy level*. Und das ist jetzt das, womit ich beschäftigt bin – dass ich da nicht mehr so reingerate. Auch dieses ganze Erfolgreich-Sein-Wollen, Gefallen-Wollen, Nummer-Eins-Sein-Wollen und sowas. Da kommt man unheimlich schnell rein. Und sobald das der Fall ist, ist bei mir der Spaß weg. Aber trotzdem ist es ja erstmal so: Du kriegst den Zug nicht angehalten. Das rast ja wie ein ICE. Und es dauert irgendwie ein Jahr, bis du die Karre zum Stoppen kriegst. Aber ich hab das gestoppt. Oder auch dieses ständige: Adrenalin! Das finde ich mittlerweile schrecklich. Ich brauche Entspannung und Abstand und auch ne gewisse humorvolle Distanz zu dem, was ich da veranstalte.

KRISTIAN BEYER Ich brauche vor allem immer wieder Abstand von diesem Clubding. Mich hat's inzwischen total in die Kunst gezogen. Ich sammle Kunst. Und nutze meine Reisen am Wochenende meistens, um zusätzlich Museen oder Galerien zu besuchen. Für mich ist das also nicht nur blankes: »Ich flieg irgendwo hin, leg mich ins Hotel, schlafe, gehe was essen, gehe in den Club, feiere durch und fliege dann weiter«, so wie die meisten anderen das machen. Sondern ich versuche das immer zu kombinieren. Ich liebe das sehr.

INGA HUMPE Ich war jetzt gerade wieder vier Tage meditieren. Vier Tage richtig raus aus allem. Und auch mit null Komfort. In so nem Wohnwagen. Mit Gummistiefeln. Das tut unheimlich gut. Und ich bin auch sonst in dieser kontinuierlichen Praxis. Das ist schon was, was in meinem Alltag viel Raum hat. Ich sehe das vor allem als Mittel, um auf andere Sichtweisen zu kommen. Um nicht die ganze Zeit von meinem eigenen Ego geritten zu werden. Und um sich auch zwischenmenschlich nicht die ganze Zeit auf diesen Egoebenen zu begegnen, von denen ich damals schon gesprochen hatte. Ich empfinde das nach wie vor nicht inspirierend.

Und das ist für mich auch das Tolle an der Meditation. Dass es ne Art Selbstheilung ist: sich mit der eigenen Psyche zu befassen und auch mit diesen ganzen Konzepten, die man hat. Ich habe zum Beispiel gemerkt, dass Kreativität und diese ganzen Konzepte, die man immer wieder bildet, sich im Grunde fast ausschließen. Das ist fast wie Materie und Antimaterie. Kreativität und Antikreativität. Man ist kreativ – und in dem Moment ist man frei –, aber sofort macht man ein Konzept daraus und ist dann wieder im Gefängnis. Immer wieder macht man diese beiden Prozesse durch. Man will immer allem Struktur geben. Weil man natürlich eine gewisse Struktur braucht, um hier leben zu können. Aber das macht man dann natürlich in allen Bereichen. Und fürs Musikmachen oder fürs Schreiben ist das zum Beispiel extrem störend. Da merkt man, dass man nur zehn Prozent, oder noch weniger, von dem Freiraum nutzt, den man eigentlich hat.

DIRK MANTEI Als bei uns Kinder kamen, und es immer mehr wurden, habe ich überlegt: »Was interessiert dich eigentlich noch außer Musik?« Und ich hatte schon immer ne Affinität zu Radfahren. Mountainbike. Hab dann in einem Fahrradladen gearbeitet und später bei einer der Marken, die ich da verkauft habe, im Außendienst angefangen. Das ist natürlich teilweise total lustig. Weil, in dieser Branche, das sind ja alles richtige Sportler. Denen kann ich sozusagen von meiner anderen Existenz gar nichts erzählen. Für die ist das komplett abwegig. So: »Was? Nachts in der Disco rumstehen, bis morgens um fünf? Ey, die rauchen doch da!« Die stehen morgens um fünf ja schon wieder auf und trainieren oder irgendwie sowas.

Das ist oft ne ganz lustige Balance zwischen diesen beiden Welten. Mein Chef, meine Kollegen, die wissen natürlich schon, dass ich irgendwann mal aufgelegt und auch einen Club gemacht habe. Aber mit den Leuten in den Fahrradläden ist das eher so eine Dr.-Jekyll-&-Mister-Hyde-Situation. Ich werde ja dieses Jahr 49. Und in den Läden komme ich mit diesen ganzen jungen Typen zusammen, die teilweise auch auf Techno sind. Die spielen mir dann ihre interessanten Tracks vor, sagen ihre Lieblings-DJs, und ich so: »Interessant – Hab ich irgendwo schon mal gehört – Und was macht ihr dann so? – Nein, wirklich? – Das ist ja ein Ding!« Voll inkognito. Aber die wollen dann immer *Facebook*-Freunde mit mir werden. Sag ich: »Leute, es ist besser für euer aller Leben, wenn wir das auseinanderhalten.« Über *Facebook* kommuniziere ich ja meine Veranstaltungen und damit sozusagen auch mein Mister-Hyde-Leben. Und wenn ich da mit den Fahrradtypen befreundet wäre, gäbe es auf jeden Fall mal Rückkopplungen. Wobei ich mich natürlich bei manchen Kunden ... das sind ja teilweise echt schnuffi Typen, mit 99 Prozent von denen komme ich sehr gut aus, mit einem war ich auch schon zusammen in Urlaub, zusammen Rad fahren, da kommt dann manchmal so: »Ey, was läuft denn da eigentlich die ganze Zeit für Mussick?« Und da oute ich mich dann so halb. Da sag ich: »Hör zu – früher ...«

ACID MARIA Neulich war ich mal wieder auf ner Party, wo alle grob 20 Jahre jünger waren als ich. Ich kam mir echt vor wie ne Oma. Obwohl, wenn man ein paar Jährchen unterwegs ist, so wie ich, kann man sagen, dass bestimmte Dinge dann doch immer gleich bleiben. Dass man zum Beispiel Leute, die vermeintlich Lehrerrollen innehaben – so wie ich eben inzwischen –, dass man die grundsätzlich warten lässt. Dass man ihnen mit despektierlichem Verhalten begegnet. Sie anzweifelt. Das ist normal. Und das ist nicht nur gut so, sondern macht ja von der anderen Seite her genauso Spaß. Manchmal fühlt sich das ja so an, als wäre eigentlich nur ein Fingerschnippen dazwischen.

Personen

ACID MARIA * 1971. Aufgewachsen in München. Studierte zu Zeiten der Gespräche am ZKM in Karlsruhe. Unterrichtet heute Filmmontage an der Hochschule für Film und Fernsehen in Potsdam-Babelsberg.
ANDI TEICHMANN * 1975. Stammt aus Regensburg, wo er schon als Kind in Punkbands spielte. Tritt zusammen mit seinem Bruder Hannes als Gebrüder Teichmann auf und organisiert mit ihm, von Berlin aus, Musikprojekte in aller Welt.
ANKI s. **ACID MARIA**
BIANCA GIRBINGER * 1975. Aufgewachsen in München. Studierte zu Zeiten der Gespräche Medienkunst in Karlsruhe und arbeitete in der *Plattentasche*. Inzwischen verheiratet mit Kristian Beyer. Lebt mit ihm und Kind in Berlin.
CORVIN DALEK * 1969 in Budapest. Lebte lange Zeit in Tschechien – jetzt in Berlin – und ist besonders viel in Asien und Lateinamerika unterwegs.
DIRK MANTEI * 1963. Erster Geschäftsführer des legendären *milk!* in Mannheim. DJ-Name: D-Man. Lebt heute mit Frau und vier Kindern in einem schönen Reihenhaus am Stadtrand von Mannheim.
DJ HELL * 1962. Kommt aus dem oberbayrischen Hügelland bei Traunstein. Lebte dann lange in München – jetzt in Berlin – und betreibt seit ewigen Zeiten das *Gigolo*-Label.
DJ KOZE * 1972. Stammt aus Flensburg. Lebt in Hamburg. Früher bei Fischmob und International Pony. Auch bekannt unter dem Namen Adolf Noise.
HANS NIESWANDT * 1964. Ehemaliger *Spex*-Chefredakteur. Früher bei der Band Whirlpool Productions. Hat inzwischen einige Bücher geschrieben und ist Moderator einer wöchentlichen Musiksendung auf *EinsLive*. Lebt in Köln.
HELENA LINGOR * 1976. Aufgewachsen in Karl-Marx-Stadt/Chemnitz und Karlsruhe. Studierte zu Zeiten der Gespräche Literaturwissenschaften in Freiburg. Lebt inzwischen in Berlin und arbeitet dort als Journalistin.

INGA HUMPE *1956. Sängerin von 2raumwohnung und Platten-Selector des 2raumwohnung-DJ-Teams.

KRISTIAN BEYER *1973. Machte zu Zeiten der Gespräche die *Plattentasche* in Karlsruhe – und bildete schon damals die eine Hälfte des House-Projekts Âme. Lebt inzwischen in Berlin und betreibt das *Innervisions*-Label.

LAWRENCE *1970. Lebt in Hamburg und ist Mitbetreiber sowohl des Labels/Künstlerkollektivs *Dial* als auch seit einigen Jahren des *Smallville*-Plattenladens in St. Pauli.

MARK REEDER *1958. Kam (aus Manchester stammend) zu Punkzeiten nach Berlin und gründete dort Anfang der Neunziger das legendäre Trance-Label MFS.

MARKUS GÜNTNER *1981. Veröffentlichte mit 19 Jahren eine aufsehenerregende Mischung aus Klassik-Samples und Techno-Beats: das Album *In Moll*. War danach viele Jahre *Resident* in der Regensburger *Suite 15* und veröffentlicht inzwischen vor allem Ambient.

MATHIAS SCHAFFHÄUSER *1962. Spielte lange in Bands, bevor er 1988 Techno und House für sich entdeckte. Lebt in Köln. Betreibt das *Ware*-Label.

MICHAEL MAYER *1971 im Schwarzwald. Lebt inzwischen seit langem in Köln. Mitbegründer des *Kompakt*-Labels.

MIEZI s. **ACID MARIA**

MISS KITTIN *1973 in Grenoble/Frankreich. Lebte lange Zeit in Berlin. Jetzt in Paris.

PACOU *1972. Seit Urzeiten *Resident-DJ* des *Tresor* in Berlin.

RAINER TRÜBY *1971. Stammt aus Stuttgart. Lebt inzwischen seit vielen Jahren in Freiburg und macht dort seit ungefähr genauso langer Zeit den »Rootdown«-Club in der *Waldsee*. Jazz-beeinflusst. Weinliebhaber. Trüby Trio.

RICHIE HAWTIN *1970 in Oxfordshire/England. Aufgewachsen in Kanada. Inhaber des Plattenlabels *m-nus*. Lebt nun schon seit langem in Berlin und wurde vor allem durch sein Projekt **Plastikman** bekannt.

Begriffe

1210 Technics 1210. Standard-Plattenspieler im DJ-Bereich.
ACID Allgemein für: Drogen. Konkreter für: LSD.
AFTER-HOUR(-PARTY) Weiterführung der Party nach Sendeschluss (meist irgendwo anders).
AMBIENT Eher ruhige, sphärische, elektronische Musik.
BEAT Im Club-Zusammenhang meist gleichbedeutend mit Rhythmus (oder einzelnen Schlägen).
BOOKING Die Programmgestaltung eines Clubs.
CHILL-OUT(-RAUM) Eher ruhiger Raum zum Runterkommen (von was auch immer).
CLUB Der Ort (das Haus bzw. der Raum), an dem die Party stattfindet.
CROSSFADER Regler zum direkten, stufenlosen Hin- und Herswitchen zwischen den Kanälen (also verschiedenen Tonquellen) am Mischpult.
DARKROOM Speziell abgedunkelter Raum, meist in Schwulenclubs.
DJ (DEEJAY) Wörtlich Discjockey. Derjenige, der die Musik auflegt.
ECSTASY Meist in Pillenform gepresstes und deshalb oft gepanschtes Amphetamin (z. B. MDMA).
FLYER Flugblatt.
GIG Alter Rock 'n' Roll-Sprachgebrauch. Soll heißen: Auftritt.
GROOVE Swingender Rhythmus (s. a. **BEAT**).
HOMIE Hip-Hop-Slangausdruck, Abkürzung für Homeboy, also Freund, Kumpel.
HOUSE Die groovige, funkige, schwarze, eher aus dem Discobereich herrührende Alternative zu Techno.
INDIE/INDEPENDENTMUSIK Unabhängig (d. h. abseits der Industrie) produzierte Musik bzw. der entsprechende Bereich in der Musikbranche.
LABEL Firma, Marke. In diesem Fall meist: Plattenfirma.
LOOP Sich ein- oder mehrmals wiederholende Stelle in der Musik.

LSD Die seit den sechziger Jahren klassische Tripdroge.
MAINSTREAM Die breite Masse bzw. Massengeschmack.
MIX(EN) Das Mischen und ggf. Synchronisieren zweier oder mehrerer Tonquellen mittels eines Mixers bzw. das, was daraus entsteht (s. a. **TRACK**). Der Begriff Mix steht auch für eine bestimmte Version eines Stücks.
MIXER Tonmischpult.
PANEL Podiumsdiskussion oder Vortragssituation mit mehreren Leuten, oft mit anschließender Diskussion.
PEP Andere Bezeichnung für Speed bzw. Amphetamin.
RAVE Britische Variante der Musikrichtung Acid House. Der Rave als Hauptwort bezeichnet eine große Party.
REMIX Neuer Mix eines schon bestehenden Stücks. Im Gegensatz zum Live-**MIX** wird sich hier allerdings meist mehrerer Tonspuren bedient.
RESIDENT-DJ Stamm-DJ eines bestimmten Clubs.
SAMPLE Ein mit elektronischen Mitteln gespeichertes, meist sehr kurzes Stück Musik, das danach z. B. geloopt (s. **LOOP**) oder sonstwie in ein Musikstück eingebaut werden kann. Ein Sampler ist die entsprechende Vorrichtung dafür (heute meist als Software).
SCHRANZ Steht erstmal nur für harten Techno. Je nachdem, wer spricht, ist es jedoch häufig abwertend gemeint.
SET Abfolge von Platten, die während des Auftritts eines DJs gespielt werden bzw. der Auftritt selber.
SLACKER Rumhänger. Nichtstuer.
SOUND SYSTEM Größere Musikanlage. Meist in einem Club stehend oder ausleihbar.
SPEED Allgemeiner Begriff für Amphetamine (also Aufputschmittel). Im Gegensatz zu **ECSTASY** meist in Pulverform.
STROBO(SKOP) Blitzlicht. Ständiger, schneller Wechsel zwischen Licht/Kein-Licht, sodass der Eindruck entsteht, die Szenerie würde sich aus Einzelbildern zusammensetzen.
TECHNICS Im DJ-Bereich oft gleichbedeutend mit Plattenspieler (s. a. **1210**).
THRILL Die Spannung in einer Situation. Oder der Schauer, der einem dabei über den Rücken läuft.

TRACK Entweder die einzelne Tonspur einer Aufnahme oder ein Musikstück an sich.

TRANCE Schnelle, elektronische Tanzmusik, die aber (im Gegensatz zum rhythmischeren Techno) eher flächig, atmosphärisch ist. Eine Art schnellerer **AMBIENT**.

VIBE Atmosphärische Stimmung bzw. Schwingung einer Situation.